民國文化與文學^{研究}文叢

研究文叢

六 編

李 怡 主編

第 21 冊

以文入史：郭沫若的再選擇
——兼論 1920、30 年代文學青年的轉向

周 文 著

國家圖書館出版品預行編目資料

以文入史：郭沫若的再選擇——兼論 1920、30 年代文學青年的
轉向／周文 著 -- 初版 -- 新北市：花木蘭文化出版社，2016
〔民 105〕
目 4+212 面：19×26 公分
（民國文化與文學研究文叢 六編：第 21 冊）
ISBN 978-986-404-695-9（精裝）
1. 郭沫若 2. 學術思想
541.26208　　　　　　　　　　　　　　　　105012796

ISBN-978-986-404-695-9

9 789864 046959

民國文化與文學研究文叢
六　編　第二一冊　　　　ISBN：978-986-404-695-9

以文入史：郭沫若的再選擇
——兼論 1920、30 年代文學青年的轉向

作　　者　周文
主　　編　李怡
企　　劃　四川大學現代中國文化與文學研究中心
　　　　　北京師範大學民國歷史文化與文學研究中心
總 編 輯　杜潔祥
副總編輯　楊嘉樂
編　　輯　許郁翎、王　筑　美術編輯　陳逸婷
出　　版　花木蘭文化出版社
社　　長　高小娟
聯絡地址　235 新北市中和區中安街七二號十三樓
　　　　　電話：02-2923-1455／傳真：02-2923-1452
網　　址　http://www.huamulan.tw 信箱 hml810518@gmail.com
印　　刷　普羅文化出版廣告事業
初　　版　2016 年 9 月
全書字數　200974 字
定　　價　六編 24 冊（精裝）新台幣 44,000 元　　　版權所有·請勿翻印

以文入史：郭沫若的再選擇
——兼論 1920、30 年代文學青年的轉向

周文 著

作者簡介

周文，男，1983 年出生於湖北省襄陽市。文學博士，四川大學文學與新聞學院博士後。近年來，一直致力於郭沫若研究、民國歷史文化與文學研究，曾主持並完成四川省教育廳人文社會科學重點研究基地郭沫若研究中心科研課題青年項目一項，參與國家社科基金項目多項，在《中國現代文學研究叢刊》、《魯迅研究月刊》、《現代中國文化與文學》等刊物發表論文多篇。

提　要

　　本書在大量微觀史實考證的基礎上，通過重新審視郭沫若的「轉向」問題，在民國社會歷史情態和「大文學」視野下揭示左翼文人內在心靈轉變的精神軌跡，呈現文學在文化核心價值建構中的參與路徑和方式，以郭沫若的精神變遷來認識一個團體或者一個時代的集體心靈轉變。

　　文學青年的轉向是一個選擇過程，一種姿態，一個宣言，它不是一次性的，而是不斷的實踐重複和強化，它植根於——歷史不斷被重寫、新的意義不斷產生而在結構上具備生產性的中國文化，與魯迅的「迴心」不同，郭沫若轉向的支配法則是「回史」，即「以文入史」。「史」在郭沫若思想與創作中具備高度的意義生成性，是「郭沫若」得以確立的基礎。「棄醫從文」、「以文入史」是郭沫若人生的兩次重要選擇，其旨歸並非是文學或史學，而是改造社會、再造中華文明。

　　通過社會歷史情態的語境恢復，本書認為「五四」新文化運動蘊涵著普遍的「棄 X 從文」實踐，而 1920 ～ 30 年代文學青年干預社會的路徑則多以「以文入 X」的方式來實現，具體於郭沫若來說，即是「以文入史」。「棄 X 從文」與「以文入 X」是中國近現代文學、文化史上兩次奇特景觀，濃縮著中國社會文化尋求蛻變的集體實踐和知識分子參與社會改造的抉擇與信仰，是打開中國近現代思想文化史的一把鑰匙。

本著受到
「四川大學中央高校基本科研業務費專項
項目（skq 201623）」資助

作爲方法的「民國」
——第六輯引言

李　怡

　　「作爲方法」的命題首先來自日本著名漢學家竹內好，從竹內好 1961 年「作爲方法的亞洲」到溝口雄三 1989 年「作爲方法的中國」，其中展示的當然不僅僅是有關學術「方法」的技術性問題，重要的是學術思想的主體性追求。日本學人通過中國這樣一個「他者」的參照進行自我的反省和批判，實現從「西方」話語突圍，重新確立自己的主體性，這對同樣深陷「西方」話語圍困的中國學界而言也無疑具有特殊的刺激和啓發。1990 年代中期以後，中國（華人）學人如孫歌、李多木、汪暉、陳光興、葛兆光等陸續介紹和評述了他們的學說，〔註1〕特別是最近 10 年的中國思想文化與文學批評界，可以說出現了一股竹內——溝口的「作爲方法」熱，「作爲方法的日本」、「作爲方法的竹內好」、「亞洲」作爲方法，〔註2〕以及「作爲方法的 80 年代」等等

〔註1〕 如 Kuang-ming Wu and Chun-chieh Huang　（吳光明、黃俊傑）：〈關於《方法としての中國》的英文書評〉《清華學報》新 20 卷第 2 期，1990 年），溝口雄三、汪暉：〈沒有中國的中國學〉（《讀書》第 4 期，1994 年），孫歌：〈作爲方法的日本〉（《讀書》第 3 期，1995 年），李長莉：〈溝口雄三的中國思想史研究〉（《國外社會科學》第 1 期，1998 年），葛兆光：〈重評九十年代日本中國學的新觀念——讀溝口雄三《方法としての中國》〉（《二十一世紀》12 月號，2002 年），吳震：〈十六世紀中國儒學思想的近代意涵——以日本學者島田虔次、溝口雄三的相關討論爲中心〉（《東亞文明研究學刊》第 1 卷第 2 期，2004 年）等。

〔註2〕 刊發於《臺灣社會研究季刊》12 月號，總第 56 期，2004 年。2005 年 6 月，陳光興參加了在華東師範大學舉行的「全球化與東亞現代性——中國現代文學的視角」暑期高級研討班，將論文〈「亞洲」作爲方法〉提交會議，引起了與會者的濃厚興趣。

在我們學術話語中流行開來，體現了一種難能可貴的自我反思、重建學術主體性的努力。竹內好借鏡中國的重要對象是文學家魯迅，近年來，對這一反思投入最多的也是從事中國現當代文學研究的學者，因此，對這一反思本身做出反思，進而探索眞正作爲中國現代文學的「方法」的可能，便顯得必不可少。

在「亞洲」、「中國」先後成爲確立中國學術主體性的話語選擇之後，我覺得，更能夠反映中國現代文學立場和問題意識的話語是「民國」。作爲方法的民國，具體貼切地揭示了中國現代文學的生存發展語境，較之於抽象的「亞洲」或者籠統的「中國」，更能體現我們返回中國文學歷史情境，探尋學術主體性的努力。

一

日本戰敗，促成了一批日本知識分子的自我反省，竹內好（1908～1977）就是其中之一。在他看來，「脫亞入歐」的日本「什麼也不是」，反倒是曾經不斷失敗的中國在抵抗中產生了非西方的、超越近代的「東洋」。通常我們是說魯迅等現代中國知識分子從「東洋」日本發現了現代文明的啓示，竹內好卻反過來從中國這個「東洋」發現了一條區別於西歐現代化的獨特之路：借助日本所沒有的社會革命完成了自我更新，如果說日本文化是「轉向型」的，那麼中國文化則可以被稱作是「迴心型」，而魯迅的姿態和精神氣質就是這一「迴心型」的極具創造價值的體現。「他不退讓，也不追從。首先讓自己和新時代對陣，以『掙扎』來滌蕩自己，滌蕩之後，再把自己從裏邊拉將出來。這種態度，給人留下一個強韌的生活者的印象。像魯迅那樣強韌的生活者，在日本恐怕是找不到的。」「在他身上沒有思想進步這種東西。他當初是作爲進化論宇宙觀的信奉者登場的，後來卻告白頓悟到了進化論的謬誤；他晚年反悔早期作品中的虛無傾向。這些都被人解釋爲魯迅的思想進步。但相對於他頑強地恪守自我來說，思想進步實在僅僅是第二義的。」〔註3〕就此，他認爲自己發現了與西方視角相區別的「作爲方法的亞洲」，這裡的「亞洲」主要指中國。溝口雄三（1932～2010）是當代中國思想史學家，他並不同意竹內好將日本的近代描述爲「什麼也不是」，試圖在一種更加平等而平和的文化觀

〔註3〕 （日）竹內好：《近代的超克》，11、12 頁，李冬木、趙京華、孫歌譯，三聯書店，2005 年。

念中讀解中國近代的獨特性:「事實上,中國的近代既沒有超越歐洲,也沒有落後於歐洲,中國的近代從一開始走的就是一條和歐洲、日本不同的獨自的歷史道路,一直到今天。」〔註4〕作爲方法的中國,意味著對「中國學」現狀的深入的反省,這就是要根本改變那種「沒有中國的中國學」,「把世界作爲方法來研究中國,這是試圖向世界主張中國的地位所帶來的必然結果……這樣的『世界』歸根結底就是歐洲」。「以中國爲方法的世界,就是把中國作爲構成要素之一,把歐洲也作爲構成要素之一的多元的世界」。〔註5〕

海外漢學(中國學)長期生存於強勢的歐美文明的邊緣地帶,因而難以改變作爲歐美文化思想附庸的地位,這一局面在海外華人的中國研究中更加明顯。而日本知識分子的反省卻將近現代中國作爲了反觀自身的「他者」,第一次將中國問題與自我的重建、主體性的尋找緊密聯繫,強調一種與歐美文明相平等的文化意識,這無疑是「中國學」研究的重要破局,具有重要的學術啓示意義,同時,對中國自己的學術研究也產生了極大的衝擊效應。

在逐步走出傳統的感悟式文學批評,建立現代知識的理性框架的過程中,中國的學術研究顯然從西方獲益甚多,當然也受制甚多,甚至被後者裹挾了我們的基本思維與立場,於是質疑之聲繼之而起,對所謂「中國化」和保留「傳統」的訴求一直連綿不絕,至最近20餘年,更在國內清算「西化」的主流意識形態及西方後現代主義、西方馬克思主義的自我批判的雙重鼓勵下,進一步明確提出了諸如中國立場、中國問題、中國話語等系統性的要求。來自日本學者的這一類概括——在中國發現「亞洲」近代化的獨特性,回歸中國自己的方法——顯然對我們當下的學術訴求有明晰準確的描繪,予我們的「中國道路」莫大的鼓勵,我們難以確定這樣的判斷究竟會對海外的「中國學」研究產生多大的改變,但是它對中國學術界本身的啓示和作用卻早已經一目了然。

我高度評價中國學界「回歸中國」的努力與亞洲——中國「作爲方法」的啓示意義。但是,與此同時,我也想提醒大家注意一個重要的現實,所謂的「作爲方法」如果不經過嚴格的勘定和區分,其實並不容易明瞭其中的含義,而無論是「亞洲」還是「中國」,作爲一個區域的指稱原本也有不少的遊

〔註4〕 (日)溝口雄三:《作爲方法的中國》,12頁,孫軍悅譯,三聯書店,2011年。
〔註5〕 (日)溝口雄三:《作爲方法的中國》,130、131頁,孫軍悅譯,三聯書店,2011年。

移性與隨意性。比如竹內好將「亞洲」簡化為「中國」，將「東洋」轉稱為「中國」，臺灣學人陳光興也在這樣的「亞洲」論述中加入了印度與臺灣地區，這都與論述人自己的關注、興趣和理解相互聯繫，換句話說，僅僅有「作為方法」的「亞洲」概念與「中國」概念遠遠不夠，甚至，有了竹內與溝口的充滿智慧的「以中國為方法」的種種判斷也還不夠，因為這究竟還是「中國之外」的「他者」從他們自己的需要出發提出的觀察，這裡的「中國」不過是「日本內部的中國」，而非「中國人的中國」，正如溝口雄三對竹內好評述的那樣：「這種憧憬的對象並不是客觀的中國，而是在自身內部主觀成像的『我們內部的中國』。」〔註6〕那麼，溝口雄三本人的「中國方法」又如何呢？另一位深受竹內好影響的日本學者子安宣邦認為，溝口雄三「以中國為方法，以世界為目的」的「超越中國的中國學」與日本戰前「沒有中國的中國學」依然具有親近性，難以真正展示自己的「作為方法」的中國視點。〔註7〕所以葛兆光就提醒我們，對於這樣「超越中國的中國學」，我們也不能直接平移到中國自己的中國學之中，一切都應當三思而行。〔註8〕

問題是，中國學界在尋找「中國獨特性」的時候格外需要那麼一些支撐性的論述與證據，而來自域外的論述與證據就更顯珍貴了。在這個時候，域外學說的「方法」本身也就無暇追問和反思了。例如竹內好與溝口雄三都將近現代中國的獨特性描述為社會革命：「中國的近代化走的是自下而上的反帝反封建社會革命、即人民共和主義的道路。」〔註9〕在他們看來，太平天國至社會主義中國的「革命史」呈現的就是中國自力更生的道路。這的確道出了現代中國的重要事實，因而得到許多中國現代文學研究者的認同，當然，一些中國學者對現代中國革命的重新認同還深刻地聯繫著西方後現代主義對西方文化的自我批判，聯繫著西方馬克思主義及其它左派對資本主義的嚴厲批判，在這裡，「西洋」的自我批判和「東洋」的自我尋找共同加強了中國學者對「中國現代史＝革命史」的認識，如下話語所表述的學術理念以及這一理念的形成過程無疑具有某種典型意義：

〔註6〕（日）溝口雄三：《作為方法的中國》，6頁，孫軍悅譯，三聯書店，2011年。
〔註7〕參看張崑將：〈關於東亞的思考「方法」：以竹內好、溝口雄三、子安宣邦為中心〉，《臺灣東亞文明研究學刊》第1卷第2期，2004年。
〔註8〕葛兆光：〈重評九十年代日本中國學的新觀念——讀溝口雄三《方法としての中國》〉，《二十一世紀》12月號，2002年。
〔註9〕（日）溝口雄三：《作為方法的中國》，11頁，孫軍悅譯，三聯書店，2011年。

　　從 1993 年起，我逐步地對以往的研究做了兩點調整：第一是將
自己的歷史研究放置在「反思現代性」的理論框架中進行綜合的分
析和思考；第二是力圖將社會史的視野與思想史研究結合起來。在
中國 1980 年代的文化運動和 1990 年代的思想潮流之中，對於近代
革命和社會主義歷史的批判和拒絕經常被放置在對資本主義的全面
的肯定之上；我試圖將近代革命和社會主義歷史的悲劇放置在對現
代性的批判性反思的視野中，動機之一是爲了將這一過程與當代的
現實進程一道納入批判性反思的範圍。……而溝口雄三教授對日本
中國研究的批判性的看法和對明清思想的解釋都給我以啓發。也是
在上述閱讀、交往和研究的過程中，我逐漸地形成了自己的一個研
究視野，即將思想的內在視野與歷史社會學的方法有機地結合起
來。〔註10〕

東洋與西洋的有機結合，鼓勵我們對現代性的西方傳統展開質疑和批判，同
時對我們自身的現代價值加以發掘和肯定，在中國現代文學研究領域中，這
些「我們的現代價值」常常也指向革命文學、左翼文學、延安文學與新中國
建立至新時期以前的文學，有學者將之概括爲新左派的現代文學史觀。姑且
不論「新左派」之說是否準確，但是其描述出來的學術事實卻是有目共睹的：
「以現代性反思的名義將左翼文學納入現代性範疇，並稱之爲『反現代的現
代主義文學』、『反現代的現代先鋒派文學』，高度肯定其歷史合理性，並認爲
改革前的毛澤東時代可以定位爲『反現代的現代性』，其合法性來自於對西方
資本主義現代性的批判。」〔註11〕爲了肯定這些中國現代文化追求的合理性，
人們有意忽略其中的種種失誤，包括眾所周知的極左政治對現代文學發展的
傷害和扭曲，甚至「文革」的思維也一再被美化。

　　理性而論，前述的「反思現代性」論述顯然問題重重：「那種忽略了具體
歷史語境中強大的以封建專制主義文化意識爲主體的特殊性，忽略了那時文
學作品巨大的政治社會屬性與人文精神被顛覆、現代化追求被阻斷的歷史內
涵，而只把文本當作一個脫離了社會時空的、僅僅只有自然意義的單細胞來

〔註10〕汪暉、張曦：〈在歷史中思考——汪暉教授訪談〉，《學術月刊》第 7 期，2005
　　　　年。
〔註11〕鄭潤良：〈「反現代的現代性」：新左派文學史觀萌發的語境及其問題〉，《福建
　　　　論壇》第 4 期，2010 年。

進行所謂審美解剖。這顯然不是歷史主義的客觀審美態度。」〔註12〕

　　值得注意的現實是，爲了急於標示中國也可以有自己的「現代性」，我們學界急切尋找著能夠支持自己的他人的結論和觀點，至於對方究竟把什麼「作爲方法」倒不是特別重要了。

　　「悖論」是中國學者對竹內好等學者處境與思維的理解，有意思的是，當我們不再追問「作爲方法」的緣由和形式之時，自己也可能最終陷入某種「悖論」。比如，在肯定我們自己的現代價值之際，誕生了一個影響甚大的觀點：反現代的現代性。中國革命史被稱作是「反現代的現代性」，中國的左翼文學史也被描述爲「反現代性的現代性」，姑且不問這種表述來源於西方現代性話語的繁複關係，使用者至少沒有推敲：「反」的思維其實還是以西方現代性爲「正方」的，也就是說，是以它的「現代」爲基本內容來決定我們「反」的目標和形式，這是眞正的多元世界觀呢？還是繼續延續了我們所熟悉的「二元對立」的格局呢？這樣一種正／反模式與他們所要克服的思維中國／西方的二元模式如出一轍：把世界認定爲某兩種力量對立鬥爭的結果，肯定不是對眞正的多元文化的認可，依舊屬於對歷史事實的簡化式的理解。

二

　　「中國作爲方法」不是學術研究大功告成之際的自得的總結，甚至也還不是理所當然的研究的開始，更準確地說，它可能還是學術思想調整的準備活動。在這個意義上，眞正的「中國」問題在哪裏，「中國」視角是什麼，「中國」的方法有哪些，都亟待中國自己的學人在自己的歷史文化語境中開展新的探討。對於中國現代文學研究而言，我覺得，與其追隨「他者」的眼界，取法籠統的「中國」，還不如眞正返回歷史的現場加以勘察，進入「民國」的視野。「作爲方法的中國」是來自他者的啓示，它提醒我們尋找學術主體性的必要，「作爲方法的民國」，則是我們重拾自我體驗的開始，是我們自我認識、自我表達的眞正的需要。

　　海外中國學研究，在進入「作爲方法的中國」之後，無疑產生了不少啓發性的成果，即便如此，其結論也有別於自「民國」歷史走來的中國人，只有我們自己的「民國」感受能夠校正他者的異見，完成自我的表述。包括竹

〔註12〕董健、丁帆、王彬彬：〈我們應該怎樣重寫當代文學史〉，《江蘇行政學院學報》第 1 期，2003 年。

內好與溝口雄三這樣的智慧之論也是如此。對此，溝口雄三自己就有過眞誠的反思，他說包括竹內好在內他們對中國的觀察都充滿了憧憬式的誤讀，包括對「文革」的禮贊等等。〔註13〕因爲研究「所使用的基本範疇完全來自中國思想內部」，而且「對思想的研究不是純粹的觀念史的研究，而是考慮整個中國社會歷史」，溝口雄三的中國研究曾經爲中國學者所認同，〔註14〕例如他借助中國思想傳統的內部資源解釋孫中山開始的現代革命，的確就令人耳目一新，跳出了西方現代性東移的固有解說：

> 實際上大同思想不僅影響了孫文，而且還構成了中國共和思想的核心。

> 就民權來看，中國的這種大同式近代的特徵也體現在民權所主張的與其說是個人權利，不如說國民、人民的全體權利這一點上。

> 大同式的近代不是通過「個」而是通過「共」把民生和民權聯結在一起，構成一個同心圓，所以從一開始便是中國獨特的、帶有社會主義性質的近代。〔註15〕

雖然這道出了中國現代歷史的重要事實，但卻只是一部分事實，很明顯，「民國」的共和與憲政理想本身是一個豐富而複雜的思想系統，而且還可以說是一個動態的有許多政治家、思想家和知識分子共同參與共同推進的系統。例如在五四新文化運動前夕，出於對民初政治的失望，《甲寅》的知識分子群體就展開了「國權」與「民權」的討論辨析，並且關注「民權」也從「公權」轉向「私權」，至《新青年》更是大張個人自由，個人情感與欲望，這才有了五四新文學運動，有了郁達夫的切身感受：「五四運動的最大成功，第一要算『個人』的發現。從前的人是爲君而存在，爲道而存在，爲父母而存在的，現在的人才曉得爲自我而存在了。」〔註16〕不僅是五四新文學思潮，後來的自由主義者也一直以「個人權利」、「個人自由」與左右兩種政治主張相抗衡，雖然這些「個人」與「自由」的內涵嚴格說來與西方文化有所區別，但也不

〔註13〕（日）溝口雄三：《作爲方法的中國》，12頁，孫軍悅譯，三聯書店，2011年。

〔註14〕（日）溝口雄三、汪暉：〈沒有中國的中國學〉，《讀書》第4期，1994年。

〔註15〕（日）溝口雄三：《作爲方法的中國》，12、16、18頁，孫軍悅譯，三聯書店，2011年。

〔註16〕郁達夫：《〈中國新文學大系·散文二集〉導言》，上海良友圖書印刷公司，1935年。

是「大同」理想與「社會主義性質」能夠涵蓋的，它們的發展在不同的歷史時期各有限制，但依然一路坎坷向前，並在 20 世紀 80 年代的海峽兩岸各有成效，成爲現代中國文化建設所不能忽略的一種重要元素，不回到民國重新梳理、重新談論，我們歷史的獨特性如何能夠呈現呢？

治中國社會歷史研究多年的秦暉曾經提出了一個耐人尋味的觀點：當前中國學術一方面在反對西方的所謂「文化殖民」，另外一方面卻又常常陷入到外來的「問題」圈套之中，形成有趣的「問題殖民」現象。〔註 17〕我理解，這裡的「問題殖民」就是脫離開我們自己的歷史文化環境，將他者研討中國提出來的問題（包括某些讚賞中國「特殊價值」的問題）當作我們自己的問題，從而在竭力掙脫西方話語的過程中再一次落入到他者思維的窠臼。如何才能打破這種反反覆復、層層疊疊的他者的圈套呢？我以爲唯一的出路便是敢於拋開一些令人眼花繚亂的解釋框架，面對我們自己的歷史處境，感受我們自己的問題，對中國現代文學的研究而言，就是要在「民國」的社會歷史框架中醞釀和提煉我們的學術感覺，這當然不是說從此固步自封，拒絕外來的思想和方法，而是說所有的思想和方法都必須在民國歷史的事實中接受檢驗，只有最豐富地對應於民國歷史事實的理論和方法才足以成爲我們研究的路徑，才能最後爲我所用。在中國現代文學研究領域，並沒有異域學者所總結完成的「中國方法」，而只有在民國「作爲方法」取得成傚之後的具體的認知，也就是說，是「作爲方法的民國」眞正保證了「作爲方法的中國」。下述幾個中國現代文學研究中影響較大、也爭論較大的理論框架，莫不如此。

例如，在描述中國歷史從封建帝國轉入現代國家的時候，人們常常使用「民族國家」這一概念，中國現代文學也因此被視作「現代民族國家文學」，不斷放大「民族國家」主題之於中國現代文學的意義：「在抗戰文學中，由於抗日民族統一戰線的建立，民族國家成爲了一個集中表達的核心的、甚至唯一的主題。」〔註 18〕甚至稱：「『五四』以來被稱之爲『現代文學』的東西其實是一種民族國家文學。」〔註 19〕這顯然都不符合中國現代文學在「民國」

〔註 17〕http://www.360doc.com/content/10/0626/01/875791_35273755.shtml
〔註 18〕曠新年：〈民族國家想像與中國現代文學〉，《文學評論》第 1 期，2003 年。
〔註 19〕劉禾：《文本、批評與民族國家文學——〈生死場〉的啓示》，1 頁，北京大學出版社，2007 年。對中國現代文學研究中民族國家理論的檢討，已有學者提出過重要的論述，如張中良《中國現代文學的「民族國家」問題》，臺灣花木蘭文化出版社，2012 年。

的歷史事實，不必說五四新文學運動恰恰質疑了無條件的「國家認同」，民國時期文學前十年「國家主題」並不占主導地位，出現了所謂「民族國家意識的延宕與缺席」現象，〔註20〕第二個十年間的「民族主義」觀念也一再受到左翼文學陣營的抨擊，就是抗日戰爭時期的文學，也不像過去文學史所描繪的那麼主題單一，相反，多主題的出現，文學在豐富中走向成熟才是基本的事實。不充分重視「民國」的豐富意義就會用外來概念直接「認定」歷史的性質，從而形成對我們自身歷史的誤讀。

文學的「民國」不僅含義豐富，也不適合於被稱作是「想像的共同體」。近年來，美國著名學者本尼狄克特・安德森關於民族國家的概括——「想像的共同體」廣獲運用， 借助於這一思路，我們描繪出了這樣一個國家認同的圖景：中國知識分子從晚清開始，利用報紙、雜誌、小說等媒體空間展開政治的文化的批判，通過這一空間，中國人展開了對「民族國家」的建構，使國民獲得了最初的民族國家認同。誠然，這道出了「帝國」式微，「民國」塑形過程之中，民眾與國家觀念形成的某些狀況，但卻既不是中華民族歷史演變的真相，〔註21〕也不是現實意義的民國的主要的實情，當然更不是「文學民國」的重要事實。現實意義的民國，在一個相當長的時間裏，依然處於殘留的「帝國」意識與新生的「民國」意識的矛盾鬥爭之中，專制集權與民主自由此漲彼消，黨國觀念與公民社會相互博弈，也就是說，「國家與民族」經常成為統治者鞏固自身權利的重要的意識形態選擇，與知識分子所要展開的公眾想像既相關又矛盾。在現實世界上，我們的國家民族觀念常常來自於政治強權的強勢推行，這也造成了

〔註20〕李道新在剖析民國電影文化時指出：「南京國民政府成立以前，亦即從電影傳入中國至 1927 年之間，中國電影傳播主要訴諸道德與風化，基本無關民族與國家。民族國家意識的延宕與缺席，與落後保守的價值導向及混亂無序的官方介入結合在一起，使這一時期的中國電影幾乎處在一種特殊的無政府狀態，並導致中國電影從一開始就陷入目標／效果的錯位與傳者／受眾的分裂之境。」（李道新：〈民族國家意識的延宕與缺席：南京國民政府成立前中國電影的傳播制度及其空間拓展〉，《上海大學學報》第 3 期，2011 年。）這樣的觀察其實同樣可以啟發我們的文學研究。

〔註21〕關於中華民族及統一國家的形成如何超越「想像」，進入「實踐」等情形，近來已有多位學者加以論證，如楊義、邵寧寧：〈描繪中國文學地圖——楊義訪談錄〉（《甘肅社會科學》第 5 期，2004 年）、郝慶軍：〈反思兩個熱門話題：「公共領域」與「想像的共同體」〉（《中國現代文學研究叢刊》第 5 期，2005 年）、吳曉東：〈「想像的共同體」理論與中國理論創新問題〉（《學術月刊》第 2 期，2007 年）等。

知識分子國家民族認同的諸多矛盾與尷尬，他們不時陷落於個人理想與政治強權的對立之中，既不能接受強權的思想干預，又無法完全另立門戶，總之，「想像」並不足以獨立自主，「共同體」的形成步履艱難，「文學的民國」對此表述生動。這裡既有胡適「只指望快快亡國」的情緒性決絕，〔註22〕有魯迅對於民族國家自我壓迫的理性認識：「用筆和舌，將淪爲異族的奴隸之苦告訴大家，自然是不錯的，但要十分小心，不可使大家得著這樣的結論：『那麼，到底還不如我們似的做自己人的奴隸好。』」〔註23〕也有聞一多輾轉反側，難以抉擇的苦痛：「我來了，我喊一聲，迸著血淚， ／『這不是我的中華，不對，不對！』」「我來了，不知道是一場空喜。 ／我會見的是噩夢，那裡是你？ ／那是恐怖，是噩夢掛著懸崖， ／那不是你，那不是我的心愛！」〔註24〕

總之，進入文學的民國，概念的迷信就土崩瓦解了。

也有學者試圖對外來概念進行改造式的使用，這顯然有別於那種不加選擇的盲目，不過，作爲「民國」實際的深入的檢驗工作也並沒有完成，例如近年來同樣在現代文學研究界流行的「公共空間」（「公共領域」）理論。在西歐歷史的近現代發展中，先後出現了貴族文藝沙龍、咖啡館、俱樂部一類公共聚落，然後推延至整個社會，最終形成了不隸屬於國家官僚機構的民間的新型公共社區，這對理解西方近代社會歷史與精神生產環境都是重要的視角。不過，真正「公共空間」的形成必須有賴於比較堅實的市民社會的基礎，尚未形成真正的市民社會的民國，當然也就沒有真正的公共空間。〔註25〕可能正是考慮到了民國歷史的特殊性，李歐梵先生試圖對這一概念加以改造，他以「批判空間」替換之，試圖說明中國近現代知識分子也正在形成自己的「公共性」的輿論環境，他以《申報・自由談》爲例，說明：「這個半公開的園地更屬開創的新空間，它

〔註22〕胡適〈你莫忘記〉有云：「你莫忘記： ／你老子臨死時只指望快快亡國： ／亡給『哥薩克』， ／亡給『普魯士』 ／都可以」。

〔註23〕魯迅：《且介亭雜文末編・半夏小集》，《魯迅全集》6 卷，617 頁，人民文學出版社，2005 年。

〔註24〕聞一多詩歌：〈發現〉。

〔註25〕對此，哈貝馬斯具有清醒的認識，他認爲，不能把「公共領域」這個概念與歐洲中世紀市民社會的特殊性隔離開，也不能隨意將其運用到其它具有相似形態的歷史語境中。（參見哈貝馬斯：《公共領域的結構轉型》初版序言，曹衛東譯，學林出版社，1999 年。）中國學者關於「公共領域」理論在中國運用的反思可以參見張鴻聲：〈中國的「公共領域」及其它——兼論現代城市文學研究的本土化〉，《首都師範大學學報》第 6 期，2006 年。

至少爲社會提供了一塊可以用滑稽的形式發表言論的地方。」魯迅爲《自由談》欄目所撰文稿也成爲李歐梵先生考辨的對象，並有精彩的分析，然而，論者突然話鋒一轉：「因爲當年的上海文壇上個人恩怨太多，而魯迅花在這方面的筆墨也太重，罵人有時也太過刻薄。問題是：罵完國民黨文人之後，是否能在其壓制下爭取到多一點言論的空間？就《僞自由書》中的文章而言，我覺得魯迅在這方面反而沒有太大的貢獻。如果從負面的角度而論，這些雜文顯得有些『小氣』。我從文中所見到的魯迅形象是一個心眼狹窄的老文人，他拿了一把剪刀，在報紙上找尋『作論』的材料，然後『以小窺大』，把拼湊以後的材料作爲他立論的根據。事實上他並不珍惜──也不注意──報紙本身的社會文化功用和價值，而且對於言論自由這個問題，他認爲根本不存在。」「《僞自由書》中沒有仔細論到自由的問題，對於國民黨政府的對日本妥協政策雖諸多非議，但又和新聞報導的失實連在一起。也許，他覺得眞實也是道德上的眞理，但是他從報屁股看到的眞實，是否能夠足以負荷道德眞理的眞相？」〔註26〕其實，魯迅對「自由」的一些理論和他是否參與了現代中國「批判空間」的言論自由的開拓完全是兩碼事。實際的情況是，在民國時代的專制統治下，任何自由空間的開拓都不可能完全是「輿論」本身的功效，輿論的背後，是民國政治的高壓力量，魯迅的敏感，魯迅的多疑，魯迅雜文的曲筆和隱晦，乃至與現實人事的種種糾纏，莫不與對這高壓環境的見縫插針般的戳擊有關。當生存的不自由已經轉化成爲「日常生活」的一部分（所謂「報屁股看到的眞實」），成爲各色人等的「無意識」，點滴行爲的反抗可能比長篇大論的自由討論更具有「自由」的意味。這就是現代中國的基本現實，這就是民國輿論環境與文學空間所具有的歷史特徵。對比晚清和北洋軍閥時代，李歐梵先生認爲，1930 年代雖然「在物質上較晚清民初發達，都市中的中產階級讀者可能也更多，咖啡館、戲院等公共場所也都具備」，但公共空間的言論自由卻反而更小了。原因何在呢？他認爲在於像魯迅這樣的左翼「把語言不作爲『中介』性的媒體而作爲政治宣傳或個人攻擊的武器和工具，逐漸導致政治上的偏激文化（radicalization），而偏激之後也只有革命一途」。〔註27〕這裡涉及對左翼文化的反思，自有其準確深刻之處，但是，

〔註26〕李歐梵：〈「批評空間」的開創──從《申報》「自由談」談起〉，見《現代性的追求》，19、20 頁，三聯書店，2000 年。
〔註27〕李歐梵：〈「批評空間」的開創──從《申報》「自由談」談起〉，見《現代性的追求》，21 頁，三聯書店，2000 年。

就像現代中國社會的諸多「公共」從來都不是完全的民間力量所打造一樣，言論空間的存廢也與政府的強力介入直接關聯，左翼文化的鋒芒所指首先是專制政府，而對政府專制的攻擊，本身不也是一種擴大言論自由的有效方式？

作為方法的民國，意味著持續不斷地返回中國歷史的過程，意味著對我們自身問題和思維方式的永遠的反省和批判，只有這樣，我們的中國現代文學研究才是真正屬於自己的。

三

「民國作為方法」既然是在自覺尋找中國現代文學研究「自己的方法」的意義上提出來的，那麼，它究竟如何才能成為一種與眾不同的「方法」呢？或者說，它對中國現代文學研究具體有哪些著力點與可能開拓之處呢？我認為至少有這樣幾個方面的工作可以開展：

首先是為「中國」的學術研究設立具體的「時間軸」。也就是說，所謂學術研究的「中國問題」不應該是籠統的，它必須置放在具體的時間維度中加以追問，是「民國」時期的中國問題還是「人民共和國」時期的中國問題？當然，我們曾經試圖以「現代化」、「現代性」這樣的概念來統一描述，但事實是，兩個不同的歷史階段有著相當多的差異性，特別是作為精神現象的文學，在生產方式、傳播接受方式及作家的生存環境、寫作環境、文學制度等等方面都更適合分段討論。新時期文學曾經被類比為五四新文學，這雖然一度喚起了人們的「新啟蒙」的熱情，但是新時期究竟不是「五四」，新時期的中國知識分子也不是「五四」一代的陳獨秀、胡適與周氏兄弟，到後來，人們質疑 1980 年代，質疑「新啟蒙」，連帶五四新文化運動一起質疑，問題是經過一系列風起雲湧的體制變革和社會演變，「五四」怎麼能夠為新時期背書？就像民國不可能與人民共和國相提並論一樣；也有將「文革」追溯到「五四」的，這同樣是完全混淆了兩個根本不同的歷史文化情境。在我看來，今天的中國現當代文學研究，尚需要在已有的「新文學一體化」格局中（包括影響巨大的「20 世紀中國文學」）重新區隔，讓所謂的「現代」和「當代」各自歸位，回到自己的歷史情境中去，這不是要否認它們的歷史聯繫，而是要重新釐清究竟什麼才是它們真正的歷史聯繫。研究中國現代文學，就必須首先回到民國歷史，將中國現代文學作為民國時期的精神現象。晚清盡頭是民國，民國盡頭是人民共和國，各自的歷史場景講述著不同的文學故事。

其次是「中國」的學術研究也必須落實到具體的「空間場景」。「空間和時間是一切實在與之相關聯的架構。我們只有在空間和時間的條件下才能設想任何眞實的事物。」〔註28〕民國及其複雜的空間分佈恰恰爲我們重新認識中國問題的複雜性提供了基礎。在過去一個相當長的時期內，我們習慣將中國的問題置放在種種巨大的背景之上，諸如「文藝復興」、「啓蒙與救亡」、「中外文化衝撞與融合」、「中國傳統文化」、「現代化」、「走向世界文學」、「全球化」、「現代民族國家進程」等等，這固然確有其事，但來自同樣背景的衝擊，卻在不同的區域產生了並不相同的效果，甚至有些區域性的文學現象未必就與這些宏大主題相關。詩人何其芳在四川萬縣的偏遠山區成長，直到1930年代「還不知道五四運動，還不知道新文化，新文學，連白話文也還被視爲異端」。〔註29〕這對我們文學史上的五四敘述無疑是一大挑戰：中國的現代文化進程是不是同一個知識系統的不斷演繹？另外一個例證也可謂典型：我們一般都把白話新文學的產生歸結到外來文化深深的衝擊，歸結到一批留美留日學生的新式教育與人生體驗，所以「走異路，逃異地」的魯迅於1918年完成了〈狂人日記〉，留下了中國現代文學史上第一篇白話小說，但跳出這樣的中／西大敘事，我們卻可以發現，遠在內部腹地的成都作家李劼人早在向未跨出國門的1915年就完成了多篇新式白話小說，這裡的文化資源又是什麼？

中國的學術問題並不產生自抽象籠統的大中國，它本身就來自各個具體的生活場景，具體的生存地域。有學者對民國文學研究不無疑慮，因爲民國不同於「一體化」的人民共和國，各個不同的政治派別、各個不同的區域差異比較明顯，更不要說如抗戰時期的巨大的政權分割（國統區、解放區及淪陷區）了，這樣一個「破碎的國家」能否方便於我們的研究呢？在我看來，破碎正是民國的特點，是這一歷史時期生存其間的中國人（包括中國知識分子）的體驗空間，只要我們不預設一些先驗的結論，那麼針對不同地域、不同生存環境的文學敘述加以考察，恰恰可以豐富我們的歷史認識。一個生存共同體，它的魅力並不是它對外來衝擊的傳播速度，而是內部範式的多樣性和豐富性，這就是我們所謂的「地方性知識」。民國時期的「山河破碎」，正好爲各種地方性知識的生長創造了條件，如果能夠充分尊重和發掘這些地方性知識視野中的精神活動與文學創造，那麼中國的現代文學研究也將再添不少新的話題、新的意趣。

〔註28〕（德）恩斯特·卡西爾：《人論》，73頁，甘陽譯，西苑出版社，2003年。
〔註29〕方敬、何頻伽：《何其芳散記》，22頁，四川教育出版社，1990年。

　　「破碎」的民國給我們的進一步的啓發可能還在於：區域的破碎同時也表現爲個人體驗的分離與精神趣味的多樣化。當代中國的大眾文化曾經出現了所謂的「民國熱」，在我看來，這種以時尚爲誘導、以大眾消費爲旨歸，充滿誇張和想像的「熱」需要我們深加警惕，絕不能與嚴肅的歷史探詢相混淆。其中唯一值得肯定的便是某種不滿於頹靡現狀，試圖在過去發掘精神資源的願望。今天的人們也或多或少地感佩於民國時代知識分子精神狀態的多樣性，如魯迅、陳獨秀、胡適一代新文化創造者般的不完全受縛於某種體制的壓力或公眾的流俗的精神風貌。〔註 30〕的確，中國現代作家精神風貌的多姿多彩與文學作品意義的多樣化迄今堪稱典範，還包括新／舊、雅／俗文學的多元並存。對應於這樣的文學形態，我們也需要調整我們固有的思維模式，未來，如果可能完成一部新的文學發展史的話，其內容、關注點和敘述方式都可能與當今的文學史大爲不同。

　　第三，「作爲方法的民國」的研究並不同於過去一般的歷史文化與文學關係的研究，有著自己獨立的歷史觀與文學觀。中國現代文學研究不乏從歷史背景入手的學術傳統，包括傳統文學批評中所謂的「知人論世」，包括中國式馬克思主義的社會歷史批評，也包括新時期以後的文化視角的文學研究。應該說，這三種批評都是有前提的，也就是說，都有比較明確、清晰的對歷史性質的認定，而文學現象在某種意義上都必須經過這一歷史認識的篩選。「知人論世」往往轉化爲某種形式的道德批評，倫理道德觀是它篩選歷史現象的工具；中國式馬克思主義的社會歷史批評在新中國建立後相當長的時間中表現爲馬克思主義普遍原理的運用，有時難免以論帶史的弊端；文化視角的文學研究曾經爲我們的研究打開了許多扇門與窗，但是這樣的文化研究常常是用文學現象來證明「文化」的特點，有時候是「犧牲」了文學的獨特性來遷就文化的整體屬性，有時候是忽略了作家的主觀複雜性來遷就社會文化的歷史客觀性——總之，在這個時候，作爲歷史現象的文學本身往往並不是我們呈現的對象，我們的工作不過是借助文學說明其它「文化」理念，如通過不同地域的文學創作證明中國區域文化的特點，從現代作家的宗教情趣中展示各大宗教文化在中國的傳播，利用文學作品的政治傾向挖掘現代政治文化在文學中的深刻印記等等。

〔註30〕丁帆先生另有「民國文學風範」一說可以參考，他說：「我所指的『民國文學風範』就是五四新文學傳統，特指五四前後包括俗文學在內的『人的文學』內涵。」見丁帆：〈「民國文學風範」的再思考〉，《文藝爭鳴》第 7 期，2011 年。

　　「作爲方法的民國」就是要尊重民國歷史現象自身的完整性、豐富性、複雜性，提倡文學研究的歷史化態度。既往的中國現代文學研究充斥了一系列的預設性判斷，從最早的「中國新文學是反帝反封建的文學」、「五四新文學運動實施了對舊文學摧枯拉朽般的打擊」、「中國現代文學的發展與歷史的進步方向相一致」，到新時期以後「中國現代文學是走向世界的文學」、「中國現代文學是現代性的文學」、「20 世紀中國文學的總主題是改造民族靈魂，審美風格的核心是悲涼」等等。在特定的時代，這些判斷都實現過它們的學術價值，但是，對歷史細節的進一步追問卻讓我們的研究不能再停留於此，比如回到民國語境，我們就會發現，所謂「封建」一說根本就存在「名實不符」的巨大尷尬，文學批評界對「封建」的界定與歷史學界的「封建」含義大相徑庭，「反封建」在不同階段的眞實意義可能各各不同；已經習用多年的「進步作家」、「進步文學」究竟指的是什麼，越來越不清楚，在包括抗戰這樣的時期，左右作家是否涇渭分明？所謂「右翼文學」包括接近國民黨的知識分子的寫作是不是一切都以左翼爲敵，它有沒有自己獨立的文學理想？國民黨專制文化是否鐵板一塊，其內部（例如對文學的控制與管理）有無矛盾與裂痕？共產黨的革命文學是否就是爲反對國民黨和「舊社會」而存在，它和國民黨的文學觀念有無某些聯通之處？被新文學「橫掃」之後的舊派文學是不是一蹶不振，漸趨消歇？因爲，事實恰恰相反，它們在民國時代獲得了長足的發展，並演化出更爲豐富的形態，這是不是都告訴我們，我們先前設定的文學格局與文學道路都充滿了太多的主觀性，不回到民國歷史的語境，心平氣和地重新觀察，文學中國（文學民國）的實際狀況依然混沌。

　　這就是我們主張文學研究「歷史化」，反對觀念「預設」的意義。當然，反對「預設」理念並不等於我們自己不需要任何理論視角，而是強調新的研究應該比以往任何時候都尊重民國社會歷史本身的實際情形，研究必須以充分的歷史材料爲基礎，而不應當讓後來的歷史判斷（特別是極左年代的民國批判概念）先入爲主，同時，時刻保持一種自我反思、自我警醒的姿態。回到民國，我們的研究將繼續在歷史中關注文學，政治、經濟、法律、教育等等議題都應當再次提出，但是與既往的研究相比，新的研究不是對過去的拾遺補缺，不是如先前那樣將文學當作種種社會文化現象的例證，相反，是爲了呈現文學與文化的複雜糾葛，不再執著於概念轉而注重細節的挖掘與展示。例如「經濟」不是一般的政治經濟學原理，而是具體的經濟政策、經濟

模式與影響文學文化活動的經濟行為，如出版業的運作、經濟結算方式；「政治」也不僅僅是整體的政治氛圍概括，而是民國時期具體的政治形態與政治行為，憲政、政黨組織形式，官方的社會控制政策等等；在文學一方面，也不是抽取其中的例證附著於相應的文化現象，而是新的創作細節、文本細節的全新發現。回到文學民國的現場，不僅是重新理解了民國的文化現象，也是深入把握了文學的細節，這是一種「雙向互犁」的研究，而非比附性的論證說明。例如茅盾創作《子夜》，就絕非一個簡單的「中國道路」的文學說明，它是 1930 年代中國經濟危機、社會思想衝突與茅盾個人的複雜情懷的綜合結果。解析《子夜》決不能單憑小說中的理性表述與茅盾後來的自我說明，也不能套用新民主主義論的現成歷史判斷，而必須回到「民國歷史情境」。在這裡，國家的基本經濟狀況究竟如何，世界經濟危機與民國政府的應對措施，各種經濟形態（外資經濟、民營經濟、買辦經濟等）的真實運行情況是什麼，社會階層的生存狀況與關係究竟怎樣，中國現實與知識界思想討論的關係是什麼，文學家茅盾與思想界、政治界的交往，茅盾的深層心理有哪些，他的創作經歷了怎樣的複雜過程，接受了什麼外來信息和干預，而這些干預又在多大程度上改變了茅盾，茅盾是否完全接受這些干預，或者說在哪一個層次上接受了、又在哪一個層次上抵制了轉化了，作家的意識與無意識在文本中構成怎樣的關係等等，這樣的「矛盾綜合體」才是《子夜》，「回到民國歷史」才能完整呈現《子夜》的複雜意義。

民國作為方法，當然不會拒絕外來的其它文學理論與批評視角，但是，正如前文所說，這些新的理論與批評不能理所當然就進入中國現代文學研究之中，它必須能夠與文學中國——民國時期的文學狀況相適應，並不斷接受研究者的質疑和調整。例如，就我們闡述的歷史與文學互通、互證的方法而言，似乎與歐美的近半個世紀以來的「文化研究」頗多相近，因此不妨從中有所借鑒，但是，在另外一方面，我們必須認識到，歐美的「文化研究」的具體問題——如階級研究、亞文化研究、種族研究、性別研究、大眾傳媒研究等——都來自與中國不同的環境，自然不能簡單移用。對於我們而言，更重要的可能就是一種態度的啟示：打破了文學與各種社會文化之間的間隔，在社會文化關係版圖中把握文學的意義，文學的審美個性與其中的「文化意義」交相輝映。

作為方法的民國，昭示的是中國現代文學研究「學術自主」的新可能，

它不是漂亮的口號，而是迫切的學術願望，不是招搖的旗幟，而是治學的態度，不是排斥性的宣示，而是自我反思的眞誠邀請，一句話，還期待更多的研究者投入其中，以自己尊重歷史的精神。

目
次

緒　論

第一節　「轉向之謎」：由來與研究

　　1920～30 年代知識分子的普遍「左轉」和左翼文學的興起，不僅影響著現代中國的歷史走向，也與當下社會文化有著深刻的歷史互動。「新左派」的興起與學者公開傚仿的呼籲（戴錦華）以及相關論爭的展開都要求對這一歷史現象展開客觀認眞的梳理研究。然而，遺憾的是學界在這一領域的研究卻相對陳舊，尤其是對這一轉變的標誌性人物──郭沫若「轉向」問題的研究，存在較大分歧。在學術研究掙脫意識形態話語束縛之後，在文學史書寫模式幾次大的更新過程中，郭沫若「轉向」問題卻變得複雜難解。比如，這究竟是一種怎樣的「轉向」？文學轉向？政治轉向？思想轉向？文化轉向？還是郭沫若一貫善變的一種反應？

　　在對「轉向」的界定和描述上，貌似客觀的理解是「兼而有之」，事實上以往研究大多亦是如此處理的。那麼，相應的問題亦隨之產生：不同的學科、不同的領域從各自的角度出發，對「轉向」問題的表述便紛繁駁雜，甚至直接矛盾對立。僅以關於「轉向」的時間節點爲例，就有「一九二二年說」、「一九二四年說」、「一九二五年說」、「一九二八年說」、「一九三〇年說」等多種觀點。〔註1〕因此，關於郭沫若及創造社的「轉向」就有「轉向之謎」的說法。〔註2〕

〔註1〕陳永志：《郭沫若前期思想發展研究中的幾個問題》，《上海師範大學學報（哲學社會科學版）》，1979 年第 1 期。

〔註2〕魏建：《創造與選擇──論前期創造社的文化藝術精神》，天津：百花文藝出

　　實際上，關於「轉向」的論爭，在郭沫若尚在世的 1958 年就已經開始，但他只肯定「轉向」本身，對相關爭論卻並未回應。不過，在筆者看來，即便是郭沫若當時有所回應，仍不過增添一種說法，並不足以解決問題，因爲上述各說，在理論、方法及視域上雖各不相同，但在論據上卻都相對充足——都有郭沫若本人的回憶和同時代人的佐證。換言之，郭沫若「轉向」之謎的產生，很大程度上源自於郭沫若本人不間斷地自我闡釋和歷史形象建構。比如，在 1928 年，郭沫若說其「轉向」是「一個私人的赤裸裸的方向轉換」，〔註 3〕可在 1958 年卻又說其文字「不僅表示了我個人的轉向，同時也表示了創造社的轉向」。〔註 4〕又如，《孤鴻——致成仿吾的一封信》〔註 5〕寫於 1924 年 8 月 9 日，是關於郭沫若「轉向」問題的一篇極爲重要的文獻。在信中，郭沫若說「這書（指《社會組織與社會革命》——引者注）的譯出在我一生中形成了一個轉換時期」，〔註 6〕而該信在《創造月刊》第一卷第二期發表時已是 1926 年 4 月 16 日，郁達夫在同期雜誌「編輯者言」中說「沫若在近一年中，〔註 7〕思想上起了變革，完全把方向改了過來」。〔註 8〕在 1947 年《盲腸炎·題記》中，郭沫若又說「這部書在我的精神發展上表示著轉捩點的一個里程碑」，而「在這兒所收的屬於《水平線下》的一部分，便是代表著轉換過程中的寫作」。〔註 9〕郭沫若類似的說法還有很多，正是基於這些不同的表述，郭沫若的「轉向」更加令人費解。

　　因此，欲眞切理解郭沫若的「轉向」，必須完成對郭沫若自我陳述的超越，並將相關概念懸置，回歸歷史現場，從看似微末的細節入手進行跨學科、跨領域的嘗試。基於此，本文所言之「轉向」，不再是諸如「華麗的轉身」、「思想的巨變」、「革命的實踐」、「從文學革命到革命文學」等宏大敘事，而直接指向 1920 年代至 1930 年代「郭沫若」本身，當然這並不是否認「轉向」具

　　　　版社 1995 年版，第 21 頁。
〔註 3〕郭沫若：《水平線下·序引》，上海：創造社出版部，1928 年版，第 2 頁。
〔註 4〕《郭沫若全集·文學編》第 10 卷，北京：人民文學出版社 1990 年版，第 145 頁。
〔註 5〕《郭沫若全集·文學編》第 16 卷，北京：人民文學出版社 1989 年版，第 6 頁。
〔註 6〕《郭沫若全集·文學編》第 16 卷，北京：人民文學出版社 1989 年版，第 10 頁。
〔註 7〕在本書中，爲突出引文意旨，筆者特將所強調之關鍵詞加黑，如無其它標注，引文加黑一同此例，不再專門標注。
〔註 8〕郁達夫：《編輯者言》，《創造月刊》第 1 卷第 2 期，1926 年 4 月 16 日。
〔註 9〕《郭沫若全集·文學編》第 18 卷，北京：人民文學出版社 1992 年版，第 5～6 頁。

有上述價值，而是暫時將其從上述意義體系中抽脫出來，進行具體的歷史的分析。

　　以往文學界對郭沫若「轉向」的研究，往往局限於文學話語系統之內，對歷史、政治等其它因素的關注不夠，結果導致從「浪漫主義」或「泛神論」轉向「馬克思主義」這樣前後概念不對等的判斷。如果將「歷史」納入研究視野，就會發現，郭沫若的「轉向」與「歷史」有極其重要而深刻的聯繫，發表「轉向」宣言後，郭沫若赴廣大任文科學長，擔任的居然是「史學教授」；臺灣學者認爲郭沫若「轉向」古史研究，「一個最重要的動機是他立意要打到胡適，並取而代之」。〔註10〕同時，如果充分重視「政治」因素，也不難發現，在 1924 年翻譯河上肇《社會組織與社會革命》之後，郭沫若與國家主義、無政府主義等仍有聚散分合的複雜糾葛，這些雖然後來都遭到郭沫若有意識的「自我清算」，但對於郭沫若「轉向」而言，上述「主義之爭」與同人之間的聚散分合曾經起著怎樣重要的作用是不言而喻的。

　　郭沫若的「轉向」是二十世紀二三十年代，中國知識分子聚合分化的縮影，對理解馬克思主義中國化，以及解答諸如「二三十年代知識分子左轉」等問題均有重要的啓示意義。

一、「轉向」的研究與論爭

　　1958 年 11 月 25 日，郭沫若在《沫若文集》第十卷的序文中這樣寫道：「《文藝論集續集》和《盲腸炎》是思想稍稍明確後寫的一些東西。大抵寫成於『五卅』前後。那些文字，雖然同樣不成熟，但不僅表示了我個人的轉向，同時也表示了創造社的轉向。」〔註11〕這是郭沫若自己做出的一個總結，他認可了「轉向」，但對學術界關於「這一過程的具體發展和轉變情況……各種不同的說法」，〔註12〕他並未直接回應。在此之前，艾揚在《試論郭沫若前期思想的發展》一文中就直言：「郭沫若同志的思想曾經經歷過一個由革命民主主義者到馬克思主義者，由小資產階級的先進分子到無產階級的先

〔註10〕　余英時：《余英時文集・現代學人與學術》，廣西師範大學出版社 2006 年版，第 406 頁。

〔註11〕　《郭沫若全集・文學編》第 10 卷，北京：人民文學出版社 1990 年版，第 145 頁。

〔註12〕　艾揚：《試論郭沫若前期思想的發展》，《躍進文學研究叢刊》（半月刊），1958 年 10 月第 2 期。

鋒戰士的發展和轉變過程，這是誰都承認的，但是對於這一過程的具體發展和轉變情況卻有著各種不同的說法。」〔註 13〕具體分歧主要有哪些呢？有學者總結說：「大家都認爲郭沫若早期有濃厚的泛神論思想，也都承認他的思想發展經歷了由泛神論到階級論、由革命民主主義到共產主義的轉變過程。但對這一轉變的具體發展過程以及所經歷的階段，有不同的認識：有的認爲 1924 年是他思想發展的質變時期；有的認爲 1924 年只是他『開始走上了研究馬克思主義的道路』，1927 年以後才『由前期的革命民主主義者轉變到初步具有馬克思主義思想』；有的認爲從 1924 年譯《社會組織與社會革命》到他 1926 年發表《革命與文學》和《文藝家的覺悟》是他思想轉變的『預備階段』，他思想轉變的基本完成應該是在 1930 年左右他發表了《文學革命之回顧》、《關於文藝的不朽性》和《眼中釘》等文以後；有的認爲 1924 年譯《社會組織與社會革命》他開始接觸到一些馬克思主義的基本原理，1927 年大革命失敗後「基本完成了從革命民主主義到共產主義的過渡。」〔註 14〕這一爭論在學術界一直沒有獲得共識，在郭沫若去世後，這種分歧更明顯的擴大爲「一九二二年說」、「一九二四年說」、「一九二五年說」、「一九二八年說」、「一九三〇年說」。討論之後，大家的意見不是趨於一致，而是分歧越來越大了。

隨著討論的深入，分歧已不止於過程和階段，對「轉向」的前前後後都有質疑的聲音。比如，對於「轉向」之前，是「革命民主主義」或「積極的革命民主主義」，還是「小資產階級的先進分子」，抑或「個性主義」、「浪漫主義」等諸多不同的說法。陳永志用「從非馬克思主義者轉變爲馬克思主義者」〔註 15〕來描述「轉向」問題，這一「準確」的背後，其實是爭議的進一步擴大。「轉向」之前，認同較多的是「泛神論」，然而正因如此，爭論最大的也是「泛神論」。有人認爲「泛神論在郭沫若早期思想和作品中的地位和作用」被誇大，「對泛神論的影響和表現作了過於寬泛的解釋」，「泛神論」在郭沫若早期思想中「不占主導地位，而且是處在不斷削弱和逐步消亡的狀態之

〔註 13〕 艾揚：《試論郭沫若前期思想的發展》，《躍進文學研究叢刊》（半月刊），1958 年 10 月第 2 期。

〔註 14〕 宋耀宗：《對郭沫若前期思想發展的一些理解——讀〈沫若文集〉札記》，《哈爾濱師範學院學報》，1964 年第 1 期。

〔註 15〕 陳永志：《郭沫若前期思想發展研究中的幾個問題》，《上海師範大學學報（哲學社會科學版）》，1979 年第 1 期。

中」。〔註16〕對此，反對的意見認爲「現代資產階級的泛神論」和郭沫若的泛
神論思想「兩者是毫無關係的」，郭沫若發展了的「泛神論」是「以唯物論和
發展觀爲主導傾向」，〔註17〕因此其在郭沫若早期思想中的積極作用是不容忽
視的。對這一意見，有學者認爲是「削足適履」，「沒有明確認識到在郭沫若
的泛神論思想和當時革命現實影響之間，矗立著個性解放思想及與其相應的
社會實踐方面的重要內容」，郭沫若的種種積極或消極的態度不是「泛神論」
的表現，而是「作爲一個小資產階級知識分子」對現實「充滿革命激情和現
實意義的反抗和創造要求」。〔註18〕

　　「文革」之前，相關爭論的概念性很強，分歧主要體現在對具體概念的
界定和闡釋上。比如，什麼是「革命民主主義」或成爲什麼樣的「革命民主
主義者」，查閱相關文獻，在《毛澤東周恩來劉少奇朱德鄧小平陳雲著作大
辭典》〔註19〕和《馬克思恩格斯列寧斯大林毛澤東著作大辭典》〔註20〕中，
多是用「民主主義革命」來指「資產階級革命」，且「由於歷史條件的不同，
民主革命有兩種不同的類型，即『舊民主主義革命』和『新民主主義革命』」
〔註21〕又據《簡明魯迅詞典》，「革命民主主義」是從俄國借來的概念，「俄
國革命民主主義者，指十九世紀赫爾岑、別林斯基、車爾尼雪夫斯基、杜波
羅留波夫等，他們代表被壓迫農民的革命要求，反映他們的願望和情緒，主
張依靠農民用暴力推翻封建專制制度。在美學和文學上，他們形成了系統的
理論體系，並把文藝活動與革命民主主義的鬥爭結合起來，推動了現實主義
文學的發展……」〔註22〕依據不同，概念的界定就有很大的不同。郭沫若的
「革命民主主義」是「新」，還是「舊」呢？或者，與從俄國借來的概念有
著怎樣的聯繫，是否也是「發展了的」？這都有很多的問題存在。對此，有
學者總結說，爭論者「對於馬克思主義的實踐觀點理解不同；對於從非馬克

〔註16〕顧炯：《〈女神〉與泛神論》，《文學評論》，1979 年第 1 期。
〔註17〕陳永志：《郭沫若的泛神論思想》，《文學評論叢刊》，1979 年第 2 輯。
〔註18〕魏競江：《有關郭沫若泛神論思想的理解問題——兼與顧炯、陳永志同志磋
　　　　商》，《求索》，1981 年第 2 期。
〔註19〕高狄主編：《毛澤東周恩來劉少奇朱德鄧小平陳雲著作大辭典》（下），瀋陽：
　　　　遼寧人民出版社 1991 年版。
〔註20〕高狄主編：《馬克思恩格斯列寧斯大林毛澤東著作大辭典》（中），長春：長春
　　　　出版社 1991 年版。
〔註21〕高狄主編：《馬克思恩格斯列寧斯大林毛澤東著作大辭典》（中），長春：長春
　　　　出版社 1991 年版，第 2727～2728 頁。
〔註22〕支克堅主編：《簡明魯迅詞典》，蘭州：甘肅教育出版社 1990 年版，第 481 頁。

思主義者轉變成爲馬克思主義者的標準沒有取得一致的看法。」〔註23〕這樣的爭論即便郭沫若在世，他也無法或不能有所回應。從概念到概念，而非回到歷史現場，面對豐富複雜的史實，結論容易得出，自然也容易被顛覆。尤其是面對郭沫若本人的不同說法，甚至前後矛盾的表述時，分歧更甚。

　　新時期以來，郭沫若「轉向」問題仍得到持續的關注。學界雖未一開始就完全否認「從泛神論轉變爲階級論」，但也逐漸意識到這一說法「太簡單，跳躍性太大，未能道出其中的曲折」。〔註24〕不再過分強調「轉向」的時間節點，而側重對過程的描述，「波浪式前進──從《星空》到《前茅》」、「在革命文學活動中前進」等對「轉換期」〔註25〕的探討和梳理成爲學界對該問題的新思考。另外，學界對「革命民主主義」、「小資產階級」、「階級論」、「馬克思主義者」等郭沫若本人亦不能輕言的政治概念認定也採取了迴避的態度。討論以「泛神論」爲中心迅速擴散至「浪漫主義」、「生命意識」、「個性主義思想」、「青春文化品格」、「原邏輯思維方式」等方方面面。

　　在對郭沫若之「泛神論」的界定上，以往的禁錮被大膽的突破。有學者認爲：郭沫若的「泛神論」思想「經歷了一個由近及古，由東方到西方，由文學到哲學，然後又由古代回到現實，由西方回到東方，由哲學而化爲詩歌的往復過程」，其主要內核是「主觀唯心論和唯意志論」，這是客觀史實，是「中國近代哲學的邏輯發展」，其在特定歷史條件下發揮了積極的革命作用並客觀上促使郭沫若接受馬克思主義。〔註26〕這一認識無疑是一大進步，在尊重客觀史實的基礎上，既揭示了郭沫若泛神論的特殊性，又不掩蓋其主觀性，而刻意劃分出所謂「資產階級的泛神論」和「唯物主義的泛神論」來導致概念的失效。隨著討論的進一步展開，郭沫若「泛神論」以往不被人所注意的一些特質被發掘出來，如「自然科學的時代精神」。有學者認爲「自然科學的人文化潮流帶來泛神論的新構成」，其辯證思維方式增強了郭沫若「泛神論」的主體性，自然科學哲學對郭沫若個體心靈的憂患、懷疑意識亦有幫助，且隨著郭沫若對自然科學關注的減弱，其泛神論式的哲理思辨也漸

〔註23〕 陳永志：《郭沫若前期思想發展研究中的幾個問題》，《上海師範大學學報（哲學社會科學版）》，1979 年第 1 期。

〔註24〕 谷輔林：《再談郭沫若世界觀的轉變》，《齊魯學刊》，1981 年第 3 期。

〔註25〕 李保均：《論思想「轉換」期的郭沫若》，《四川大學學報（哲學社會科學版）》，1984 年第 1 期。

〔註26〕 張琢：《郭沫若「五四」時期的「泛神論」思想簡論》，《中國社會科學》，1985 年第 5 期。

失魅力。〔註 27〕有學者則對「泛神論」逐漸消逝說持否定態度，而將其視為一種「哲學潛意識」，認為其不是「明日黃花」而是「以頑強的生命力在他腦海裏發揮著奇妙的作用」，是郭沫若「思想現代化的表徵」。〔註 28〕更有學者超越對郭沫若「泛神論」唯物的或唯心的對立闡釋，而將其視為一種動態的詩學，一種「以藝術的把握世界、進行創造的一種詩性思維方式。」即一種「無我」的「原邏輯思維方式」，這一獨特的思維方式賦予了郭沫若「創造者」的身份定位、善變的人格以及巨大的創造力。〔註 29〕這一新的意見為理解郭沫若「泛神論」的複雜性和豐富性提供了新的思路，但也有學者對此持懷疑態度，認為郭沫若「泛神論」不是本體論或認識論，而是境界論和審美論，也不只是生命哲學，其本質是美學的。〔註 30〕可見，無論在什麼時期、何種語境下，對概念的界定和闡釋總是仁者見仁智者見智的，也正因如此，對郭沫若「轉向」的理解必須跳出概念的誤區，回歸現象本身。

　　隨著語境的變化，「轉向」之前郭沫若「革命民主主義者」抑或「小資產階級的先進分子」等標籤逐漸被遺忘，取而代之的是「泛神論」、「浪漫主義」、「主情主義」、「生命哲學」、「青春文化品格」等各式內涵不一的新舊概念。「去政治化」的討論，對問題討論的深入產生了積極作用，但離問題的解決仍有相當的距離。

二、「轉向」的闡釋之困

　　從某種程度上來說，新時期以來對「轉向」的討論增加了困惑：「轉向」前後的不對等——「轉向」之前的「浪漫主義」、「泛神論」、「生命哲學」、「青春文化品格」等概念與「轉向」之後的「馬克思主義」並不在一個學科層面上。如果說，在革命話語體系中，將郭沫若「轉向」理解為從非馬克思主義者轉變為馬克思主義者有失簡單和武斷，但這一認定是明確的，未喪失「轉向」的字面本義；而新時期以來的諸多討論，「轉向」逐漸被概念化，與「泛神論」「浪漫主義」等範疇糾纏在一起成為一種抽象化的存在，其內涵遠遠超

〔註 27〕黃曼君：《自然科學的時代精神與郭沫若的泛神論思想》，《中國現代文學研究叢刊》，1989 年第 2 期。

〔註 28〕林恭壽：《奇異的哲學選擇——論郭沫若的泛神論與他的思想現代化》，《郭沫若研究》第 8 輯，文化藝術出版社 1990 年版。

〔註 29〕劉悅坦：《「球型天才」與原邏輯思維方式——再釋郭沫若及其「泛神論」》，《山東社會科學》，2002 年第 3 期。

〔註 30〕稅海模：《郭沫若泛神論本質上是美學》，《貴州社會科學》，2002 年第 1 期。

出了「轉向」本義而陷於界定和描述的困惑之中，而這正是導致所謂「轉向之謎」根源所在。

而事實上，「轉向」是已發生的史實，所以儘管大家對「轉向」的前前後後有各自不同的說法，但沒有人否認「轉向」的存在，尤其是郭沫若的「轉向」連同創造社的「轉向」，被認為是「戲劇性的」，理應作為一種「文化現象」來考察。〔註31〕而且，幾乎所有的創造社研究都無法迴避「轉向」問題，〔註32〕相關論文如蔡震《論創造社的「方向轉換」》《歷史演繹中的文化個性——論郭沫若的思想轉換》、李春梅《論創造社方向轉換的內在原因》、張勇《前期創造社期刊與創造社「轉向」研究》《創造社「轉向」的歷史啟示錄》《創造社「轉向」之內在思維探源》等，是在 1980 年代魏建、朱壽桐、周惠忠、艾曉明等對創造社「轉向」之謎探討之後，對這個問題的不斷跟進。

因此，「轉向」與「棄醫從文」一樣，是基於史實的價值選擇和意義闡釋。但是，與「棄醫從文」在中國文學史，乃至思想文化史上的廣泛接受不同，郭沫若所屢屢強調的「轉向」不斷面臨闡釋困境。同樣留日，同樣「棄醫從文」，與魯迅的思想啟蒙、國民性批判等崇高化的敘事不同，郭沫若十分強調雙耳重聽等客觀身體因素，言辭中有意透露出自己「棄醫從文」的無奈，這與他不斷突出強化「轉向」形成鮮明對比。有著清晰歷史意識的郭沫若十分清楚，「棄醫從文」的獨特價值和意義屬於魯迅，而「轉向」才是他以及創造社對現代思想文化的獨特貢獻。

本文以為，「轉向」的闡釋之困，在與「棄醫從文」的比較中當可窺見：棄醫從文即便從最基本的字面意義上講亦是歷史的具體的，因而對其抽象的價值賦予和意義闡釋存在相對牢固的史實基礎，即便有日本學者質疑「幻燈片」事件的真實性，但也不能消解「棄醫從文」的價值和意義。而「轉向」則不然，從某種意義上說，「棄醫從文」便是「轉向」之一種，其詞意本身即具抽象性——如何轉向、以何種形式或方式轉向、轉向的媒介和動因是什麼等等都需在具體語境中說明，因此，可以說「轉向」本身的抽象性增加闡釋

〔註31〕 蔡震：《論創造社的「方向轉換」》，《延安大學學報（社會科學版）》，1997 年第 4 期。

〔註32〕 如咸立強著《尋找歸宿的流浪者——創造社研究》（中國出版集團東方出版中心 2006 年版）第五章「初期創造社同人的離散與轉向」；張勇著《1921～1925 中國文學檔案——「五四」傳媒語境中的前期創造社期刊研究》（山東人民出版社 2012 年版）第七章第一節「前期創造社期刊與創造社的『轉向』」；王澄霞博士論文《創造社研究》第二章第二節，蘇州大學博士論文，2002 年。

的難度。

　　實際上，學界已經開始了對「轉向」研究模式的反思，1990 年代前後，不少研究者意識到「把郭沫若的泛神論思想概括爲一個完整的哲學觀不盡恰當」〔註 33〕而放棄了用單一的概念體系來概括郭沫若「轉向」之前的思想。有的強調「生命哲學」或「生命意識」在構成「五四」時期郭沫若整體心態方面的生成作用。〔註 34〕有的認爲要描述郭沫若早期思想及其發展軌跡「應該抓住個性主義思想這個中心」，認爲郭沫若的個性主義思想經歷了三個發展階段，「1924 年以後，開始了由個人本位向人民本位、由爭個人的個性自由向爭人民的個性自由轉化的進程。」〔註 35〕有學者從「青春」這一獨特角度切入，認爲「作爲一個詩人和學者，郭沫若的一生，便是在精神、氣質、性格、情緒上始終屬於『青年』的範疇」，並從性格的角度對郭沫若「轉向」作富有人情味的解讀：「詩人的脆弱性、動搖性，也便郭沫若既善於感受新鮮率物，肯定自己的文學主張和創造傾向，同時又輕易地貶抑自己，匆忙地否定那些本不應該否定的東西。」〔註 36〕這一觀點似乎有點讓人失落，但誰也無法否認這種可能性，相反，相對於以往無限拔高的各種形而上認定，這一觀點更值得借鑒和重視。還有國外學者注意到郭沫若民族主義思想，認爲「以 1923 年爲界，郭沫若的思想發生了微妙而重要的變化：由個性主義轉變爲集體主義和民族主義」，作者似乎將「民族主義」和「集體主義」混爲一體：「郭沫若的民族主義（集體主義）思想在 1923、1924 年左右轉變、成型」，〔註 37〕這在 1911～1949 年的語境中是值得商榷的。儘管如此，其思考問題的角度仍值得借鑒。

　　以上述「由個人本位向人民本位」與「由個性主義轉變爲集體主義和民族主義」爲代表，研究者們試圖通過重新詮釋來消除前後概念的混亂，而嘗試用新的話語體系對「轉向」進行完整的界定和描述。這無疑是理解闡釋「轉

〔註 33〕蔡震：《生命意識──郭沫若「五四」時期文化心態的一種審視》，《郭沫若研究》第 8 輯，文化藝術出版社 1990 年版。

〔註 34〕蔡震：《生命意識──郭沫若「五四」時期文化心態的一種審視》，《郭沫若研究》第 8 輯，文化藝術出版社 1990 年版。

〔註 35〕張學植：《郭沫若早期個性主義思想發展的基本軌跡》，《郭沫若研究》第 8 輯，文化藝術出版社 1990 年版。

〔註 36〕黃侯興：《論郭沫若「青春型」的文化品格》，《文學評論》，1992 年第 5 期。

〔註 37〕美陳小明：《試論郭沫若的民族主義思想：從「五四」談起》，《郭沫若學刊》2005 年第 4 期。

向」的一大進步，然而不得不說，這仍是一種理論話語的操練，其史實依據仍未能有效呈現，因此諸新說面對其它依據史實考證得出的不同意見時，往往不能有效回應。如，有學者就特別強調對「轉向」這一文化思想現象「獨特內涵的個性開掘」，〔註 38〕並認爲「『洪水時期』的確是郭沫若『劇變』的時期……浪漫式的理想主義，這就是郭沫若，也是創造社實現方向轉換內在的主觀動因。」〔註 39〕「用富有浪漫精神的情感方式和思維方式去指斥浪漫主義文學思潮。也即是說，郭沫若在放棄了浪漫主義文學傾向的同時，並沒有改變他文化個性的浪漫主義精神……即其浪漫式的情感方式和思維方式，在預設的歷史文化條件中必然會導致他迅速地轉向馬克思主義，但這並不意味著郭沫若一定能成爲馬克思主義者……」〔註 40〕這一觀點，同樣強調「個人」或「個性主義」，但對轉向「人民本位」、「集體主義和民族主義」卻持謹愼的態度；又如，張勇試圖爲郭沫若及創造社的「轉向」尋找更加堅實的史實依據，他發現以《創造周報》爲代表的創造社刊物清晰反映了其人事變更和「轉向」，「縱觀《創造周報》我們也會發現特別是在它的第四十三號之前，論說、批評、評論、翻譯等欄目幾乎在每期都會出現……第四十二期之後，明顯趨於固定，而論說、批評類的文章僅僅只有 8 篇，最多的竟然成爲了小說的創作，有 11 篇之多，一些如遊記、通信、隨筆、讀書錄等欄目也幾乎每期用來塡塞版面」，「後期的《創造周報》只不過是爲了湊足五十二期的期數而在勉強爲之了，這樣四平八穩的內容肯定是不可能吸引青年讀者，固定讀者的流失就不可避免了。」由此，他認爲創造社的「轉向」是「他們對於現代傳媒發展的主動順應。」〔註 41〕這種實事求是的考證結果，顯然也偏離了諸多「轉向」闡釋的理論預設。

論題所限，上述研究只從各自的側重點繼續深入探討了郭沫若及創造社的「轉向」問題，未對「轉向」這一文化現象的做系統性整體思考，而這正是導致「轉向」闡釋之困的另一重要原因。理論只有在充分尊重史實的前提

〔註 38〕 蔡震：《歷史演繹中的文化個性──論郭沫若的思想轉換》，《郭沫若學刊》，1994 年第 1 期。

〔註 39〕 蔡震：《論創造社的「方向轉換」》，《延安大學學報（社會科學版）》，1997 年第 4 期。

〔註 40〕 蔡震：《歷史演繹中的文化個性──論郭沫若的思想轉換》，《郭沫若學刊》，1994 年第 1 期。

〔註 41〕 張勇：《前期創造社期刊與創造社「轉向」研究》，《郭沫若學刊》，2009 年第 3 期。

下，才能彌補歷史的細節在表象與思想、傾向與實踐等方面前後矛盾、對立所留下的縫隙，而這正是本文研究的起點。

第二節　「以文入史」：郭沫若「轉向」的生成機制

　　站在前輩學者的肩膀之上，我們逐漸認識到，在現代學科建制並不成熟的二十世紀上半期，諸文化現象的發生、發展以及內涵和外延較之當下牽涉更廣亦更爲複雜，因而所謂系統性整體思考必然是跨學科的。郭沫若「轉向」問題，以當前學科視野觀之，涉及政治、文學、歷史等一級學科範疇，同時需深入馬列各學說、經學、甲骨文、戲劇等看似各不相關的諸多具體領域，這無形中增加了解決問題的難度。如何突破「轉向」的闡釋困境，似乎政治學、歷史學、經濟學或者思想史等話語更能有效發揮，文學不過是爲其提供材料。跳出「文學」的知識框架，在更大的範圍內來闡釋「轉向」的確是本文研究的設想之一，但回歸文學之內，用文學的話語和方法，在與其它社會科學的對話中重新認識、闡釋「轉向」問題才是本文題旨所在。

　　「以文入史」——這一對「轉向」具體化歷史化的提法，即是基於上述「大文學」〔註42〕史觀的考慮。「以文入史」並非是對「文學」的放棄，而是「文學」在深刻地自我反思中與其它社會科學展開對話，是「文學」參與社會之向度的強化與突破。正是在與政治的對話中，郭沫若參與社會改造的熱情得到高揚和實踐，這在某種程度上滿足了郭沫若文學作品中理想人格的高蹈，彰顯了文學無形中影響社會的偉力；正是經濟的困窘，迫使郭沫若從純文藝的象牙塔中走出，從而賦予其作品堅韌的現實品格；而與歷史的交融，不僅賦予郭沫若文化的深度，更促成其渴望已久的「轉向」之完成。

　　所以，「以文入史」是對「轉向」的具體化和歷史化，而非一種理論的抽象和創造。「以文入史」乃是基於郭沫若以詩人之名躋身文化界，又在史學與考古領域擁有一席之地這一史實，而非「以文入史」與「以史入文」的辯證解析和概念糾纏。同時，「以文入史」並非「由文入史」，郭沫若並未捨棄文學，因此「以文入史」具體化和歷史化的另一重要體現，是對郭沫若文學創作與歷史書寫共存、互動之特殊關係的強調。因此，「以文入史」不是「轉向」本質化的抽象和概括，而是一種具體化和歷史化的指代或明確，是郭沫若「轉

〔註42〕李怡：《回到「大文學」本身》，《名作欣賞》，2014年第10期。

向」生成機制的動態描述。

一、史學研究與歷史劇

重返歷史現場，掙脫現代學科範式的束縛，回歸文化現象本身，不難發現：「歷史」與「文學」幾乎同時為郭沫若所「發現」，並在郭沫若登上文壇的初期就共享同一套裝置。在詩歌創作的同時，郭沫若關注傳統文化，研究中國思想史，從而創作「古事劇」，在《女神》中又將其命名為「劇曲集」。在郭沫若心中，「純文藝事業」一度等同於改造社會的事業，卻又時而因「詩人」的名號而「不安」乃至直言「我不大高興別人稱我為『詩人』」；以文學家身份參加革命，卻常常敏感自己被稱作文學家，並嘲笑「文學家是等於貓子的尿」且「總帶著一個蒼白色的面孔」，「是吃人肉的人種」，「文藝家在做社會人的經驗缺乏的時候，只好寫自己極狹隘的生活，這正和章魚吃腳相類」……在現代中國的知識分子中，最為複雜、矛盾、不合規範、難以界定者，非郭沫若莫屬。在「文」與「史」深度糾纏的現代文化場域中，郭沫若遊走自如，廣受各方稱讚，亦備受各家質疑，然而長期以來，相關研究卻多限於單純的學科視域，雖然各自起步較早，研究成果豐富，但對郭沫若本身及各界讚譽、批評和質疑沒有系統性整體性認識。

比如，在史學研究領域，早在 1931 年就有嵇文甫、張蔭麟等對郭沫若《中國古代社會研究》的批評，乃至在先秦思想文化和歷史人物研究等具體史學研究領域，亦有楊天錫《〈墨子思想〉商兌》、〔註 43〕李長之《評〈青銅時代〉》、〔註 44〕丁霄漢《評郭沫若〈屈原〉》、〔註 45〕侯外廬《屈原思想的秘密》〔註 46〕等具有歷史現場感的研究與批評。建國後更有大量研究專著出現，影響較大的有林甘泉、黃烈《郭沫若與中國史學》（中國社會科學出版社，1992 年版），葉桂生、謝保成《郭沫若的史學生涯》（社會科學文獻出版社，1992 年版），王錦厚《郭沫若學術論辯》（成都出版社，1990 年版），謝保成《龍虎鬥與馬牛風——論中國現代史學與史家》（生活‧讀書‧新知三聯書店，2012 年版）及《郭沫若學術評傳》（北京圖書館出版社，1999 年版），郭沫若紀念館、中國郭沫若研究會等單位組編的《郭沫若史學研究》（成都出版社，1990 年版）

〔註 43〕《群眾》，1943 年 12 月第 8 卷第 20、21 期合刊。
〔註 44〕《時與潮文藝》，1945 年 6 月第 5 卷第 4 期。
〔註 45〕《文化建設月刊》，1935 年 11 月第 2 卷第 2 期。
〔註 46〕《中蘇文化》，1942 年 1 月第 11 卷第 1、2 期合刊。

和《〈甲申三百年祭〉風雲六十年》（人民出版社，2005 年版）等等。此外，
國內各種版本的「史學概論」「史學史」「史學綱要」對郭沫若史學研究亦均
有專述，國外如美國學者阿里夫・德里克《革命與歷史——中國馬克思主義
歷史學的起源（1919～1937）》（翁賀凱譯，江蘇人民出版社，2005 年版）對
郭沫若有專章論述，其對郭沫若三十年代古代社會研究與摩爾根、恩格斯關
係的研究在學界影響較大。郭沫若史學研究總是與社會論爭、史學討論有密
切關係，因此不僅有與論爭直接相關的論文，又多有梳理與相關研究之研究。
以屈原研究為例，除上述提到丁霄漢、侯外廬的論文外，還有孫次舟《屈原
是「文學弄臣」的發疑——兼答屈原崇拜者》，〔註47〕繆鉞《評郭沫若著〈屈
原研究〉》，〔註48〕張天弓《釋「亂」》，〔註49〕天華《讀郭沫若著屈原研究管
見》，〔註50〕聞一多《屈原問題——敬質孫次舟先生》，〔註51〕長之《評〈屈
原〉》，〔註52〕容媛《評〈屈原研究〉》〔註53〕等早期研究，建國後學人研究有：
王錫榮《論屈原思想——兼與郭沫若同志商討》、〔註54〕郭在貽《「放流」就
是「放浪」嗎？》、〔註55〕章培恒《關於屈原生平的幾個問題》、〔註56〕丁冰
《郭沫若同「屈原否定論」的三次論爭》、〔註57〕王輝斌《屈原生卒年研究述
評》〔註58〕等等。

　　然而，自郭沫若在歷史學界嶄露頭角始，激烈的批判就一直存在：「理論
疏舛論證矛盾」「粗－粗－粗」，〔註59〕著名史學家張蔭麟亦不無遺憾地說道
「我很失望地發現，郭書中關於中國古史之最新穎的論點竟是最不易成立的
論點……郭先生初非國學專家，近在逋亡中涉手塵篇，竟有如許成績，是很
不容易的，我願意在此致一個同情的讀者的敬禮。」〔註60〕有論者甚至直言

〔註47〕　《中央日報》（成都），1944 年 9 月 6、7、8 日。
〔註48〕　《思想與時代》，1943 年 12 月第 29 期。
〔註49〕　《國文月刊》，1946 年 9 月第 47 期。
〔註50〕　《臺灣文化》，1947 年 1 月第 2 卷第 1 期。
〔註51〕　《中原》，1945 年 10 月第 2 卷第 2 期。
〔註52〕　《益世報》，1935 年 5 月 29 日。
〔註53〕　《燕京學報》，1947 年 12 月第 33 期。
〔註54〕　《吉林大學社會科學學報》，1962 年第 2 期。
〔註55〕　《社會科學輯刊》，1981 年第 4 期。
〔註56〕　《學術月刊》，1981 年第 10 期。
〔註57〕　《東北師大學報》，1984 年第 3 期。
〔註58〕　《雲夢學刊》2007 年第 1 期。
〔註59〕　文甫：《評郭沫若〈中國古代社會研究〉》，《大公報》，1931 年 10 月 12 日。
〔註60〕　素癡：《評郭沫若〈中國古代社會研究〉》，《大公報》，1932 年 1 月 4 日。

《中國古代社會研究》不是科學的著作，〔註 61〕毫不客氣地將郭沫若擋在學術的象牙塔外。正視郭沫若史學研究中「非歷史主義」的存在不只是從肯定角度辯誣，進行二元對立的肯定和否定，而應立足於郭沫若的實際，揭示其特色及背後的普遍價值與意義。事實證明，郭沫若史學研究中「非歷史主義」的存在與其文學創作形成巨大的張力，是其生命力和影響力的重要構成。

又如，關於郭沫若歷史劇的研究與郭沫若歷史劇創作亦幾乎是同步的。1923 年章克標《〈創造〉2 卷 1 號創作評》一文，就是對剛剛發表的《卓文君》進行專門的批評，1924 年王以仁《沫若的戲劇》又有對「沫若的古事劇」的褒贊，稱其「雖則已是幾千年前的陳死人，但是卻充滿了新的生命」，是「創作界的明星」。〔註 62〕以向培良《所謂歷史劇》、〔註 63〕顧仲彝《今後的歷史劇》、〔註 64〕章罌《從〈棠棣之花〉談到評歷史劇》、〔註 65〕李長之《棠棣之花》〔註 66〕等文為代表的論爭與批評，1949 年以前對郭沫若歷史的研究就已頗具規模。建國後，隨著陳瘦竹《論郭沫若的歷史劇》、〔註 67〕王瑤《郭沫若的浪漫主義歷史劇創作理論》、〔註 68〕黃侯興《論郭沫若同志的歷史劇》、〔註 69〕傅正乾《郭沫若史劇理論的結構核心——兼論郭沫若歷史悲劇觀的形成》〔註 70〕等名家名篇研究的發表，郭沫若歷史劇研究規模不斷擴大，其數量之眾足以與郭沫若詩歌研究比肩，僅相關博碩論文就有二十五篇之多。同時，相關研究專著有黃中模《郭沫若歷史劇〈屈原〉詩話》（四川人民出版社，1981 年版）、黃侯興《郭沫若歷史劇研究》（長江文藝出版社，1983 年版）、傅正乾《歷史・史劇・現實——郭沫若史劇理論研究》（陝西人民出版社，1988 年版）、王大敏《郭沫若史劇論》（武漢出版社，1992 年版）、周海波《歷史的廢墟與藝術的王國：郭沫若歷史劇文化命題的文學意義》（陝西旅遊出版社，1991 年版）、陳鑑昌《郭沫若歷史劇研究》（四

〔註 61〕 李麥麥：《評郭沫若底〈中國古代社會研究〉》，《讀書雜誌》，1932 年 6 月第 2 卷第 6 期。
〔註 62〕 《文藝周刊》，1924 年第 40、42、43、44 期。
〔註 63〕 向培良《中國戲劇概評》，上海《狂飆》周刊，1927 年 1 月第 13 期。
〔註 64〕 《新月》，1928 年 4 月 10 日第 1 卷第 2 號。
〔註 65〕 《新華日報》，1941 年 12 月 7 日。
〔註 66〕 《文藝先鋒》，1942 年 11 月 25 日第 1 卷第 4 期。
〔註 67〕 《戲劇論叢》第 2 輯，中國戲劇出版社 1958 年 5 月出版。
〔註 68〕 《文學評論》，1983 年第 3 期。
〔註 69〕 《社會科學戰線》，1978 年 12 月第 4 期。
〔註 70〕 《郭沫若研究》第 3 輯，文化藝術出版社，1987 年 6 月出版。

川大學出版社，2009 年版）等。經過九十多年的積累，相關研究已可細化爲歷史劇「研究總論」、「創作理念」、「藝術風格」、「文化母體」、「歷史譜系」、「名篇評析」等子大類，數量之盛可見一斑。然而遺憾之處亦頗多，不僅重複研究且泛泛而論者眾，尤其是近些年來，郭沫若歷史劇研究未能與現代戲劇研究構成對話，在戲劇研究中日漸落後。

　　以上反覆例證意在說明，郭沫若史著與歷史劇之研究所面臨的困境，是對郭沫若作品歷史學、政治學等抽象理性的學院派追求，而忽略了對郭沫若理想與信仰、情感與想像等「大文學」質素的重視。

　　「以文入史」有效闡釋「轉向」問題的關鍵在於，它以跨學科研究的寬廣視野重新審視「轉向」事件，力圖以「文學之外」的紛繁複雜來詮釋「文學之內」的豐富多彩。

二、文史互動與「大文學」視野

　　「以文入史」是一個動態的過程，是一段史實的發生，是對「轉向」的具體描述。在「以文入史」闡釋架構中，「轉向」問題由抽象變得具體而生動。這一表達與「棄醫從文」類似，但卻並不相同：「棄醫從文」落腳於「從文」，其價值和意義呈現也在於「文」，而「以文入史」則是一個整體，「轉向」的價值和意義並非體現於「入史」，而在於「文」與「史」的互動和交融。對郭沫若而言，「轉向」的發生乃至其生平著述正是源生於「文史」的傳統之中；從深遠處說，「文」與「史」及背後的「出世」、「入世」是理解與接近中國歷代文化名人靈魂的基礎，是揭示諸文化現象深刻性與複雜性的前提。

　　赴廣州是郭沫若人生中一個極爲重要的選擇，與這個選擇同時進行的是他放棄建構「文學科學」的努力，而悄然做起史學教授。如果說「五四」新文化運動的先鋒和主導是「文學」，那麼可以說，郭沫若「轉向」的支撐是史學，史學之於當時中國現實的有效性得益於兩點：一、中國文化強有力的史學傳統和集體的歷史崇拜，「過去」對於「現在」、「將來」的合法性擁有根本性的發言權。二、馬克思主義唯物史觀，這是「世界革命」之於中國的有效性的關鍵所在，反對者否定了這一點，由蘇俄控制的共產國際主導的無產階級革命在中國將失去理論依據。郭沫若的「轉向」必須解決上述問題，因此郭沫若必須「入史」，亦即「轉向」的具體表現和生成機制是「以文入史」。

　　關於郭沫若的「轉向」，首先值得警惕的是「向左轉」的說法，「左」的

界線劃定在共時性的語境中都十分困難，如當時林彪集團是「左」是「右」？
在歷時性語境中，「左」的面孔更是變幻多端，同一個人同一件事，忽左忽右
的情況時有發生。具體到郭沫若「轉向」之前，其有濃厚的無政府主義傾向，
主張流血的暴力革命，呼喚著宇宙革命，從某種程度上來說，比共產主義還
要「左」一些。因此，「向左轉」的提法是不合適的。

其次，在現代中國，無論何種思想、何種理論抑或何種主義，文學的、
哲學的、歷史學的，最終指向的均是現實問題。「五四」確立了新的文化原
則，新文化與舊文化的對立，並在這種對立中獲得獨立性和存在的必要性，
文學是這一新原則的先導與支柱；進入 1920 年代，經過「三一八」慘案等
諸多事件，其有效性面臨巨大的危機，彷徨失落的文化界需要新的原則。因
此，「轉向」之於創造社之於文化界首先表現的是一種「轉移」，即從新與舊
的對立和「文藝事業」上移開，因為它無法解決現實問題，處於思想和生存
雙重泥淖中的「文藝青年」們迫切需要「走開」。

對於郭沫若而言，「轉向」是一個選擇過程，一種姿態，一個宣言，而不
是結果。文學的郭沫若可以與各種「主義者」同行，因為文學有意義生成的
無限可能性，郭沫若在《孤軍》雜誌上發表的文學作品被曲解，即是這樣的
一種情形。因此，對於當時的郭沫若而言，問題不在於何時「轉向」，能否完
成「轉向」，而是他必須聲明他的「轉向」。學界爭論「1924 年」這個時間節
點，卻忽略了其出處《孤鴻——致成仿吾的一封信》的發表時間，這封信雖
然寫於 1924 年 8 月 9 日，但卻發表在 1926 年 4 月 16 日《創造月刊》第 1 卷
第 2 期上，中間相隔近兩年。在該期雜誌最後的「編輯者言」中，郁達夫這
樣說道：「沫若在近一年中，思想上起了變革，完全把方向改了過來……我和
沫若，爲飢寒所迫，明日揚帆，想到廣東去找一個息壤。」〔註71〕如果，郭
沫若當時未選擇去廣州，《孤鴻》這封信還會發表？爲何不早不晚偏在這個時
間發表這封信呢？時間的重要，在於它揭示了一種契機，而不能代表「轉向」
的本質，過分糾結於何時「轉向」是對其理解的誤區。郭沫若喚出「轉換」，
意味著他選擇的明確，他與曾琦等國家主義者的矛盾逐漸無法彌合而公開
化，在這一過程中郭沫若深切感受到文學家的「無力」。所以，「轉向」作爲
一種文化現象，有著共時性的歷史存在，處於「五四」以來中國社會政治運
動、思想文化革命的發展鏈條之中。它不屬於某個人或某一群人的專利，而

〔註71〕郁達夫：《編輯者言》，《創造月刊》第 1 卷第 2 期，1926 年 4 月 16 日。

是一代人的選擇。不同的是,「轉向」何方,面臨極大的爭議後,不同人做出了不同的選擇。

第三,隨著革命成爲「萬能」詞彙,〔註 72〕文化界面對蘇俄的革命輸出,反應不一,其關鍵節點在「民族」與「世界」的對立,《孫文越飛宣言》反映了這一分歧。〔註 73〕面對國家主義和新儒家,左翼知識分子需要解答世界革命之於中國的有效性(以陶希聖爲代表的「新生命派」主張「封建制度崩壞論」,極力否認近代中國是「半殖民地半封建社會」,目的是鼓吹「世界主義」在中國不適用,「三民主義」才是唯一正確理論)、中國封建勢力是否消除(以中國托派爲背景的「動力派」認爲封建制度已被瓦解,中國進入資本主義階段,因此現階段中國革命的主導是資產階級革命而非所謂「新民主主義革命」)、中國資產階級能否擔當革命重任等一系列重大問題,〔註 74〕這些文學都無法解答。歷史學成爲解答上述問題最爲有效的武器(這與中國的文化傳統和進化論有關)。爲確立新的文化原則,多種勢力在社會各個層面展開博弈,在文化界新儒家、托派、國家主義爲爭取主導權而不斷論戰。〔註 75〕

郭沫若「以文入史」產生於這樣的大背景之下,「泛神論」的哲學訴求和

〔註 72〕 對此,郁達夫曾有《革命廣告》一文這樣説道:「在今天的革命八月八日的這革命日子的革命早晨革命九點鐘的革命時候,我在革命《申報》上,看見了一個革命廣告。(注)(注)現在革命最流行,在無論什麽名詞上面,加上一個「革命」,就可以出名,如革命文藝,革命早飯,革命午餐,革命大小便之類。所以我也想在這裡學學時髦,在無論什麽名詞之上加以革命兩字,不過排字房的工人的苦處,我也知道。所以以後若鉛字不夠的時候,只好以○○來代替革命兩字。讀者見到○○,就如念阿彌陀佛者之默誦佛號一樣,但在心里保存一個革命「意德沃羅基」就對了。」(《郁達夫全集》第 10 卷,浙江大學出版社 2007 年版,第 447 頁。)

〔註 73〕 在孫中山與蘇俄合作的標誌性文件《孫文越飛宣言》中,孫「承認全部中東鐵路問題……事實上現在只能維持現狀……以爲俄國軍隊不必立時向外蒙撤出」,卻在第一條中聲明:「孫逸仙博士以爲共產組織,甚至蘇維埃制度,事實均不能引用於中國。」(《孫中山全集》第 7 卷,中華書局 1985 年版,第 51～52 頁。)

〔註 74〕 郭沫若自傳得到了中共高層的鼓勵,認爲其自傳「的目的是在記述中國社會由封建制度向資本制度的轉換,但這個轉換在你的童年時代其實並未完成……所以中國的幼稚的資產階級便只能做帝國主義者的買辦,而中國便永遠肩荷著一個半殖民地的命運」,中國資產階級能否擔當革命是中共始終關心的一個問題。

〔註 75〕 桂遵義:《馬克思主義史學在中國》(第 2 編),山東人民出版社 1992 年版,第 93～243 頁。

無政府主義的傾向，這兩者之間分屬不同的學科層面，但卻又有著深刻的內在聯繫，它們共同決定了郭沫若超越民族的「世界主義」視野，因此儘管周圍的朋友多是「國家主義者」，但郭沫若無法從內心深處認同他們。在郭沫若看來，不立在地球邊上放號，放眼全球，只固守所謂「民族」與「國家」，擔心被別人同化，而沒有人類的普遍同情心，中國文化永遠沒有出路。

　　因此，本文在大量微觀史實考證的基礎上，通過重新審視郭沫若的「轉向」問題，對「五四」之後，上世紀二三十年代文學參與社會的方式和路徑展開探討，並進而認為，在「轉向」的背後隱匿著一條「以文入史」的路徑，它不僅是郭沫若解決自我與現實的選擇方案，更是現代文學青年投身革命的典型範式。「轉向」是一個選擇過程，一種姿態，一個宣言，它在郭沫若心中不是一次性的，而是不斷的實踐重複和強化，它植根於──歷史不斷被重寫、新的意義不斷產生而在結構上具備生產性的中國文化，與魯迅的「迴心」不同，郭沫若轉向的支配法則是「回史」，即「以文入史」。「史」在郭沫若思想與創作中具備高度的意義生成性，是「郭沫若」得以確立的基礎。從「純文藝」的事業追求，到對其它社會科學的吸納及對社會現實的融入，郭沫若的「轉向」在與社會文化思潮的深刻互動中產生，「棄醫從文」、「以文入史」是郭沫若人生的兩次重要跨越，其旨歸併非文學或史學，而是社會改造、再造中華文明。如果說「五四」新文化運動，蘊涵著普遍的「棄 X 從文」實踐，那麼二三十年代知識分子普遍的「轉向」，其行動則多以「以文入 X」的方式展現，具體於郭沫若來說，即是「以文入史」。「棄 X 從文」與「以文入 X」是中國近現代文學、文化史上兩次奇特景觀，濃縮著中國社會文化尋求蛻變的集體實踐和知識分子參與社會改造的抉擇與信仰。因此，「以文入史」不是理論的演繹，而是史實的提煉，是打開中國近現代思想文化史的一把鑰匙。

第一章　社會改造思潮下的文藝危機

　　在郭沫若的自我陳述中,「轉向」與文藝尤其是「純文藝」似乎是一種「中止」或「捨棄」的關係:「在一九二四年,我中止了前期創造社的純文藝活動,開始轉入了對於辯證唯物論的深入的認識,在這兒使我的思想生出了一個轉機……但這個轉換起了更大的質變,便是使我自己更由文藝界跳進革命運動的浪潮裏去了。一九二六年我參加了北伐,我的文藝生活更確確實實地告了一個段落。爾來二十年,無論在寫作上或生活上和所謂『純文藝』實在是愈隔愈遠,這如用今天最時髦的純文藝家的話來說,便是我失掉了『寫作的馬達』。但我是心甘情願,而且也心安理得的。我自己在這兒可以公開的宣佈:我要取消掉我這個『文藝家』或『作家』的頭銜。」〔註1〕事實證明,郭沫若並未在「轉換」中捨棄文藝,那麼「轉向」與文藝究竟是一種怎樣的關係呢?此外,與對「文藝」的曖昧姿態不同,郭沫若對「純文藝」的態度十分鮮明,從立志創辦「純粹的文學雜誌」到在《孤鴻——致成仿吾的一封信》(以下簡稱《孤鴻》)〔註2〕中表明轉向時聲稱:「在現在而談純文藝是只有在年青人的春夢裏,有錢人的飽暖裏,嗎啡中毒者的迷魂陣裏,酒精中毒者的酩酊裏,餓得快要斷氣者的幻覺(Hallucination)裏了!」〔註3〕前後截然相反,從選擇到放棄,郭沫若的文藝觀又經歷怎樣的蛻變?

〔註1〕　郭沫若:《〈盲腸炎〉題記》,《郭沫若全集・文學編》第18卷,北京:人民文學出版社1992年版,第5～6頁。

〔註2〕　《郭沫若全集・文學編》第16卷,北京:人民文學出版社1989年版,第6頁。

〔註3〕　《郭沫若全集・文學編》第16卷,北京:人民文學出版社1989年版,第20頁。

第一節　選擇與放棄：「轉向」前後郭沫若的文藝態度

　　欲明確郭沫若為何以鮮明的姿態捨棄純文藝，就有必要對郭沫若及早期
創造社選擇純文藝的初衷作必要的探尋。鑒於魯迅「棄醫從文」的巨大影響
和文學在新文化運動中的顯性作用，人們普遍容易理解學醫的郭沫若、造兵
科的成仿吾、學經濟的郁達夫及學地質的張資平等放棄所學專業投身純文藝
事業的選擇，而對其在「轉向」時對待純文藝的態度感到意外，甚至驚愕。
當還原歷史語境，對創造諸君的選擇在當時社會文化思潮的大背景下進行重
新考量時，選擇本身或許就意味著後來的放棄。

一、專門與純粹：文藝作為事業

　　關於創造社的發起與《創造》季刊的萌創，郭沫若將源頭追溯至 1918
年與張資平在海邊的一次談話，此時距創造社成立尚有三年之久。郭沫若稱
「這一段在箱崎海岸上的談話，在我自己留下了很深刻的印痕……所以我一
想到創造社來，總覺得應該以這一番談話作為它的受胎期。我這部《創造十
年》要從這兒敘起，也就是這個原故。」〔註 4〕顯然，在郭沫若看來，這一
次非常重要的談話，相對而言，他對創造社正式成立時的橘子會著墨甚少，
連具體時間都記錯了。郭沫若將這次談話比喻作創造社的「受胎期」，其所
強調的實為一種觀念的激發或萌創，而非一種事實的追認，那麼觸發這種觀
念的關鍵是什麼呢？

　　根據郭沫若的回憶，他與張資平在「箱崎海岸」從中午飯後一直聊到
──「日腳漸漸偏西了，我約資平到我寓裏去吃晚飯」，整整一個下午，「東
南西北」的談了很多，不過大部分都忘卻了，唯「有一番話使我永遠留在記
憶裏的了」，什麼內容呢？其實，如果不做情境的還原和知識的考古，這些對
話，不過是自負的年輕人對國內文化界（以報刊雜誌為中心）的抱怨罷了：
郭沫若聲稱他當時對「中國有數的兩大雜誌」──《東方雜誌》和《小說月
報》「最不高興」，而「老張」對《新青年》也只覺「差強人意」，並說：

> 　　　我看中國現在所缺乏的是一種淺近的科學雜誌和**純粹**的文學
> 雜誌啦。中國人的雜誌是**不分性質**，烏涅白糟地甚麼都雜在一起。
> 要想找日本所有的**純粹**的科學雜誌和**純粹**的文藝雜誌是找不到的。

〔註 4〕《郭沫若全集·文學編》第 12 卷，北京：人民文學出版社 1992 年版，第 48 頁。

〔註5〕

郭沫若則說：

> 其實我早就在這樣想，我們找幾個人來出一種純粹的文學雜誌，採取同人雜誌的形式，專門收集文學上的作品。不用文言，用白話。科學雜誌，我是主張愈專門愈好的，科學雜誌應該專門發表新的研究論文……〔註6〕

「專門」「純粹的」這些詞匯在當前，尤其是在講求「文學性」的學術話語中並不足以引起相當的重視，然而在上世紀初，這種文化訴求即與當時的社會文化有著深刻的互動在郭沫若看來，此次談話成為「受胎期」，不僅因他與張資平一拍即合開始聯絡「同人」，更因其觀念的共鳴——「專門化」成為國內外文化界的一種需求。郭沫若為此特別問張資平，「社會上已經有了那樣的要求嗎？」，張肯定的回答道：「光景是有。像我們住在國外的人不滿意的一樣，住在國內的學生也很不滿。你看《新青年》那樣淺薄的雜誌，不已經很受歡迎的嗎？」〔註7〕那麼，張資平的認識和判斷是否準確、是否合乎國內的文化形勢呢？

有學者在對文學研究會「前史」進行考察時發現，文學研究會宣言中「我們相信文藝是一種工作，而且又是人生很切要的一種工作；治文學的人也當以這事為他終身的事業，正如勞農一樣」——這種以文學為「志業」的態度，是在五四新文化運動的「修正」中調適形成的。在 1919 年前後，對新文化運動的反思開始在國內雜誌上出現，鄭振鐸《我們今後的社會改造運動》、胡適《多研究些問題，少談些主義》、張東蓀《現在的文化運動是否應得修正？》、宗白華《致〈少年中國〉編輯諸君》等，在新文化運動的自我修正中，分工的專業意識不斷凸顯。〔註8〕與張資平的談話之所以在郭沫若的記憶裏留下了極為深刻的印象，乃在於郭沫若通過報刊雜誌對國內文化界的感知在張那裡得到了確認，進而萌發了創造社的「受胎期」，這與文學研究會的「前史」相似，也即文學史上的兩大文藝團體的產生，實乃文學自我演進與社會文化思潮發展的產物。

〔註5〕《郭沫若全集‧文學編》第 12 卷，北京：人民文學出版社 1992 年版，第 46〜47 頁。

〔註6〕《郭沫若全集‧文學編》第 12 卷，北京：人民文學出版社 1992 年版，第 47 頁。

〔註7〕《郭沫若全集‧文學編》第 12 卷，北京：人民文學出版社 1992 年版，第 47 頁。

〔註8〕姜濤：《五四新文化運動「修正」中的「志業」態度——對文學研究會「前史」的再考察》，《文學評論》，2010 年第 5 期。

　　對國內形勢，身下日本鄉下的郭沫若〔註9〕雖然條件有限，但卻始終保持高度的關注和互動。郭沫若早期的詩作豐富意蘊只有在生動的文化語境和詩人思想的指向性中才能被深刻體味。如《女神·序詩》：「《女神》喲！／你去，去尋那與我的振動數相同的人；／你去，去尋那與我的燃燒點相等的人。／你去，去在我可愛的青年的兄弟姊妹胸中，／把他們的心弦撥動，／把他們的智光點燃吧！」今天的讀者很難體味「振動數相同」、「燃燒點相同」等詞句對當時知識青年的巨大觸動，理解這些詩句需要對《女神》時期文化界「社會改造」思潮有必要的瞭解。什麼是「社會改造」？文學又在社會改造事業中發揮怎樣的作用呢？

　　在《女神》結集與《兒童文學之管見》發表的 1920 年前後，「社會改造」的聲浪「日高一日」，「夫社會改造之聲浪，在今日新思潮中，已占全體十之七八。」據研究者考察，「在五四前後的數百種新老刊物中，幾乎無不涉及到社會改造的話題，不少刊物還明確宣示刊物的宗旨就是『社會改造』。」〔註10〕為何在「五四」前後，「社會改造」會逐漸成為知識界及社會各界的一個常用詞彙，其有何特指呢？「社會改造」與以往強調自上而下的「社會改良」最顯著的不同，是它強調個人及由個人向社會擴散的運行機制，即郭沫若在《兒童文學之管見》所言：「人類社會根本改造的步驟之一，應當是人的改造……有優美醇潔的個人才有優美醇潔的社會。因而改造事業的組成部分，應當重視文學藝術。」〔註11〕在郭沫若看來，文藝是社會改造中至為關鍵的環節。郭沫若深刻的領悟到，社會改造與自上而下的改良有著根本的區別，如果自上而下的「改良」是縱向的，那麼這種由個人出發的「改造」，則是橫向的。「人」不再是被動接受來自上層的「改良」，而是主動、自發的橫向擴展，與社會形成面的互動。推動社會進步的動因，不再是統治者，而是億萬「個」的自覺。由此，「女神」才被賦予特殊的歷史使命，那就是去尋找「振動數」、「燃燒點」相同的「青年兄弟姊妹」，毫不誇張的說，在橫向的擴展——「撥動心弦、點燃智光」，即影響力、感染力上，文學在紙質

〔註9〕 1918 年夏，郭沫若由日本第六高等學校升入九州帝國大學，因「大學的醫學部在博多市外」，故郭沫若自稱「我是三年沒有回國的人，又住在鄉下」，詳見《郭沫若全集·文學編》第 12 卷，第 37、45 頁。

〔註10〕 劉集林：《「社會改造」與「改造社會」》，《廣東社會科學》，2012 年第 4 期。

〔註11〕 《郭沫若全集·文學編》第 15 卷，北京：人民文學出版社 1990 年版，第 275 頁。

媒體時代的確擁有偉力，由此「文學」成爲「五四」時代的顯學，成爲新文化運動的核心支撐。朱自清先生對此已有過眞切的回憶：

> 我們所發見的是個人價值。我們咒詛家庭，咒詛社會，要將個人抬在一切的上面，做宇宙的中心。我們說，個人是一切評價的標準，認清了這標準，我們要重新評定一切傳統價值。這時是文學、哲學全盛的日子……社會科學雖也被重視，而與文學、哲學相比，卻遠不能及。〔註12〕

質言之，文藝之所以能被作爲一項「專門」的事業來追求，實賴社會改造思潮的整體推動，當然，如果這種歷史語境消退，文藝事業亦必然面臨危機。郭沫若在談到創造社與文學研究會的對立時，稱其爲「行幫意識的表現」，這其實是對其文藝事業的一種追認。行幫作爲一種社會團體組織形式，最爲人所熟知的是哥老會、青洪幫、紅槍會這樣的社團，郭沫若的祖父就曾是當地袍哥的首領，郭沫若對行幫的本質及其運作方式頗爲熟悉。因此，郭沫若所言之行幫的封建色彩，不是簡單的類比，而是特指門戶、等級，即入行先後、論資排輩等行幫的民間規範和約束力，不懂「規矩」自然要收到行業的懲罰和排斥。正因如此，郭沫若與郁達夫深感「悲哀」與「寂寞」，出去喝酒，喝到一家閉店再轉戰另一家，「在四馬路上一連吃了三家酒店」，「兩個人怕足足吃了三十幾壺酒」。作爲新興的事業，當時文藝界未必有怎樣強大的行幫規矩，文學研究會亦未必「壟斷了文壇」，欺壓創造社，而郭沫若等人之所以有這樣的判斷，恐怕還是自身的主觀意識所致。與文學研究會早期主要成員已有其它職業支撐不同，創造社諸君將文藝作爲純粹的事業、乃至人生的理想來追求，欲在此安身立命，養家糊口，甚至兼濟天下，實現社會改造，再造中華文明的理想。因此，文藝界的一舉一動對他們而言，可謂牽一髮而動全身，這應是導致早期創造社敏感的客觀原因。

《女神》不是郭沫若嚮壁虛造的產物，其詩意和文學價值內嵌於五四時期的文化語境之中，創造諸君選擇文藝作爲事業來追求，同樣也是新文化運動深刻影響下的選擇，先驅的啓蒙者用文藝叩開了青年的心扉，青年們把文藝作爲純粹的事業來追求，而正是這種「純粹」爲後來的「轉向」埋下了伏筆。

〔註12〕朱自清：《那裡走——呈萍郢火栗四君》，《朱自清全集》第 4 卷，南京：江蘇教育出版社 1990 年版，第 230 頁。

二、藝術與生活：事業的歸屬與向度

「純粹」雖不等於優秀，但卻意味著捨棄和投入。在郭沫若、郁達夫等人的話語系統中，文藝事業是其社會改造事業的重要組成部分，文學藝術之所以重要、創造社之所以被貼上「為藝術而藝術」的標籤，根本原因在於郭、郁、成等創造社諸君將文學藝術視為社會改造、民族復興的關鍵而願意將之作為畢生的事業。這種投入，不僅體現在他們捨棄原有專業，在上海、日本之間奔走，更核心的體現是他們在文藝觀上的獨特感知和自我建構。

與大多數青年相似，在獻身文藝事業之前，郭沫若等人並不十分清楚「文藝」之為何物，郭沫若曾說「我自己雖然在做做詩，寫寫小說之類的東西，然而對於所謂『文學』實在是個外行。我並不曾把文章來當成學問研究過（我學的本是醫學）」，〔註 13〕其對「文學與文藝」的認知尚停留於教科書的層面。

在一般的文學史敘述中，創造社是以「純文學」〔註 14〕的姿態登上文壇，並且是主張「為藝術而藝術」的。郭沫若、郁達夫等人對「為藝術而藝術」的詰難做過辯解和闡釋，〔註 15〕但「純粹的文學雜誌」、〔註 16〕從事「純文藝活動」〔註 17〕則在其早期自我陳述中屢屢出現。相對於對「為藝術而藝術」的不同理解和論爭，「文學」乃至「純文學」在文學話語中有著一般且簡略的共識，除非特殊語境，它們一般不易引起研究者的注意。但文藝尤其是「純文藝」被郭沫若等人作為事業追求，那麼就有必要對這些詞彙在當時語境中的使用做相應的文獻追蹤。

所謂「純文學」，應是本質化的文學，不包含或較少摻雜其它成分，而郭沫若的確先後有多篇文章探討「文學的本質」問題，如《文學的本質》《文藝的本質》《本質的文學》等。但在理清「純文學」之前，首先需要面對的問題

〔註 13〕《郭沫若全集・文學編》第 12 卷，北京：人民文學出版社 1992 年版，第 195 頁。

〔註 14〕《純文學季刊〈創造〉出版預告》，上海《時事新報》，1921 年 9 月 29 日；轉引自魏建編《青春與感傷——創造社與主情文學文獻史料輯》，人民出版社 2013 年版，第 22 頁。

〔註 15〕詳見郭沫若《論國內的評壇及我對於創作上的態度》《桌子的跳舞》、田漢《藝術與社會》、郁達夫《文學概說》等文。

〔註 16〕郭沫若：《創造十年》，《郭沫若全集・文學編》第 12 卷，北京：人民文學出版社 1992 年版，第 46～47 頁。

〔註 17〕郭沫若：《〈盲腸炎〉題記》，《郭沫若全集・文學編》第 18 卷，北京：人民文學出版社 1992 年版，第 5 頁。

是，「文藝」與「文學」究竟有何「本質」區別？這一點郭沫若並未交待清楚，在其著述中，「文學」與「文藝」混用的情況非常普遍，僅以《郭沫若全集》文學編第十五卷爲例，其《文藝論集》篇目中不僅有《文藝之社會的使命》《文藝的生產過程》等「文藝」論文，同時也有《論文學的研究與介紹》《兒童文學之管見》《文學的本質》等「文學」論文。略考其出現的頻次，「文學」一詞在《郭沫若全集》文學編第十五卷中出現約計 260 餘次，「文藝」一詞在該卷出現約 180 餘次。於此，值得我們追問，在郭沫若那裡，「文學」與「文藝」究竟有無區別？又如，郭沫若等人所謂的「純文學」「純粹的文學雜誌」指涉的核心內涵究竟是什麼？在何種語境下提出？是否原創？與「純文藝」是否等同、或有著怎樣的聯繫？等等。

當然，即使是在當前的文化語境中，「文學」與「文藝」界限亦不清晰，存在諸多理解上的混亂。論題所限，本文不欲在這兩個概念的準確定義上過分糾纏，而是要回到具體的歷史語境中，聚焦於創造社、聚焦於郭沫若這一具體個案，以期還原歷史語境，做出具體的歷史的分析。據有學者考證：「自 20 世紀二三十年代以來，『文藝』才開始廣泛使用，其含義廣泛，即可用於指稱藝術，也可用以指稱文學。」〔註 18〕那麼，郭沫若是否也屬於此種情況呢？

郭沫若正式步入文壇恰是在「二三十年代」，根據《三葉集》中收錄的書信來看，1920 年初郭沫若致宗白華的書信中就同時出現「文學」與「文藝」兩詞。他稱讚孔子是文學家，「有他簡切精透的文學。便但就他文學上的功績而言，孔子底存在，是斷難推倒底：他刪《詩》、《書》，筆削《春秋》，使我國古代底文化有個系統的存在」。〔註 19〕同時，在同一封信中也說歌德「是近代文藝的先河」。〔註 20〕宗白華也存在同樣的情況，他先稱讚他的朋友田漢對「歐美文學很有研究」，馬上又接著說，想在《學燈》中「多發表些有價值的文藝和學理文字。」〔註 21〕可見，在最初的實際使用中，郭沫若、宗白華對「文學」與「文藝」都存在不求甚解的混用情況。

〔註 18〕 轟珍釗：《論「文藝」與「文學」概念的意義含混》，《上海師範大學學報》（哲學社會科學版），2014 年第 1 期。
〔註 19〕 《郭沫若全集·文學編》第 15 卷，北京：人民文學出版社 1990 年版，第 20 頁。
〔註 20〕 《郭沫若全集·文學編》第 15 卷，北京：人民文學出版社 1990 年版，第 21 頁。
〔註 21〕 《郭沫若全集·文學編》第 15 卷，北京：人民文學出版社 1990 年版，第 11 頁。

　　但根據對郭著述的進一步分析，發現郭沫若上述混用的情況隨著其對文學認識的深入而有所改觀。也就是說，在一定程度上，郭沫若後來在使用這兩個詞彙時並不是完全隨意的，其中也有微微的差別，而這種差別恰恰是在我們當前的文化語境中所不易察覺的。比如，在發表於 1921 年初的《兒童文學之管見》中「文學」似乎成了「藝術」的門類：

> 因而改造事業的組成部分，應當重視文學藝術。藝術之範圍甚廣，不能一一俱論。單就文學而言，對於人性所及的薰陶之力，伊古以來，已有定評。〔註22〕

　　在發表於 1923 年的《天才與教育》一文中，類似的意思就更加明顯了：

> 更說到狹義的天才——文藝方面的天才上來，我們中華民族是可憐到十二萬分了！……無論說音樂，說繪圖，說雕刻，說建築，說舞蹈，說文學，我們近百年來的中國，究竟有那一樣可以目無古人而誇耀全世？……舞是失掉了，文學是化了石，繪畫雕刻建築可不用說了。〔註23〕

　　根據上下文，很明顯，「文學」是「文藝」的一個子類，除文學外，文藝至少還包括繪圖、雕刻、建築、舞蹈、音樂等其它藝術門類。關於這一點，如果說郭沫若只是間接呈現的話，那麼郁達夫則就有系統的論述了。在《文學概說》〔註24〕的第二章中，郁達夫對「文學在藝術中所佔的位置」做了詳細概述。他認為黑格爾對藝術的三分法（見下圖）〔註25〕

〔註22〕 郭沫若：《兒童文學之管見》，《郭沫若全集·文學編》第 15 卷，北京：人民文學出版社 1990 年版，第 275 頁。該文最初發表於 1921 年 1 月 15 日上海《民鐸》雜誌第 2 卷第 4 號。

〔註23〕 郭沫若：《天才與教育》，《郭沫若全集·文學編》第 15 卷，北京：人民文學出版社 1990 年版，第 178 頁。該文最初發表於 1923 年 10 月 7 日上海《創造周報》第 22 號。

〔註24〕 該文於 1927 年 8 月由上海商務印書館出版單行本，但其第一章《生活與藝術》和第四章《文學的內在的傾向》中的一部分曾分別以《生活與藝術》和《文學上的殉情主義》於 1925 年 3 月 12、13 日和 4 月 10 日在《晨報副鎸》上發表。於此同時，郭沫若亦先後發表《生活的藝術化——在上海美術專門學校講》（1925 年 5 月 12 日上海《時事新報·藝術》第 98 期）、《文學的本質》（1925 年 8 月 15 日上海《學藝》雜誌第 7 卷第 1 號）等文。由此可見，郭、郁二人在關於文學與藝術的理解和享有的理論資源上有著極大的共通性。

〔註25〕 《郁達夫全集》第 10 卷，杭州：浙江大學出版社 2007 年版，第 321 頁。

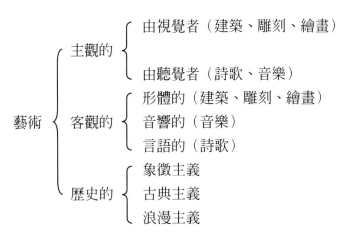

在認識上較為「便捷」，但也覺得「太無確實性」，而對日本有島武郎的分法（見下圖）頗為認同。郁達夫之所以認同有島武郎的分法，關鍵在於其體現了「創造者的內部生活」，無論是具象藝術還是印象藝術，都得與「作家得內部生活」起感應、相接觸。在此分法中，郁達夫強調「文學當然是印象藝術，印象藝術之特色，即在先向鑒賞者的感情方面起作用，然後再起具象化作用，而移入感覺方面。」〔註26〕這與郭沫若強調「主觀」「情緒」為文學的本質有著內在的一致性。

有島武郎分法：〔註27〕

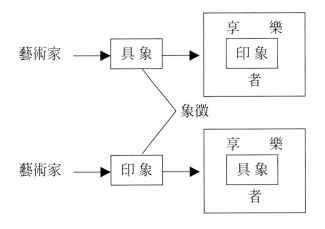

現在可以明確，在郭沫若、郁達夫看來，文學是藝術當中特殊的一個門類。因此，其所謂的「文藝」不是我們今天通俗意義理解上的「文學與藝術」，

<hr />

〔註26〕《郁達夫全集》第 10 卷，杭州：浙江大學出版社 2007 年版，第 323 頁。
〔註27〕《郁達夫全集》第 10 卷，杭州：浙江大學出版社 2007 年版，第 323 頁。

而是「文學的藝術」或「文字的藝術」，不是一個並列短語的省略，而是一個偏正短語的省略。這不只是郭沫若、郁達夫的個人見解，而是 20 世紀二三十年代的共識：

> 現今普通所謂文學者，大概指純文學而言。內容包括詩歌小說謠曲戲劇等，與史書論文大異其趣，其性質寧和雕刻音樂繪畫等相共通，換言之，就是和雕刻音樂繪畫同為一種藝術，不過文學所用的工具是文字，別的藝術所用的工具是色彩音聲或土石而已。把文學認為藝術的一種，這已是公認的見解了。由這見解，為明白起見，所以不稱文學而稱文藝。〔註28〕

明確「文學」與「文藝」的上述關係，不僅關涉文學之固有本性，即文學在當時文化語境和文化體系中的定位問題，更對深入瞭解郭沫若的文學觀及其與藝術、歷史乃至革命等其它領域的關係和轉化都至關重要。換言之，郭沫若的文學自覺正是建立在此基礎之上，而由於時代語境的隔膜，這其中的微妙差別往往容易被現在學者所忽視，從而影響到對郭沫若文藝思想的理解和體察。比如，以往考察郭沫若的文藝思想，多側重引用與文學或文藝相關的片段，而對其藝術論斷重視不夠，但實際上，郭沫若對文學（文藝）宏觀性的思考正是體現在這些言談之中。如《藝術家與革命家》《藝術的評價》兩文雖然談的是「藝術」，但文中舉例卻多是文學家，又如在《生活的藝術化》《文藝之社會的使命》《自然與藝術》等等文中，「藝術」一詞出現的頻率非常之高。值得一提的是，正是在 1925 年，隨著《生活的藝術化》《文藝之社會的使命》《文學的本質》等文的先後發表，郭沫若對文學、文藝的理解漸趨完善和系統，從而形成了其對文學的自覺。

在此語境下，我們才能真正理解郭沫若對「為藝術而藝術」的申辯，這不是一種理論和方法，而是對其事業專門性和純粹性的強調，是其事業、理想昇華的歸屬和向度，只有明確了「文學（文藝）≤藝術＝生活」的關係，才能理解其置換的可能性以及置換背後作者的意志和雄心。

三、「文學的本質」

那麼，在郭沫若看來，「文藝的本質」究竟是什麼呢？又與其「事業」構成何種關聯呢？最初發表於上海《學藝》雜誌第 7 卷第 1 號（1925 年 8 月 15

〔註28〕傅東華：《文藝評論 ABC》，上海：ABC 叢書社，1928 年版，第 3 頁。

日）的《文學的本質》〔註 29〕一文是「轉向」期間郭沫若對文藝深刻反思的總結。在該文中，郭沫若一方面徵引最新科學，引用大量人類學的相關成果，凸顯其科學性；又同時特別強調他的經驗，聲稱該文是根據「自己的體驗」所做的探討，「提供一個解釋」，且自信「我的解釋不必便是出於我的獨創，也不敢就說是唯一的眞理，不過就我的方法和路徑這樣探討起去，我相信所得的結果只能是這樣的。」〔註 30〕那麼，在郭沫若的理解中，文學究竟是什麼呢？他認爲，正如水的本質需在蒸餾水中尋求一樣，文學的本質當然要限於淨化了的「純文學的範圍」──「純文學的內含分詩、小說、戲劇三種」，且均是已經「分化得十分嚴密的個體，各有各的個性，各有各的官能，各有各的形式」，其中詩歌先於小說和戲劇，而詩歌的源頭又是「原始民族的口頭文字或者幼兒的自由詩歌」。在引用人類學的相關研究成果和他育兒的個體經驗的基礎上，他進一步分析得出，「同一句或者同一字的反覆體」是詩的最基本的單位，並最後認定：「總之，詩到同一句或者同一字的反覆，這是簡到無以復簡的地步的，我稱呼這種詩爲『文學的原始細胞』，我們在這兒可以明瞭地看出文學的本質。」郭沫若從人類文明、文學發展演變的整體角度和個人個體發展的角度兩個方面分析文學的「本質」，並「斷言：文藝的本質是主觀的，表現的，而不是沒我的，摹仿的。」〔註 31〕如果說，王國維引進純文學的概念，標誌著現代中國文學自覺的開始，那麼郭沫若對文學本質的追求，則是其主情主義文學觀的眞正形成。

在認定藝術、文學的本質是主觀的、表現的同時，郭沫若亦承認「客觀的摹仿說」的實際存在，並由此將藝術分爲靜的／空間的藝術和動的／時間的藝術兩大類。究其關係，則「無論從個人或社會的發生史上去考察，空間藝術的發生是後於時間藝術的。時間藝術是情緒自身的表現，空間藝術是構成情緒的素材的再現。」〔註 32〕因此，兩者不是對等的關係，雖是二元的分法，卻做一元的觀察，即「空間藝術是時間藝術的分化。」在該文中，郭沫

〔註 29〕郭沫若：《文學的本質》，《郭沫若全集・文學編》第 15 卷，北京：人民文學出版社 1990 年版，第 342 頁。

〔註 30〕郭沫若：《文學的本質》，《郭沫若全集・文學編》第 15 卷，北京：人民文學出版社 1990 年版，第 343 頁。

〔註 31〕郭沫若：《文學的本質》，《郭沫若全集・文學編》第 15 卷，北京：人民文學出版社 1990 年版，第 348－350 頁。

〔註 32〕郭沫若：《文學的本質》，《郭沫若全集・文學編》第 15 卷，北京：人民文學出版社 1990 年版，第 350 頁。

若一方面聲稱，時間藝術與空間藝術（相對應的分別是主觀和客觀、表現與再現）同是表現情緒的世界，只是方法的不同，沒有本質的不同，但另一方面，其對主觀、情緒和表現做一元化的本質認定，這兩者在其行文中充滿緊張。

這種矛盾和緊張最為明顯的體現，是在對小說和戲劇的歸屬問題上，「小說和戲劇雖與詩歌同屬於文學，同屬於時間的藝術，但在性質上我寧肯說它們是空間的藝術」，並「大膽地就我自己的經驗，把文學和其它藝術比較，得出三個的相似形」：

> 詩歌∞音樂
>
> 小說∞繪畫
>
> 戲劇∞建築

郭沫若相信，「這樣分析出來，以上關於空間藝術和時間藝術的理論可以應用在這兒，一切兩絕端的主觀說和客觀說，唯美說和功利說，都可以溝通，可以統一了。」事實正相反，我們反倒被郭沫若弄糊塗了──正如其文末總結的那樣：

> （1）詩是文學的本質，小說和戲劇是詩的分化。
>
> （2）文學的本質是有節奏的情緒的世界。
>
> （3）詩是情緒的直寫，小說和戲劇是構成情緒的素材的再現。

這難道不就是「絕端的主觀說」嗎？同樣的意見，郭沫若在 1926 年的《寫在〈三個叛逆的女性〉後面》中再次明確表達：

> 我的信念：覺得詩總當由靈感迸出，而戲劇小說則可以由努力做出的。努力做出來的詩，無論她若何工巧總不能感動人深在的靈魂，戲劇小說的力量根本沒有詩的直切，也怕是這個原故。〔註33〕

這次揚詩抑小說、戲劇的意思就更加明顯了，其用詞是「根本沒有」。由此可見，郭沫若以「詩」和「情緒」為中心的本質認定，是以俯瞰或收編的方式來對待客觀的，其所謂的「統一」不過是主觀對客觀的收納。這雖然不是「絕端的主觀說」，卻可以說是「大一統」的主觀說。因此，郭氏的「純文學」，是以節奏情緒為本質，以詩歌為核心的「大一統」的主情主義文學觀，

〔註33〕《郭沫若全集・文學編》第 6 卷，北京：人民文學出版社 1986 年版，第 144～155 頁。

其視客觀爲分化，將小說、戲劇作爲一種方法操作，同時，在堅守其本質的前提下，對客觀、摹仿等其它藝術元素、方法大開方便之門，甚至在本質以外的範疇中模糊其界限，進行類似化的比附和比擬。

可以說，在郭沫若的文論中，這種矛盾和緊張一直存在，他未能均衡和處理這一矛盾和緊張，因而其所謂的「文學的本質」只能是文學理論界的驚鴻一瞥，連入理論教程的資格都沒有。然而也正是這種矛盾和緊張形成的張力促成了郭沫若文學創作的特殊性和複雜性，並爲「以文入史」的「轉向」在文學觀上提供了基礎或醞釀了可能。

以今天的眼光來看，郭沫若對「文學本質」的認識未必如他所言的那麼「科學」，其一元化的認定與當前文學理論教程中的辯證諸說相比顯得「偏狹」，矮化小說、戲劇，禮贊詩歌的傾向似乎也有些極端。然而，這正是郭沫若發散型思維方式的獨特性所在，其認知方式往往不是建構起二元或多元的均衡系統，而是抓住一點兼企所及，與一元認定如影隨行的是極強的包容性和邊界的模糊性。如前文所述，郭沫若的「文學」被包裹在「藝術」之中，而時常以「文藝」的面貌出現，這三者只能作大致的區分，而沒有嚴格的概念界定，其具體所指更多的時候需要在文本的歷史語境中去尋求。這種模糊性和包容性不僅限於上述概念，而多指向更爲廣闊的領域。

四、文藝之困：生存與理想的雙重危機

從《文學的本質》對「客觀」、「空間藝術」的處理可以看出，郭沫若未能借鑒馬列學說從理論上整合其相互矛盾的文藝體驗。仍以《文學的本質》中的「三個相似形」爲例，這些粗糙的比喻背後，是郭沫若直觀的文學體驗。

詩歌∞音樂：郭沫若對自己的「詩興」曾有過十分誇張的描述：「《地球，我的母親》是民八學校剛放好了年假的時候做的，那天上半天跑到福岡圖書館去看書，突然受到了詩興的襲擊，便出了館，在館後僻靜的石子路上，把『下駄』（日本的木屐）脫了，赤著腳踱來踱去，時而又率性倒在路上睡著，想眞切地和『地球母親』親昵，去感觸她的皮膚，受她的擁抱。」說到《鳳凰涅槃》的寫作，郭沫若回憶「上半天在學校的課堂裏聽講的時候，突然有詩意襲來，便在抄本上東鱗西爪地寫出了那詩的前半。在晚上行將就寢的時候，詩的後半的意趣又襲來了，伏在枕上用著鉛筆只是火速的寫，全身都有

點作寒作冷，連牙關都在打戰。」〔註 34〕「那時的一種不可遏抑的內在衝動，一種幾乎發狂的強烈的熱情，使我至今猶時常追慕。我那時候的詩實實在在是湧出來，並不是做出來的。像《鳳凰涅槃》那首長詩，前後怕只寫了三十分鐘的光景，寫的時候全身發冷發抖，就好像中了寒熱病一樣，牙關只是震震地作響，心尖只是跳動得不安，後一半部還是臨睡的時候攤在被蓋裏寫出的。」〔註 35〕在如今詩歌邊緣化、寫詩技術化的時代，本就稀少的詩人亦多忙於形式打磨與炒作，普通讀者就更少有這種深切的寫作體驗了。因此，很多人將這些文字理解爲郭沫若一慣虛張聲勢的誇張表達，對其眞實性充滿懷疑。這種懷疑的依據不是理論邏輯的不通，而是相關經驗的缺乏。如果說，郭沫若的上述體驗不是因寫詩，而是因爲聽音樂，相信很多人都會相信。「詩歌∞音樂」，在郭沫若的意識中，這對相似形始終存在，打通詩歌與音樂的關係，進行「詩歌音樂化」的嘗試是郭沫若早期新詩試驗的重要內容，他曾明確宣稱「詩語的定型反覆，是受著華格訥歌劇的影響，是在企圖著詩歌的音樂化」，〔註 36〕這一觀念爲郭沫若長期秉持，爲其主情主義文藝觀中較爲執著穩定的觀點之一。因此，理解上述郭沫若瘋狂的「詩興」，切入點不在詩歌佳句的尋覓和形式的打磨，而是情緒宇宙的創造。在郭沫若的意識中，此種「詩興」是文藝的最高境界，是在迷狂中與文藝女神的通靈，是否有此種「詩興」逐漸成爲郭沫若文學創作自我評價的核心標準，《女神》《瓶》《恢復》在其心中的地位即由此奠定。而且這種「詩興」，並非只針對詩歌，而是一種整體性的文藝追求，這在郭沫若戲劇的自我評價中也有所體現。

小說∞繪畫：在筆者看來，這對相似形的存在似乎決定著郭沫若的小說創作很難達到其詩歌創作所成就的高度。作爲一個「偏於主觀的人」，一個有著「大一統」文學觀且靠賣文爲生的一家之主，小說創作對他而言，充滿矛盾和痛苦：

蘸著筆在紙端寫下了「潔光」兩個字。——他的筆停住了。

怎麼樣開始呢？還是用史學的筆法從年月起頭呢？還是用戲劇的
做法先寫背景呢？還是追述，還是直敘呢？還是一元描寫，還是多

〔註 34〕《郭沫若全集・文學編》第 16 卷，北京：人民文學出版社 1989 年版，第 216
～217 頁。

〔註 35〕《郭沫若全集・文學編》第 6 卷，北京：人民文學出版社 1986 年版，144 頁。

〔註 36〕《郭沫若全集・文學編》第 6 卷，北京：人民文學出版社 1986 年版，144 頁。

元呢？還是第一人稱，還是第三人稱呢？十年的生活從甚麼地方起頭？……他的腦筋一時又混亂起來了。〔註37〕

小說中的「愛牟」（即I'm），總是在這樣算計：

是的，他也做了三首詩，但他這詩能夠把生活怎麼樣呢？中國人買詩，是和散文一樣照著字數計算的。他的三首詩合計不上四百字，不說他那樣的詩，中國現在不會有人要，即使有人要，並且以最高價格一千字五圓來買他，也還不上兩塊錢，這還不夠他的一天旅費的三分之一呢！〔註38〕

生活的重擔之下，「藝術家的良心」每每受到衝擊：

……把我在古湯寫成的幾篇小說遞給了曉芙。

——「哦，寫得不少了呢！」

——「有三四萬字的光景。」

——「你去了共總幾天了呢？」

——「連今天在內一共五天。」

——「究竟還是分開住的好了。」

——「那些都是在頭兩天做的，昨天和今天的兩天都是費在修改上去了。」

……我嘗到了雕刻家的苦心了，從粗製的雛形要雕刻成完美的藝術品，比起稿時真還要費力。」

——「那是應該的呢，這怕就是藝術家的良心罷。」

——「不過在經濟上說來便大吃其虧了。多費了兩天工夫把字數還要削減。這算是兩天不能進錢，反轉還要倒補了。」〔註39〕

矛盾和痛苦的根源除了外在生活的壓力，同樣重要的還包括郭沫若對小說這一文體的認知，他始終將包括小說的構思、敘事在內的一切客觀因素視為較主觀情感次等的形式操作。在他看來，情感的發生、衝擊和醞釀等主觀因素的完成，藝術核心的創作便已經大功告成了，至於尋找到什麼樣的「衣

〔註37〕《郭沫若全集・文學編》第9卷，北京：人民文學出版社1985年版，第254頁。

〔註38〕《郭沫若全集・文學編》第9卷，北京：人民文學出版社1985年版，第329頁。

〔註39〕同上，第375～376頁。郭沫若類似的表達還很多，如小說《後悔》開頭便談到寫小說掙錢的不易，限於篇幅，在此不再贅舉。

裳」（詩歌、戲劇、小說、繪畫等等），不過是看契機、假借某種中介罷了。詩的形式是他最能駕馭的，因爲其形式感相對最弱，但卻不掙錢，小說容易掙錢，但對他而言，外在的客觀因素令他備感壓力和困擾。就小說創作而言，可以形象的說，郭沫若多擅長素描，而對諸如《清明上河圖》這樣的巨製望而止步。外在生活的壓力即使盛世的今天也依然存在，在民國更是每位作家都必須面對的生活現實，然而中國現代文學終竟產生了一大批十分優秀的小說家，爲何此種現實獨獨成了郭沫若小說創作的瓶頸？說到底，還是文學觀的不同和對文體認識的差異所致。

　　戲劇∞建築：郭沫若的戲劇創作有一個特點，在他戲劇的「附錄」中大多都表明了，那就是寫作過程的「快」！《屈原》的寫作「綜計共十天」，期間還「作過四次講演」、「每天照常會客……平均一天要會十個人」、「照常替別人看稿子」、「也常在外面應酬」「看影片到深夜」〔註 40〕；「秋涼了，費了五天半的工夫，寫成了一部四幕六場的悲劇《孔雀膽》」〔註 41〕；「事情也太湊巧：正月二日我開始寫《屈原》，於十一日完成；二月二日我又開始寫《虎符》，又於十一日完成。」〔註 42〕《蔡文姬》的寫作「二月三日動筆，九日寫完，費了七天工夫。」〔註 43〕……其實，在正式動筆之前，郭沫若都作過大量的準備工作，劇本在演出的過程中也還在不斷的修改。〔註 44〕那麼，郭沫若反覆強調這種「快」的用意何在？筆者以爲，這是郭沫若「追慕」其詩歌寫作經驗的一種表現，即對那種「不可遏抑的內在衝動，一種幾乎發狂的強烈的熱情」的寫作狀態的一種調控，在郭沫若的個人經驗裏，其優秀的文學作品，無一不是在這種狀態下完成的，這幾乎成爲他判斷自己作品優劣的一個內在標準。郭沫若曾說「像那樣受著詩興的連續不斷的侵襲，我平生只有過三次。一次是五四前後收在《女神》裏面的那些作品的產生，一次是寫《瓶》的時候，再一次便是這《恢復》的寫出了。」〔註 45〕《女神》早已爲世人稱道，而《瓶》《恢復》卻遭到批評家的輕視，爲此郭沫若極爲不滿，特作《我

〔註 40〕　《郭沫若全集·文學編》第 6 卷，北京：人民文學出版社 1986 年版，第 399 頁。
〔註 41〕　《郭沫若全集·文學編》第 7 卷，北京：人民文學出版社 1986 年版，第 250 頁。
〔註 42〕　《郭沫若全集·文學編》第 7 卷，北京：人民文學出版社 1986 年版，第 545 頁。
〔註 43〕　《郭沫若全集·文學編》第 8 卷，北京：人民文學出版社 1987 年版，第 11 頁。
〔註 44〕　如，關於《蔡文姬》郭沫若「在上海，在濟南，在北京，都修改過多少次。特別在最近，爲了適應演出上的方便，還作了相當大的壓縮。」《郭沫若全集·文學編》第 8 卷，第 11 頁。
〔註 45〕　《郭沫若全集·文學編》第 13 卷，北京：人民文學出版社 1992 年版，第 313 頁。

的作詩的經過》一文，表示「好些朋友到現在都還稱我是『詩人』，我自己有點不安，覺得『詩人』那頂帽子，和我的腦袋似乎不大合式」，其實郭沫若真正介意的是批評界對《瓶》《恢復》等詩集「人為的淹沒」。〔註 46〕可見，在郭沫若的自我評價中，《瓶》《恢復》有著與《女神》同等甚或高於《女神》的位置，因為它們與《女神》一樣是「受著詩興的連續不斷的侵襲」的產物。筆者曾注意到，郭沫若對自己的詩學觀有著十分清晰的自我認知和定位，尤其是對其與二十年代中期以後的新詩界之間的距離和分歧洞若觀火，因而他不止一次表示不要「詩人」這一名號，這其實都是其徹底的、絕端的、一元的詩歌觀念的體現。〔註 47〕

從這個意義上來看，郭沫若將戲劇∞建築倒也算貼切，建一棟房屋，建築設計、材料的準備和地基等預備工作要占去大量的時間和精力，主體完成後的裝修工作也是建築不可或缺的構成，而主體的建築有時卻可以很快，郭沫若所強調的正是這種主體建構的「郭沫若速度」。這種速度的生產和強調的背後是郭沫若「大一統」的文藝觀，其可信性建立在以主觀情緒為導向的創作思路之上，有節奏的情緒系統與歷史素材和時代語境中的自我訴求達到預期的某種契合，就意味著作品的內核已經完成。至於戲劇這一文體本身，不過是載體、中介（郁達夫所言之「象徵」）的一種，郭沫若將其定性為空間的藝術（靜的），這清晰的表明，戲劇之於郭沫若是「純文藝」——純粹的文字的藝術，這與歐陽予倩、田漢、曹禺等人專業的戲劇創作是有區別的。

「經驗」有時不可靠，原因在於它未能經過理論提升而具備普遍性，郭沫若的三個相似形的有效性、價值和意義只屬於郭沫若，「詩興」畢竟難覓，小說亦非空間的藝術，戲劇的構思有待長期的積累，離開郭沫若的特殊經驗，將詩歌與音樂、小說與繪畫、戲劇與建築類比流於膚淺。然而，「經驗」本身的二重性決定了郭沫若主情主義文學觀並非是自足的概念系統，而是建立在實踐基礎上的觀念綜合體，是一系列矛盾的組合。

因此，郭沫若的純文藝事業其實面臨內外的雙重困境，其主情主義文學觀整合主觀與客觀、表現與再現、時間藝術與空間藝術的努力，在實踐上面臨巨大的挑戰，其崇尚的「主觀」、「詩興」等文藝的酒神狀態，難以適應除

〔註 46〕郭沫若：《我的作詩的經過》，《郭沫若全集・文學編》第 16 卷，北京：人民
　　　　文學出版社 1989 年版，第 209～210 頁。
〔註 47〕周文：《誤記與郭沫若詩學觀》，《現代中國文化與文學》第 14 輯，廣州：花
　　　　城出版社 2014 年版，第 276～288 頁。

詩歌以外的其它藝術形式，或者說在郭沫若所能駕馭的藝術形式中，除了詩歌，他暫時難以拿出具有自我說服力的其它藝術作品。這給郭沫若的文藝事業，一種具有純粹性和專門化傾向的人生理想蒙上了巨大陰影，而來自現實生活的殘酷挑戰，更讓郭沫若深感文學之無力，一度曾在不斷地懺悔中自我放逐，這種內嵌於其文學觀深處的矛盾，是其「轉向」的前提和基礎。

第二節　「轉向」的文藝路徑

　　郭沫若純粹性、專門化的事業選擇，以及其充滿矛盾與悖論的主情主義文學觀，為其「轉向」提供了基礎與可能，然而其「轉向」在文學上究竟如何體現，或言其以怎樣的形式來生成與實踐，有必要進一步明確。

一、從「潔光」到「落葉」

　　眾所周知，郭沫若沒有嚴格意義上的長篇小說，但與魯迅不同的是，他一直有此宏願，創作一部名為《潔光》的長篇，卻一直沒有寫成。

　　「潔光」一詞之於郭沫若有著特殊的含義，初次出現在《三葉集》所收致田漢的信中，郭沫若說「初見了我安娜的時候，我覺得她眉目之間，有種不可思議的潔光。」〔註48〕1924 年，在初期創造社即將離散前的一個時期，郭沫若在對其文藝事業進行反思時，曾創作《漂流三部曲》的自敘傳小說，其中《歧路》一篇這樣回顧其文藝之路：「回到上海來，只和些趣味相投的友人，刊行了一兩種關於文學的雜誌，在他自己雖是藉此以消澆幾多煩愁，並在無形之間或許也可以轉移社會，但是在文學是不值一錢的中國，他的物質上的生涯也就如像一粒種子落在石田，完全沒有生根苗葉的希望了」，〔註49〕文學選擇由此成為「歧路」。由於無法在上海立足生存，安娜便帶著三個孩子「折回」日本去了，臨別之前，安娜勸郭沫若「專心多做幾篇創作出來，最好是做長篇」〔註50〕此種生活重壓之下，郭沫若在內心疾呼道：

　　　　啊，長篇創作！長篇創作！我在這一兩個月之內總要弄出一個
　　頭緒來。書名都有了，可以叫做「潔光」。我七年前最初和她相見的
　　時候，她的眉間不是有一種聖潔的光輝嗎？啊，那種光輝！那種光

〔註48〕《郭沫若全集・文學編》第 15 卷，北京：人民文學出版社 1990 年版，第 40 頁。
〔註49〕《郭沫若全集・文學編》第 9 卷，北京：人民文學出版社 1985 年版，第 242 頁。
〔註50〕《郭沫若全集・文學編》第 9 卷，北京：人民文學出版社 1985 年版，第 247 頁。

輝！剛才不是又在她的眉間蕩漾了嗎？Ava Maria，Ava Maria……永

遠的女性！……Beatrice……「潔光」……〔註51〕

　　然而，正如前文（本章第一節之四）所言，郭沫若駕馭小說的能力並不能使他自己感到滿足，因此強烈感情鼓動下的「潔光」，在形式的打磨中逐漸消耗掉了。初期創造社離散後，郭沫若再次「從上海跑到日本」，生活同樣艱難。在《孤鴻》中，郭沫若對成仿吾說，他「來日本的原因：第一是想寫出我計劃著的《潔光》，第二是來盼望我的妻兒，第三是還想再研究些學問。」〔註52〕可見，《潔光》的寫作仍居於郭沫若計劃的首位。在安娜的建議下，爲節省房租，「或許也好做文章」，郭沫若一家人搬往古湯。同時郭沫若暗下決心，「在山裏住它一個月，能把這五百張原稿紙寫完，也就是很好的成績了。我這回定要大寫，我計劃著的一篇『潔光』定要在這回寫作出來！」〔註53〕在古湯安頓後，爲不打擾郭沫若創作，安娜「仍提議分居，以諸兒相攪，不能作文也。」〔註54〕可是，即便有如此堅定的計劃與家人的奉獻和付出，長篇小說仍未做成。對此，郭沫若解釋說，「我爲生活所迫，不能不貪圖便宜，譯了兩本書，但請你不要責備我爲甚麼要貪圖便宜。芳塢喲，我的家庭生活的繁瑣，你是知道的了。我的家政全靠曉芙一人主持，要燒飯，要洗衣，要哺乳，要掃除，要縫補，要應酬，一家五口的生活，每天每天都不能不靠她負責。一個善良的靈魂消磨在這樣無聊的事務裏，我在這個生活圈內，我豈能泰然晏居，從事於名山事業嗎？」〔註55〕

　　此時，郭沫若的文藝事業已被現實重重地拖回，「生活」的指向性愈來愈鮮明和強烈，並對其文學觀產生了深遠的影響，使其對諸如國內文藝新舊之爭等問題有了新的理解和闡釋：「國內的新文學爲甚麼不滿意於舊人？舊人們爲甚麼要力守故壘？……這其中的原故，芳塢喲，我以爲怕都是生活的關係罷。」郭沫若甚至對舊文學家們產生了「理解之同情」——

　　　　六朝的文人爲甚麼連散體的文章都要駢行，我據我這幾天的生

　　　活經驗來判斷，我知道他們並不是故意矜持，故意矯揉的了。他們

〔註51〕《郭沫若全集·文學編》第9卷，北京：人民文學出版社1985年版，第248頁。
〔註52〕《郭沫若全集·文學編》第16卷，北京：人民文學出版社1989年版，第6～7頁。
〔註53〕《郭沫若全集·文學編》第9卷，北京：人民文學出版社1985年版，第291頁。
〔註54〕《郭沫若全集·文學編》第9卷，北京：人民文學出版社1985年版，第327頁。
〔註55〕《郭沫若全集·文學編》第9卷，北京：人民文學出版社1985年版，第330頁。

也是出於一種自然的要求，與他們的生活合拍，他們的生活是靜止
的，是詩的，所以他們自不得不採取規整的韻律以表現他們的感情。
而我們目下的新舊之爭也正表示著一種生活交流的現象。新人求與
近代的生活合拍，故不得不打破典型；舊人的生活仍不失爲中世紀
以上的古風，所以力守舊壘。要想打破舊式詩文的格調，怕只有徹
底改造舊式的生活才能辦到吧。〔註56〕

　　同樣根據自己的經驗，郭沫若認識到，紙面上的爭論不能解決新舊文藝
之爭，唯有生活方式的改變才能眞正促進新文藝的發展。前文多次說到，藝
術與生活本就是郭沫若純文藝事業的歸屬與向度，此時郭沫若愈加認識到生
活之於文藝的重要性，這種觀念的強化爲其「轉向」奠定了堅實的基礎。

　　題爲《潔光》的長篇小說終究沒有寫完，中篇小說《落葉》被認爲是《潔
光》的替代，〔註57〕爲何取名爲「落葉」？郭沫若說「因爲第一信上菊子的
一首俳句中有『落葉』的字樣」，〔註58〕這恐怕不是以「落葉」爲名的眞正原
因。要知道，《潔光》寫作計劃郭沫若進展了半年多，爲此做出了許多犧牲，
從小說開頭的「落葉」題解的敘事即可以看出，郭沫若在小說的形式上花費
了不少心思：敘述者「我」與小說主人公「洪師武」之間的關係，以及郭沫
若爲何設置這兩個角色都值得深思。參考郭沫若化名一貫的手法，如麥克昂
「是英文 maker（作者）的音譯，『昂』者我也，所以麥克昂就是『作者是我』
的意思。」〔註59〕其自敘傳小說的主人公多爲「愛牟」，即英文「I'm」的音
譯，顯然，「師武」作爲「是吾」的諧音，其自況的味道亦是十分明顯的。那
麼，敘述者「我」乃是作者出於自我詮釋的需要而刻意加入的角色，通過「我」
的敘述，「洪師武」的郭沫若色彩異常鮮明。

　　當然，敘事手法上的技巧並非意在突出所謂郭沫若色彩，或是炫技，而
是出於表達的需要。敘述者「我」不僅可以對小說的題旨作直接或間接的陳
述，也與「洪師武」構成歷時性關係，從而使作品更富象徵意味。如，「師
武死後轉瞬也就過了一週年。我幾次想把他和菊子姑娘的悲劇寫成一篇小
說，但終嫌才具短少，表達不出來。」〔註60〕從 1924 年 4 月初期創造社離

〔註56〕　《郭沫若全集‧文學編》第9卷，北京：人民文學出版社 1985 年版，第 330 頁。
〔註57〕　《郭沫若全集‧文學編》第16卷，北京：人民文學出版社 1989 年版，第 7 頁。
〔註58〕　《郭沫若全集‧文學編》第9卷，北京：人民文學出版社 1985 年版，第 73 頁。
〔註59〕　《郭沫若全集‧文學編》第13卷，北京：人民文學出版社 1992 年版，第 306 頁。
〔註60〕　《郭沫若全集‧文學編》第9卷，北京：人民文學出版社 1985 年版，第 72 頁。

散郭沫若赴日本，到《落葉》創作完成的 1925 年 4 月 2 日，正好一週年，而「幾次想把他和菊子姑娘的悲劇寫成一篇小說，但終嫌才具短少，表達不出來」，不過是對自己《潔光》寫作計劃失敗的一種轉述。因此，敘述者「我」與「洪師武」，其實是現在之我與過去之我的關係，象徵意味十分濃厚；又如「文藝畢竟是生活的表現」，「我相信我這種編法是至上的表現，我相信洪師武君在冥冥中是不會埋怨我的。」這很明顯是郭沫若對自己說的話，是現在之我對過去之我的緬懷和祭奠。從在生活重壓之下「潔光」寫作計劃的誕生，到不得已以「落葉」的形式結篇，那日本俳句「Yuku mizu ni mi-o makasetaru ochiba kana！（委身於逝水的落葉呀！）」不僅是對《潔光》寫作計劃失敗的追逝，更是郭沫若「純文藝」事業中輟的象徵。

二、文藝：生活藝術化與革命藝術化

以創造社諸君為代表的文學青年，「棄 X 從文」，獻身文藝事業，一個重要的前提是文藝是社會根本改造的步驟之一。然而，這只是深受「五四」新文化運動影響的文學青年的美好初願，後「五四」時期，各種「主義」與「問題」的論爭，尤其是以「三‧一八」慘案為代表的嚴酷現實不斷擊碎青年的「文學夢」。北大學生，後來成為革命者的王凡西這樣回憶說：「五四」時代，是「革命的浪漫的、文學的、蜜月式的階段。這個階段在歷史上經常以熱的鉛和紅的血來結束，而三‧一八慘案恰好就供給了這兩件必需的東西。在那個被魯迅稱為『民國以來最黑暗的一天』的夜裏，北京青年人的悲憤是無法形容的，而在我們大學的宿舍裏，最容易聽到的感慨是『百無一用是書生』。」〔註 61〕以敏感而著稱的郭沫若及獻身文藝事業的創造社，對文學的落寞和無力感，體味得尤為深刻，中輟、離散、被屍奸成為他們「文學夢」的沉重記憶。隨著社會語境的變化、文化界關注中心的轉移，初期創造社的離散幾成必然，郭沫若用深情而又悲壯的語調回憶說，「那位可憐的姑娘夭折了，還受了一次屍奸。」〔註 62〕在悲情與遺憾中夭折的文藝事業以及生活的巨大壓力是促使郭沫若及創造社「轉向」的客觀動因，但更關鍵的內因則源自其主情

〔註61〕 王凡西：《雙山回憶錄》（現代史料編刊社 1980 年版），轉引自程凱《革命的張力——「大革命」前後新文學知識分子的歷史處境與思想探求（1924～1930）》，北京大學出版社 2014 年版，第 87 頁。

〔註62〕 《郭沫若全集‧文學編》第 12 卷，北京：人民文學出版社 1992 年版，第 187頁。

主義文學觀。

由主情文學觀驟移至「宣傳」，此種「轉向」並非郭沫若參加革命後才有的言行，而植根於其主觀文學觀。如果說早期的文學啓蒙者，「相信文藝是一種工作」，那麼以創造社爲代表的文學青年則虔誠地選擇了文學作爲其畢生的事業，並甚至追求「專門」和「純粹」，這就決定了其文藝觀的深處，文學作爲觀察和參與社會的方式具有絕對的主導性，郭沫若的主情主義文學觀即是這種思維方式的典型體現。當面臨殘酷的社會現實，文學由作爲參與社會改造的關鍵轉爲普遍的歎息時，其尋找突破的努力亦必將付諸實踐——這即是「轉向」的發生，值得強調的是，「轉向」或「轉換」所置換的並非是對文學的捨棄，而是對「純粹」和「專門」追求方向的轉變，是「藝術」與「生活」的回歸。

在給成仿吾私信中呼喚出「轉向」的郭沫若，於 1924 年 11 月，再次由日本返回上海。一方面，郭沫若與中華學藝社、四川同鄉會、孤軍派等社會團體聯繫日漸密切，參加社會調查，發表政治見解；另一方面郭沫若對「文藝本質」，尤其是文藝在社會改造事業中的作用展開反思。《創造十年續編》開篇，郭沫若續接《創造周報》的停刊，從「竭斯底裏」談到治療民族危機進行「煙囪掃除」的革命，接著便說，「文人」是竭斯底裏的患者，「尤其在整個民族受著高壓的時候，文人的較爲敏銳的神經是要加倍感覺著痛苦的」。顯然，這是郭沫若等「自我表現」說的另一種表述，作爲「煙囪掃除」，郭沫若等大量的自敘傳創作、大膽的自我暴露即是這一文藝觀的反映；郭沫若重複表達的用意不在追認這一觀點，而在反思早期的文藝事業，其眞正想表達的是：「文人要把自己弄健全了，然後才能夠完成文藝之社會的使命。一味地吐瀉著煙煤，對於旁人，或許會是一種患害。」〔註 63〕顯然，這是郭沫若對之前大量情感宣泄創作的一種反思。那麼，主觀的私下的「轉向」之後，郭沫若的文藝觀究竟發生了怎樣的變化呢？或者說，其文藝事業遭遇生存危機而被迫中輟之後，其「轉向」在文藝上的突破點究竟在哪兒呢？

純文藝事業爲生活所困之後，郭沫若重新思考文學與現實社會的關係，1925 年 5 月郭沫若在上海美術專門學校做過一次名爲《生活的藝術化》的演講。在演講中他強調時間藝術與空間藝術的界限已被近代藝術所打破，認爲

〔註 63〕《郭沫若全集·文學編》第 12 卷，北京：人民文學出版社 1992 年版，第 191
～193 頁。

「一切空間藝術打破了靜的空間的界限，趨向於動的方面」，中國傳統藝術所謂「氣韻生動」，是「與西洋近代藝術的精神不謀而同。動就是動的精神，生就是有生命，氣韻就是有節奏。因為藝術要有動的精神，換句話說，就是藝術要有『節奏』，可以說是藝術的生命。」〔註64〕那麼，怎樣才能「把捉」藝術的生命？怎樣才能創造偉大的藝術品？郭沫若的回答是，「無我」成就的「天才」，即：

> 藝術的精神就是這無我，我所說的「生活的藝術化」，就是說我們的生活要時常體驗著這種精神！我們在成為一個藝術家之先，總要先成為一個人，要把我們這個自己先做成一個藝術！我們有了這種精神，發而為畫，發而為詩，自然會有成就；即使不畫畫，不做詩，他的為人已經是藝術化了。無論政治家、軍人或其它，倘若他們的生活都具有藝術的真精神，都以無私無我為一切生活的基本，那麼這個世界便成了一個理想的世界了。〔註65〕

在這篇演講中，郭沫若引入「無我」的哲學命題，從而實現「生活」與「藝術」的統一。這並非一次聰明的強行兼併和生拉硬套，其言說不僅有相應的理論背景，更深含郭沫若獨特的生命體驗，〔註66〕更主要的是，這一認知是其由「文藝」通往「革命」的橋梁。

所謂「生活的藝術化」並非郭沫若的個人獨創，在創造社諸君的觀念中，「我們的生活過程，就應該沒有一段不是藝術的。更進一步說，我們就是因為想滿足我們的藝術的要求而生活，我們的生活的本身，就是一個藝術的活動，也就可以說是廣義的藝術了……藝術畢竟是不外乎表現，而我們的生活，就是表現的過程，所以就是藝術。」〔註67〕什麼是「表現」？郭沫若這樣解釋說：「是從內部發生，這是由種子化而為樹木，由雞卵化而為雞雛。……藝術是從內部發生。它的受精是內部與外部的結合，是靈魂與自然的結合。……由內部自然發生的藝術，表現的藝術，無論如何從受精以至於分娩，總得有

〔註64〕郭沫若：《生活的藝術化——在上海美術專門學校講》，《郭沫若全集·文學編》第 15 卷，北京：人民文學出版社 1990 年版，第 208～210 頁。該文最初發表於 1925 年 5 月 12 日上海《時事新報·藝術》第 98 期。

〔註65〕《郭沫若全集·文學編》第 15 卷，北京：人民文學出版社 1990 年版，第 211 頁。

〔註66〕周文：《由靜坐看郭沫若早期精神修養的一個側面》，《郭沫若學刊》，2011 年第 4 期。

〔註67〕郁達夫：《文學概說》，《郁達夫全集》第 10 卷，杭州：浙江大學出版社 2007 年版，第 316 頁。

一定的懷胎期間。」〔註68〕在此基礎上，再來理解郭沫若所謂「爲人的藝術化」、「政治家、軍人或其它」也可能具有藝術的眞精神等言論就不再是一種言過其辭的誇張表達了，而是一種有意識的勾聯。

郭沫若主情文學觀，反對「觀念論」，即將概念固定化、模式化、「上帝化」而不肯賦予其新時代的內容。因此，他反對將文學的「藝術」或「美」定位成「那種東西爲先天存在的什麼」，是「超絕時空的」，而想到在當時的中國「文學與革命的一體」。〔註69〕很明顯，在郭沫若的話語系統中，「文學」從來不是一個單獨的存在，即便是「淨化」後的「文學本質」也始終處在與「時代精神」深刻的互動之中。

對於外界的質疑，郭沫若連發數文辯解，對敵意的批評，他表示「把『文學家』摒諸化外的。眞是笑話……」，〔註70〕主義學說並非被某類人所包辦；對善意的規勸，他亦聲明：

> 我從前是誠然做過些詩，做過些小說，但我今後也不曾說過就要和文藝斷緣。至於說到我的思想上來，凡爲讀過我從前的作品的人，只要眞正是和我的作品的內容接觸過，我想總不會發見出我從前的思想和現在的思想有甚麼絕對的矛盾的。我素來是站在民衆方面說話的人，不過我從前的思想不大鮮明，現在更鮮明了些，從前的思想不大統一，現在更統一了些罷了。但是要說從事於文藝的人便不應該發表些社會思想上的論文，這是無論在哪一國的法律上都不會有這樣的規定的。要說從事於文藝的人便不應該感染社會思想，這是根本上的一個絕大錯誤。〔註71〕

在《革命與文學》一文中，郭沫若更進一步將「文學」視爲「革命」的前驅，這不僅強化其干預社會現實的文藝觀，更引起了廣州革命政府的注意，爲其南下提供了有力的思想基礎，關於這一點後文詳述（第二章第二、三節）。

在《藝術家與革命家》一文中，郭沫若宣稱只有象牙宮殿裏的頑民和自

〔註68〕郭沫若：《文藝的生產過程》，《郭沫若全集·文學編》第 15 卷，北京：人民文學出版社 1990 年版，第 217～218 頁。

〔註69〕《郭沫若全集·文學編》第 12 卷，北京：人民文學出版社 1992 年版，第 279～280 頁。

〔註70〕《郭沫若全集·文學編》第 16 卷，北京：人民文學出版社 1989 年版，第 22 頁.

〔註71〕《郭沫若全集·文學編》第 16 卷，北京：人民文學出版社 1989 年版，第 23～24 頁。

詡為實行家的好漢才會認為藝術家與革命家是不能兼得的，因為「言說便是行為的一種」，「藝術的製作便是藝術家的事業」，雖然藝術家不能嚴格踐行自己的「宣傳」，但卻和「實行家拿一個炸彈去實行革命是一樣，一樣對於革命事業有實際的貢獻」。比如，「俄國的革命一半成功於文藝家的宣傳，高斯華士（Galsworthy）的《法網》（《Justice》）一劇，改革了英國的監獄制度，這是周知的事實。」由此，郭沫若大膽的斷言：「一切真正的革命運動都是藝術運動，一切熱誠的實行家是純真的藝術家，一切志在改革社會的熱誠的藝術家也便是純真的革命家。」〔註72〕這已不僅是「生活的藝術化」，而是「革命的藝術化」了。

三、「新藝術的誕生」

　　「革命」與「文藝」之間深刻的互動關係在郭沫若的上司、革命同志鄧演達〔註73〕身上也有著淋漓盡致的體現。北伐時期，鄧任國民革命軍總司令部政治部主任，後兼任國民革命軍總司令部武漢行營主任、湖北省政務委員會主席等職，是國民黨「左派」領袖之一。經鄧的秘書、郭沫若的同鄉孫炳文的介紹，郭沫若「和擇生的交接更加密切了。」〔註74〕又由孫炳文的「慫恿」和「積極推動」，郭沫若擔任了政治部宣傳科科長，由此二人在北伐中結下極為深厚的友誼。大革命失敗後，鄧成立「第三黨」積極反蔣，1931 年 11月被蔣秘密槍殺，時年 36 歲。鄧演達留下的文字與文藝相關的不多，為人所知的是《新藝術的誕生——致〈中央日報〉副刊》一文，發表於 1927 年 4 月5 日、5 月 12 日《中央副刊》第 15、49 號。

　　鄧演達認為《中央日報》的「使命」是把「作中國新時代的量尺、歷史的量尺」的武漢「社會的整個『表現』，整個『內含』弄清楚了」，其「正刊是負著『表現』社會的實際生活，尤其是武漢社會的實際生活的責任；他的副刊是負著把社會的『內含』多方面的泄發出來的責任。」〔註75〕眾所周知，

〔註72〕郭沫若：《藝術家與革命家》，《郭沫若全集・文學編》第 15 卷，北京：人民文學出版社 1990 年版，第 192 頁。該文最初發表於 1923 年 9 月 9 日上海《創造周報》第 18 號。

〔註73〕鄧演達在中國國民黨二屆三中全會（1927 年 3 月）上，當選為中央執行委員、中央政治委員、中央軍事委員會主席團成員，並任中央農民部部長。

〔註74〕《郭沫若全集・文學編》第 20 卷，北京：人民文學出版社 1992 年版，第 176頁。

〔註75〕鄧演達：《新藝術的誕生——致〈中央日報〉副刊》，《鄧演達文集》，北京：

在現代文學的「二十年代」，創造社對主情文學，對情緒、表現的強調是不遺餘力而獨樹一幟的，郭沫若的《藝術的生產過程》《印象與表現──在上海美專自由講座演講》、郁達夫《文學概說》等文均不斷強調「表現」之於文學藝術的重要價值。鄧演達特意將「表現」一詞打上引號，其用意或在引用他人，或是一種強調，不管出於何意，都隱約可見郭沫若的影子：

> （中央日報）副刊的責任，已然是「泄發社會的內涵」，那麼他的時間性自然比正刊較長，他的空間性自然比正刊較深。

> 他們一定是嫉恨舊時代的一切，要借著些東西去發泄他們和舊時代作戰的決心，去發泄他們新時代的幻想。……這些舊時代的悲哀嫉恨，新時代的幻想切望……因為現在是新時代的開始，所以也必然的會有而且要有新藝術的誕生。《中央副刊》是必然而且必要應著這個新的使命誕生出這個新的藝術的。

> 新藝術是新時代生活的一切創作，新社會的一切表現，現在的火焰，未來的光明……〔註76〕

郭沫若、郁達夫對文藝「時間性」和「空間性」的分法前文已多有舉證，不再重複。將文藝分為「舊的、新的、未來的」也是創造社所推崇的，郭沫若曾在給成仿吾的信中這樣說道：「我覺得一切技巧上的主義都不成其為問題，所可成為問題的只是昨日的文藝，今日的文藝，和明日的文藝……昨日的文藝是不自覺地得占生活優先權的貴族們的消閒聖品。……今日的文藝是我們現在走到革命途上的文藝，是我們被壓迫者的呼號，是生命窮促的喊叫，是鬥志的咒文，是革命預期的歡喜。……明日的文藝：要在社會主義實現後才能實現。」〔註77〕郁達夫對此有著更為嚴謹的表述，他把過去的文藝界定為「殉情主義」的（如李後主的《浪淘沙》、黃仲則的《梅花引》），把著眼於當下的文藝稱之為「寫實主義」的，而把嚮往未來的文藝稱之為「浪漫主義」的（如拜倫、歌德、席勒）。從郭、郁的表述中均可看出他們對「寫實主義」的保留態度，郁達夫稱寫實主義雖然「健全」，卻「很容易硬化」，「周圍的狀態一有變更，那麼，這種固定的形式，就要發生障礙，變成阻止

人民出版社 1981 年版，第 83 頁。
〔註76〕鄧演達：《新藝術的誕生──致〈中央日報〉副刊》，《鄧演達文集》，北京：人民出版社 1981 年版，第 84 頁。
〔註77〕《郭沫若全集・文學編》第 16 卷，北京：人民文學出版社 1989 年版，第 19頁。

進化的東西了。此外寫實主義更有墮入瑣雜主義（trivialism）的危險⋯⋯」。
〔註78〕鄧演達「新藝術」的根蒂是「未來的光明」，他一方面提醒「一切藝
術家」千萬要記著：「你們過去的祖宗，過去的歷史，一大半一或者是全部
一都是貴族的『御用品』，貴族的『开心寶』，貴族的『泄欲場』呵！你們過
去的一切的創作，一切的勞力，都只是爲他們一舊時代的『閻王』——的享
用而犧牲的。」〔註79〕同時，另一方面對「現在的火焰」作「未來光明」的
闡釋和期待：

> 照壁拆了，毀了，深沉似海的侯門，也讓老百姓們在街上透視
> 透視了；不但這樣；而且在寶座旁邊，素來黏貼著「用印大吉」的
> 地方，也都貼著「打倒貪官污吏」的標語⋯⋯香寶蠟燭是賣不出去
> 的，土地廟裏神像，不知哪裏去了，也都貼上了「總理遺像」⋯⋯
> 我們看見了多少離婚的廣告，讀過了多少自由結合的宣言。我們今
> 天才看見了「歡迎革命的領袖蔣總司令」的大布標，不多幾天卻撕
> 下了！前天才看見完完整整的「歡迎張主席譚主席」的大字標語，
> 忽然間「打倒昏庸老朽的張靜江」的長條卻並著張貼了！〔註80〕

對於鄧演達《新藝術的誕生》，郭沫若在《脫離蔣介石以後》（同樣發表
在《中央日報・中央副刊》）中曾有間接的回應，「武昌攻下後，一城的『新
藝術』便『誕生』了出來，完全成了革命化的武昌，而我們小毛身上的封建
制度也了無子遺了。」〔註81〕郭沫若一語雙關，拿鄧演達的名文開李一氓戀
愛的玩笑。筆者對鄧演達的文章作上述的文獻追蹤，並非想強調郭沫若的影
子或猜測該文可能出自郭沫若的手筆，如果出於上述目的，那麼本文的論證
也是站不住腳的，因爲無論是「表現」，還是「時間性」和「空間性」，「舊的、
新的、未來的」文藝，並非創造社諸君的獨創，他們亦是從他處借鑒而來，
鄧演達何以不能呢？筆者作上述論證，想強調的是以郭沫若爲代表的創造社
諸君對文藝的深刻體認以及在實踐中的身體力行。這一理解與實踐不僅與中
國現代文學緊密纏繞，更與中國革命息息相關，影響的不只是文學家、文學

〔註78〕《郁達夫全集》第 10 卷，杭州：浙江大學出版社 2007 年版，第 328～337 頁。
〔註79〕鄧演達：《新藝術的誕生——致〈中央日報〉副刊》，《鄧演達文集》，北京：
　　　　人民出版社 1981 年版，第 84 頁。
〔註80〕鄧演達：《新藝術的誕生——致〈中央日報〉副刊》，《鄧演達文集》，北京：
　　　　人民出版社 1981 年版，第 85～87 頁。
〔註81〕《郭沫若全集・文學編》第 13 卷，北京：人民文學出版社 1992 年版，第 206
　　　　頁。

愛好者、普通群眾，更深入影響到革命家——中國革命的實際領導者，從這個意義上來說，中國現代文學與中國革命近一個世紀的親密聯姻正是建立在此種共同認知之上，在文學日益邊緣化的今天，我們欲理解此種關聯需付諸更多歷史之「同情」。

什麼是「新藝術」，新的生活便是新藝術！鄧演達所謂「呵，這或者是新的藝術，是美的生活罷！……新的藝術呵！你或者是我們的愛人罷！我始終愛你！新的藝術家呵！你們不是別人，你們是人類真正歷史的創造者，是生活的鎖鑰呵！」〔註 82〕這一看似狂熱的表達只有放置在郭沫若等人的文藝體系之中才能洞見其深刻內涵。這不只是一種口號，而是發自內心的革命實踐，一種全新的美學建構：

> 好幾千年傳留下來的古城牆邊，貼滿了「打倒帝主義」，「掃除封建勢力」的口號……這個也許是**極端矛盾美罷**？

> 剪髮鋪裏面，女子光顧的恐怕也占 1／3 罷！雄赳赳的先生們，要不是和她細談，誰也不曉得是男是女！呵，我們看呵，這是何等的美！如果我們在群眾大會的中間看著，五六十歲的小腳婆，在手拉手腰拖腰地、兩個三個一列狼狽相依地走著，卻是一隻手執著「打倒封建軍閥」、「婦女解放萬歲」的小旗子，口裏喊著「打倒軍事獨裁的蔣介石」、「集中黨的威權」的口號，時時且唱著「少年先鋒歌」，**這是個甚麼矛盾，是怎樣的美麗**？〔註 83〕

這種革命實踐、美學建構的基礎是文藝、生活和革命三者間的相通，與郭沫若一貫的主張相同，這三者間的界限被模糊，這種處理方式在尊重其所謂文藝之固有本性的同時，有效處理了文藝的現實目的性問題——郭沫若之所以聲稱自己願意做一個標語人口號人，其理論基礎是這種標語人口號人的「美麗」隸屬於其「新藝術」的創造。至少在他看來，這是文藝一種昇華，而絕非一種墮落。

從獻身純文藝事業，到探索「文學的本質」，再到新藝術的誕生，「轉向」期間郭沫若的文藝觀從表面上看，發生了翻天覆地的變化，但其固有邏輯和

〔註 82〕鄧演達：《新藝術的誕生——致〈中央日報〉副刊》，《鄧演達文集》，人民出版社1981 年版，第 88 頁。

〔註 83〕鄧演達：《新藝術的誕生——致〈中央日報〉副刊》，《鄧演達文集》，人民出版社1981 年版，第 85～86 頁；引文黑體字為筆者所加，意在突出強調，下文同，不再另注。

一貫主張卻得到與時俱進的實踐。「轉向」表現於文學，是郭沫若文藝觀的合理延伸，而非一種徹底的否定，有學者認為郭沫若聲色俱厲的否定過去呼喚「轉向」，不過是「用富有浪漫精神的情感方式和思維方式去指斥浪漫主義文學思潮」，「這一方面意味著『五四』的告別，另一方面也包含著對『五四』時期郭沫若的延續。」〔註84〕郭沫若「一元化」的主情主義文藝觀的基礎是「經驗」，以與「時代精神」相和為旨歸，充滿矛盾卻又富有張力，故而其最突出的特點恰恰不是固守本質的獨執一端，而是以管窺萬物的包容性見長，這亦與郭沫若一貫的思維方式與表達方式相一致——以深刻的理解之同情完全擁抱一「本質」，欲以此統領一切，然而其統領的方式卻是以此為基點的發散姿態來包容萬物。

綜上，郭沫若的「轉向」表現在文學領域，是無法用由 A 到 B 的概念模式來形容的。一方面郭沫若反對「觀念論」，反對將概念固定化、模式化、「上帝化」，而特別強調「時代精神」，〔註85〕喜歡賦予觀念新的時代內容，所以包括「泛神論」「生命哲學」「浪漫主義」等在內的諸多概念，均被郭沫若塗抹上自己的色彩，即有學者所謂被郭沫若發展了的，〔註86〕因此簡單用概念來形容「轉向」總多有出入；另一方面，本行學醫，「並不曾把文章來當成學問研究過」的郭沫若對文學的理解建立在文藝事業的經驗基礎上，不成系統甚至前後矛盾，但認真而又富有激情的文學實踐經驗在豐富與複雜的背後恰恰暗藏真諦，郭沫若的「文學」從藝術，到生活，再到革命，伸展到各個領域，但卻從未放棄「主情」，其「轉向」並非是對原有文藝事業「全盤的否定」，而是其富有「時代精神」的延伸。

〔註84〕蔡震：《歷史演繹中的文化個性——論郭沫若的思想轉換》，《郭沫若學刊》，1994 年第 1 期。

〔註85〕《郭沫若全集‧文學編》第 12 卷，人民文學出版社 1992 年版，第 279～280 頁。

〔註86〕陳永志：《郭沫若的泛神論思想》，《文學評論叢刊》，1979 年第 2 輯。

第二章　政治意趣與「轉向」的發生

　　《孤鴻》是關於郭沫若「轉向」問題的一篇極爲重要的文獻。該信雖寫於 1924 年 8 月 9 日，但在《創造月刊》第一卷第二期發表時已是 1926 年 4 月 16 日，此時郭沫若已身在廣州。在刊物最後的「編輯者言」中，郁達夫又說道「沫若在近一年中，思想上起了變革，完全把方向改了過來」，由此，關於郭沫若「轉向」的時間，因《孤鴻》一文就有了三種說法，分別是「一九二四年說」、「一九二五年說」和「一九二六年說」。以往研究過分追求「轉向」的時間節點，而忽略了對「轉向」作爲「事件」的整體考察，尤其是該「事件」的象徵意蘊，抑或創造社諸君通過「轉向」所欲表達的態度和行動姿態未被予以足夠的重視。實際上，郁達夫「編輯者言」寫於 1926 年 3 月 12 日，也即在 3 月 18 日郭沫若、郁達夫、王獨清等南下廣州之前，《創造月刊》第一卷第二期已經編輯完成。因此，刊物編輯、發表《孤鴻》、南下廣州和所謂「轉向」是連續的系列動作，《孤鴻》發表的時機及背後的象徵意蘊賦予它之於郭沫若「轉向」無可替代的標誌性意義。從某種意義上說，發表《孤鴻》、聲明「轉向」是郭沫若與創造社同人有意爲之的具有象徵意義的事件，是其表達態度的一種方式。

　　將《孤鴻》的發表視爲「事件」，是對「轉向」的政治化闡釋，意味著此時郭沫若已深度介入政治，並與各方政治勢力發生糾葛。那麼，這種判斷是否有歷史依據，是否合乎歷史實際？本章擬從文學、思想、主義之爭等角度對郭沫若「轉向」之前的豐富性和複雜性做必要的陳述。

第一節　國家主義與共產主義

　　如果說「轉向」即是「轉向馬克思主義」，那麼相對來說，「轉向」之前，理應是從某一政治概念或主義轉向「馬克思主義」。以往研究或言，從「浪漫主義」、「泛神論」、「生命哲學」等轉向「馬克思主義」，「轉向」前後概念並不對等，不在一個學科層面，其中轉折過大，難以令人信服。那麼，是否存在一個與「馬克思主義」同等的政治概念，能夠作為理解郭沫若「轉向」政治思想方面的切入點呢？答案是肯定的。郭沫若對「國家主義」的批判十分迅猛，絲毫沒有顧及同鄉、同學、同事多年的情誼，不留丁點餘地。對「國家主義」的清算在郭沫若的自我清算中佔有十分重要的位置，因此以往研究出於外在因素的考慮，對郭沫若所謂「國家主義派」的「醒獅派」和「孤軍派」多簡單的否定，未予以足夠的重視。本文認為，郭沫若對待「國家主義派」，尤其是所謂「孤軍派」的態度，恰恰說明他的「轉向」為此所深深羈絆。郭沫若與「國家主義派」到底有著怎樣的關係？「孤軍派」是一個怎樣的「派」？「轉向」之前，郭沫若經歷了怎樣的政治選擇與取捨？

一、郭沫若的政治意趣與「孤軍派」

　　郭沫若在談到「國家主義」時，往往以「醒獅派」「孤軍派」為代表。在北伐途中與俄國顧問鐵羅尼談論如何批判「國家主義」時，郭沫若這樣說道：「因為在上海宣傳國家主義的人，如像『醒獅派』和『孤軍派』，大抵都是我的同學，有過半數和我相識。我知道他們有好些的確是有愛國熱誠的，他們是看到中國的積弱，總想用最良的方法來把中國強盛起來。他們所想到的最良的方法便是所謂國家主義。」[註2] 在《創造十年續編》中也說「我那時的意趣是集中在政治問題上的，因為在和『孤軍派』、『醒獅派』的那些國家主義者論爭。」[註3] 郭沫若將「孤軍派」與「醒獅派」一併視為國家主義派在

〔註1〕　本文所謂「轉向之前」雖然是一種抽象的界定，但具體說來，是以《孤鴻》的編輯和發表為界線。在此之前，雖然郭沫若主觀的「轉向」可能已經發生甚至完成，但這畢竟是郭沫若本人的回憶或主觀的意願，客觀現實中的人事糾葛、意氣之爭抑或主義之辯則十分複雜。

〔註2〕　《郭沫若全集・文學編》第 12 卷，北京：人民文學出版社 1992 年版，第 71 頁。

〔註3〕　《郭沫若全集・文學編》第 13 卷，北京：人民文學出版社 1992 年版，第 273 頁。

文學研究界影響至深，似成定論。〔註4〕如《郭沫若全集》對「孤軍派」就這樣注釋：「孤軍派，指圍繞《孤軍》雜誌的一批人，其中大多數信仰國家主義，代表人物有陳慎侯、何公敢等。該派後來多數爲中國青年黨成員。中國青年黨，初名中國國家主義青年團，一九二三年由曾琦、李璜等在巴黎發起成立。」〔註5〕但筆者查閱《哲學大辭典》《近代中國百年史辭典》《中國哲學大辭典》《中國歷史辭典》等文獻，「醒獅派」條目下多解釋爲「即『國家主義派』」，〔註6〕或「參見『中國青年黨』」、〔註7〕「見『國家主義派』」〔註8〕和「見『中國青年黨』」〔註9〕等，但在這些辭書中均檢索不到「孤軍派」或類似相關條目，「國家主義派」、「中國青年黨」等條目注解中亦不見其說。目前可查，對「孤軍派」做解釋的除了《郭沫若全集》，還有《簡明郭沫若詞典》，〔註10〕

〔註4〕 可參見潘世聖《關於郭沫若與「孤軍派」關係的概略考察》（《廣西師院學報》1986 年第 1 期）、小谷一郎《郭沫若與二十年代中國的「國家主義」、「孤軍派」——論郭沫若「革命文學」論的提倡、廣東之行、參加北伐的背景及其意義》（《左翼文學的時代——日本「中國三十年代文學研究會」論文選》，北京大學出版社 2011 年版）等文。

〔註5〕 《郭沫若全集·文學編》第 12 卷，北京：人民文學出版社 1992 年版，第 108 頁。

〔註6〕 馮契主編：《哲學大辭典》（下），上海：上海辭書出版社 2007 年版。

〔註7〕 李華興主編：《近代中國百年史辭典》，杭州：浙江人民出版社 1987 年版，第 700 頁。

〔註8〕 方克立主編：《中國哲學大辭典》，北京：中國社會科學出版社 1994 年版，第 737 頁。

〔註9〕 張作耀等主編：《中國歷史辭典》（第 3 冊），北京：國際文化出版公司 2000 年版，第 1525 頁。

〔註10〕 相關注解如右：「現代社會政治派別之一。出現並活躍於 20 世紀 20 年代，其成員多係留日分子。初期曾信奉改良主義，「五卅」前後趨於反動，遵奉國家主義思想主張，反對工農革命運動。郭沫若與孤軍派的政治見解大相徑庭，但因舊友關係曾在《孤軍》雜誌上發表過《孤軍行》（即《前進曲》（1922）、《哀時古調》（1922）、《黃河與揚子江對話》（1922）、《我們在赤光中相見》（1927）等詩作。1924 年冬應邀參加由孤軍社組織的江浙戰禍調查，並應允編輯調查報告集。因孤軍社邀請曾琦寫序，不僅對報告集編輯工作採取無限拖延的態度，而且連自己執筆的報告《到宜興去》也未完成。『五卅』後郭沫若作《窮漢的窮談》《共產與共管》《新國家的創造》《社會革命的時機》等文，與孤軍派的林驤（化名『靈光』）等人展開激烈論戰，批判其主張中國應該仿倣日本和土耳其，走發展資本主義道路的國家主義論調，明確闡釋了馬克思主義國家學說，並申明了自己關於中國社會性質、任務、道路和前途的思想認識。」（見李標晶主編《簡明郭沫若詞典》，蘭州：甘肅教育出版社 1999 年版，第 451～452 頁）。

是否還有其它文獻對其做政治派別界定或解釋，尚有待方家指正。

　　然而，如果說所謂「孤軍派」是「指創辦並圍繞《孤軍》月刊活動的一派人，其中主要是當時正在上海商務印書館編譯所的一些人，有陳愼侯、何公敢、鄭心南、周頌九和林靈光等，他們大多是日本東京帝國大學出身的，其中的頭面人物是陳愼侯」〔註11〕的話，那麼，說他們信奉「國家主義」和「加入中國青年黨」均不准確，至少其本人並不這麼認爲。陳愼侯作爲《孤軍》雜誌的發起人，在雜誌未創刊之前便中丹毒去世，郭沫若還專門以他爲原型創作了《月光》一劇。陳去世後，《孤軍》雜誌在郭沫若等人的幫助下創刊，由泰東書局印行，主導人物是何公敢。何公敢「曾留學於日本東京帝國大學經濟系，歷任廈門大學總務處主任、商務印書館什纂部部長、福建省政府秘書長、福建鹽運使、財政廳廳長等職，一九三三年『閩變』時任閩海省省長，抗日戰爭以後，從事民主活動，建國後曾任福建司法廳廳長、省人民代表、全國政協委員、民盟福建省委員會副主委。終於 1977 年。」〔註12〕何公敢 1963 年 4 月著有《憶〈孤軍〉》一文，對《孤軍》雜誌或「孤軍社」的發生和演變做了詳細的回顧，他仍將郭沫若視爲其早期成員之一，原因不僅因爲該刊創刊得到郭沫若的幫助，郭沫若亦是其主要撰稿人之一，主要還因爲其文學創作「反映我們當時的心情和態度。當時《孤軍》同人在思想上並未成熟，只是共同具有一股熱情、傻勁和正義感罷了。」〔註13〕而且，據何回憶，《孤軍》雜誌一度因爲泰東書局的爽約而陷入困頓，是郭沫若在自己極度貧困的情況下捐出了四百元稿費幫助他們度過了難關。

　　有學者將「孤軍社編輯及主要撰稿人」總結如下：〔註14〕

姓　名	籍　貫	生卒年份	學　　業	職　　業
陳承澤	福建閩侯	1885～1922	中國公學，曾游學日本	商務印書館編輯

〔註11〕潘世聖：《關於郭沫若與「孤軍派」關係的概略考察》，《廣西師院學報》1986年第 1 期。

〔註12〕何公敢：《憶〈孤軍〉》，《福建文史資料》（第 13 輯），中國人民政治協商會議福建省委員會文史資料研究委員會編（內部資料），1986 出版，第 153 頁。

〔註13〕何公敢：《憶〈孤軍〉》，《福建文史資料》（第 13 輯），中國人民政治協商會議福建省委員會文史資料研究委員會編（內部資料），1986 出版，第 134 頁。

〔註14〕鄧麗蘭：《從「法統」崇信到「革命」認同——從「孤軍派」觀國民革命時期中國知識界的思想動態》，《福建論壇·人文社會科學版》，2008 年第 11 期；所引表格部分錯誤內容經過本文作者修正。

何公敢	福建閩侯	1888～1977	東京帝國大學經濟系	商務印書館編輯
林植夫	福建閩侯	1891～1965	東京帝國大學農林部	商務印書館編輯
薩孟武	福建福州	1897～1984	京都帝國大學政治系	編輯、翻譯、著述
郭心崧	浙江蒼南	1897～1979	京都帝國大學經濟系	編輯、翻譯、著述
范壽康	浙江上虞	1896～1983	東京帝國大學文學部	商務印書館編輯
羅益增	湖南婁底	1891～1966	游學日本、法國、德國	編輯、著述
郭沫若	四川樂山	1892～1978	九州帝國大學醫學部	編輯、翻譯、著述
周佛海	湖南沅陵	1897～1948	京都帝國大學經濟系	編輯、翻譯、著述
陶希聖	湖北黃岡	1899～1988	北京大學法科	商務印書館編輯

　　除上述諸人，據何公敢回憶，尚有「阮肅清、朱公準（廣東人）、杜國庠（守素，廣東澄海人）、李春濤（廣東人）、杜國興（廣東澄海人）、資耀華（浙江人）、史維煥（貴州人）、劉光華（味莘，湖南攸縣人）、漆樹芬（四川人）、王首春（湖南人）、趙修鼎（福州人）、潘力山（四川人）」等。〔註15〕因此，對於「孤軍派」，首先值得強調的一點是，儘管郭沫若在回憶中多次批評「孤軍派」，但他是該刊發起人之一，更被認為是其早期社員之一。

　　「孤軍派」可否被視為「現代社會政治派別之一」？這一問題頗難解答，但卻能由此得見所謂「孤軍派」之獨一無二的特質。首先，根據《中華法學大辭典》關於「政治派別」的界定：「政治運動或政治組織中由利益相近，政治觀念相近的人們所組成的政治群體。組織緊密程度有很大差異，但基本上能行動一致，有其政治上或精神上的領導人或領導核心。」〔註16〕論標準，如「利益相近」、「政治觀念相近」，還是「行動一致」、「有政治上或精神上的領導人或領導核心」，無論哪一條，「孤軍派」都不能算是嚴格意義上的政治派別。「孤軍派」沒有統一的政治行動綱領，其人員也極為龐雜，其中不僅有郭沫若、杜國庠等「馬克思主義者」，還有周佛海、陶希聖等改組派，而何公敢、林植夫則屬於陳銘樞的「閩派」。在郭沫若、何公敢、林靈光等的回憶中，陳慎侯去世之後，所謂「孤軍」便沒有「主腦」了。失去「主腦」的「孤軍」內部左中右各派各色思想雜陳，而且往往意見相近的反而鬥的更凶，往往因爭論而動起手腳來。如阮肅清和林靈光均是與何公敢相近的

〔註15〕何公敢：《憶〈孤軍〉》，《福建文史資料》（第13輯），中國人民政治協商會議福建省委員會文史資料研究委員會編（內部資料），1986出版，第135頁。
〔註16〕許崇德主編：《中華法學大辭典・憲法學卷》，北京：中國檢察出版社1995年版，第790頁。

「閩派」，但二人「某夜」卻因「議論不合爭執起來，久爭而不決，便擺起架勢以拳相鬥。兩人你進我退，鬥得難解難分，經勸解乃止。」〔註17〕因此，從嚴格的意義上來說，「孤軍派」不能算作一個政治派別，而不過是一個因緣相聚的同人群體罷了。

可是，在郭沫若眼裏，「孤軍派」不僅是一個重要的政治派別，而且比號稱為中國第三大黨的「醒獅派」要更為危險：「同樣是主張國家主義，在社會的聲名上『醒獅派』雖然賽過『孤軍派』，更幾幾乎有獨佔的形勢，但在實質上『孤軍派』的人實比「醒獅派」的人高明得多。」高明在哪裏呢？郭沫若認為「孤軍派」不似「醒獅派」那般空喊口號、放煙霧彈，「他們大抵是從日本京都大學研究過經濟學回來的人，其中還有好些是河上肇的弟子。他們對於河上肇的初年的學說是實地信奉著的，以為資本主義的揚棄非經過一道個人資本主義的階段，絕對不能實現。所以要振興中國，根本是須得屬行個人資本主義。」而且，他們切實進行考察和討論：「他們就為中國的經濟路線曾經舉行過長期的討論，連我都是參加過的。討論的結果，主張採仿蘇聯的辦法屬行國家資本主義的就只有我和林伯修（當年的杜國庠）兩人，其餘都是反對派。因而『孤軍派』的經濟政策便由周佛海所想出的巧妙的名詞來模棱了，那綱領便是什麼『社會的產業化和產業的社會化』。這個半頭紅蘿蔔，如把一層皮剝掉，不外是個人資本主義的獎勵與保護而已。所以『孤軍派』的國家主義，如說得更切實一點，是國家社會主義。」〔註18〕在郭沫若眼中，「孤軍派」的危險性要遠遠大於以極端「反共」而著稱的「醒獅派」（中國青年黨），並為之貼上「國家主義」的反動標籤，然而事實並非如此簡單。「孤軍派」中除了周佛海、陶希聖二人後來墮落到反面外，其它諸人均是在各領域有建樹的愛國人士。比如，除何公敢與中共保持親近外，「孤軍派」中真正與郭沫若翻臉並開火的「林靈光」（林植夫），後來任新四軍軍長葉挺的秘書，因日語好而被任命為「敵工部部長」，因工作出色，經中共中央批准為「中共特別黨員」。〔註19〕建國後，諸多歷史文獻均未直接將「孤軍派」視為對立面，而做統一戰線的處理。但由於郭沫若的巨大影響，很多人仍將「孤軍派」視為反動。那麼，作為其早期成員（郭沫若自稱「準

〔註17〕何公敢：《憶〈孤軍〉》，《福建文史資料》（第13輯），中國人民政治協商會議福建省委員會文史資料研究委員會編（內部資料），1986出版，第138頁。

〔註18〕《郭沫若全集・文學編》第12卷，北京：人民文學出版社1992年版，第275頁。

〔註19〕陳子谷：《懷念林植夫同志》，《革命人物》，1985年第1期。

成員」）的郭沫若爲何如此評價「孤軍派」呢？

其實，郭沫若與「孤軍派」淵源頗深，他甚至將其對政治興趣的產生與之相聯繫：「我對於政治問題發生了一些關心的，是在這個時候。那時商務編譯所裏有一批人，便是後來的『孤軍派』，集合起來要出一種政治性的刊物。主腦是陳愼侯，此外大多是帝大出身的同學。他們的主張，起初是以『約法』爲中心，主張恢復『約法』以維繫中國的大局。他們說，這種主張是和當時主張『好人政府』的胡適派，主張勞農革命的共產黨成鼎足的。」〔註20〕如果說，1924 年前後郭沫若尙迷戀於「純文藝的象牙塔」，未對政治發生興趣，那麼「轉向」前後郭沫若參與政治的契機和中介，正是「孤軍派」，所以在郭沫若眼中，「孤軍派」與「醒獅派」相比，有著與眾不同的意義，從某種意義上說，「孤軍派」是郭沫若「轉向」和自我清算最難「超克」的一部分。

若細考郭沫若與「孤軍派」諸人間的人事關係，發現郭沫若除了與林靈光之間有直接的衝突外，與其它「孤軍」同人並未有什麼不快，而且某種程度上保持著相當密切的往來關係。如陳愼侯之後，「孤軍」的負責人何公敢，似乎一直與郭沫若保持著良好的私人關係。郭沫若上海「賣文爲生」時期，爲設法維持郭及其家人的生活，何曾試圖爲郭在商務印書館爭取優厚的補助條件從事翻譯，郭爲此「當時感受著十二分的愉快」，何作爲商務庶務部主任本有相當的把握，但因郭沫若欲翻譯的是《資本論》，結果在編審會議上沒通過。多年之後，郭沫若還回憶此事，並說他「開始向商務印書館賣稿就是在這個時候，我的《喀爾美蘿姑娘》、《行路難》、《落葉》，便連續在《東方雜誌》上出現了。在這些作品之外，也還陸續地賣了不少的譯文。屠格涅夫的《新時代》、河上肇的《社會組織與社會革命》、霍普特曼的《異端》、約翰沁孤的《戲曲集》、高斯華綏的《爭鬥》，都是在這前後一二年間先先後後地化成了麵包的。」〔註21〕前文多次說到，在 1926 年 3 月創造社出版部成立之前，創造社並不能爲郭沫若等人提供穩定的生活來源，因此郭沫若在上海做「窮文士」實際需要何公敢等「大高同學」的支持。這種生活給郭沫若帶來不小的「屈辱感」，被他視爲一條「絕路」，坦誠「一九二六年往廣東以及其後的事情」若沒有這段「賣文生活」便不會發生。

〔註20〕《郭沫若全集·文學編》第 12 卷，北京：人民文學出版社 1992 年版，第 144 頁。
〔註21〕《郭沫若全集·文學編》第 12 卷，北京：人民文學出版社 1992 年版，第 219～220 頁。

　　抗戰爆發後，郭沫若擔任國民政府軍事委員會政治部第三廳廳長時，何公敢擔任「總政治部設計委員兼任第三廳第四科科長」，因爲「他有事務才幹，三廳的幾次預算，都是他領導編成的」，所以郭沫若在組織「戰地文化服務處」時推薦「何公敢來主持這項工作」。但卻又說「他是國民黨所能放心的人」，「是國民黨員，是孤軍派的健將，有一個時期他和國家主義的青年黨倒是很接近的。」不過，國民黨似乎對何並不放心，仍然查抄了「戰地文化服務處」。

　　「孤軍派」另一位核心人物范壽康（字允臧，浙江上虞人），接替了本欲請郁達夫來擔任的三廳第七處處長，而正是范允臧，曾強拉著郭沫若去做演講，郭沫若一身演講工夫的煉就，與范允臧有著莫大的關係，這在郭沫若的回憶錄中作了十分詳盡的描述。郭沫若在組建「三廳」時的人事安排中，除黨派因素，其最倚重的仍是「大高同學」，其下轄三個處，除胡愈之爲中共黨員外，田漢和范壽康都是郭留日時期的大高同學，〔註 22〕范壽康之所以能接替郁達夫就近上任，重要原因是他與郁達夫同樣的背景和與郭良好的私人關係。關於「三廳」副廳長這個頗讓郭沫若煩惱的人事問題，范壽康向郭沫若推薦同爲「帝大」出身的范揚，郭沫若和范「並不熟悉」「卻毫無保留地採納了這項意見」。郭沫若等人撤至廣西，時任廣西大學校長的白鵬飛是「日本帝大的先後同學」，「邀約杜老、何公敢、立群和我，同遊陽朔」，「杜老」就是《孤軍》同人早期討論時與郭沫若同一立場的杜國庠（守素，廣東澄海人），郭沫若說「杜守素是我們的老大哥，我們平常稱之爲杜老。他是日本京都帝國大學出身，有名的馬克思主義經濟學者河上肇博士的高足，要早我四期。」〔註 23〕可見，「孤軍派」的核心人物在抗戰爆發後的「三廳」時期仍與郭沫若有著緊密的聯繫，是郭沫若主持下的「三廳」黨派之外能夠發揮作用的重要潛在人力支撐。

　　因此，郭沫若對「孤軍派」批判的火力和分量，有其濃厚的個人色彩，不僅是一種個人的自我批判和警惕，更有一種政治鬥爭的自覺：以「反共」做標榜但卻無實踐能力的「醒獅派」是在明處的敵人，對革命的危險亦可見可防可控，對革命威脅巨大卻難以防範的，恰恰是那些混進革命隊伍的滿口「馬克思主義」「社會主義」「唯物史觀」的人。「孤軍派」中的周佛海、陶希

〔註 22〕據郭沫若回憶，范壽康是他在日本高等學校的同班同學，見《創造十年續編》，《郭沫若全集・文學編》第 12 卷，北京：人民文學出版社 1992 年版，第 195 頁。

〔註 23〕《郭沫若全集・文學編》第 14 卷，北京：人民文學出版社 1992 年版，第 121 頁。

聖在 1930 年代中國社會性質論戰中即以這種面貌出現，以「閩派」陳銘樞的秘書王禮錫爲中心的「讀書雜誌派」態度亦極爲曖昧。可以說，1930 年代社會性質論戰中登場的各派，都是「孤軍派」發展出來或與之有直接間接關係的政治力量。陶希聖和托派用更加「地道專業的」馬克思主義「原理」對以郭沫若爲代表的「新思潮」派進行批判，讓郭沫若對他們保持有高度的警惕。郭沫若的相關回憶《創造十年》《創造十年續編》均寫於社會性質論戰之後，「醒獅派」已被國民黨收編，在走下坡路，而「孤軍派」中人物則散落在各派政治勢力之中，且均呈上升的勢頭，郭沫若自然要保持高度的警惕。

二、「孤軍」與「醒獅」關係考

　　雖然，「孤軍派」從組織、行動和綱領上都難以算作嚴格意義上的政治派別，但理論的界定不等於「歷史」，在郭沫若、何公敢眼裏，一反一正的都將「孤軍派」視爲一種政治派別。當時的各種政治勢力也一直在拉攏他們。據何公敢回憶，汪精衛和張繼（字溥泉），胡漢民和廖仲愷曾先後邀請《孤軍》同人」加入國民黨，但均被婉言謝絕了。〔註 24〕又據林靈光回憶，他與何公敢都是同盟會會員，並曾在 1912 年夏天面見孫中山、宋教仁，林甚至向宋教仁提出「拿政權同袁世凱交換經濟和教育權」，宋教仁笑林是「小孩子懂什麼」。〔註 25〕由此可見，「孤軍派」中的人物雖然自稱「孤軍」，「絕不倚靠國中任何勢力，獨立超然地創辦一個政治性刊物」，〔註 26〕但與當時中國各派政治勢力的上層有著千絲萬縷的聯繫。他們年紀輕輕即加入同盟會，與國民黨高層保持密切往來，另一方面，出身卻是世家大族，林靈光的伯父曾擔任過雲貴總督，其堂兄林葆懌曾任孫中山護法軍的海軍總司令，林家子弟在海軍多有建樹（林家因此被認爲是「海軍世家」），林靈光在 1927 年亦曾擔任過海軍陸戰隊的政治部主任。〔註 27〕所以，「孤軍派」雖然以知識分子爲主，其多

〔註 24〕 何公敢：《憶〈孤軍〉》，《福建文史資料》（第 13 輯），中國人民政治協商會議福建省委員會文史資料研究委員會編（內部資料），1986 出版，第 134～135 頁。

〔註 25〕 林植夫：《林植夫自述》，《福建文史資料》（第 19 輯），中國人民政治協商會議福建省委員會文史資料研究委員會編（內部資料），1988 出版，第 10 頁。

〔註 26〕 何公敢：《憶〈孤軍〉》，《福建文史資料》（第 13 輯），中國人民政治協商會議福建省委員會文史資料研究委員會編（內部資料），1986 出版，第 131 頁。

〔註 27〕 劉琳、史玄之著：《福州海軍世家》，福州：海風出版社 2003 年版，第 189～194 頁。

數主張亦多是書生之見，內部更難以統一，外部也難以被某一政治勢力簡單整合，但其成員年富力強，積極熱情的參與政治，世家子弟較多，且均在國外受過專業的高等教育，是一股不容小覷的政治力量。

　　林靈光面見孫中山、宋教仁時提出的「拿政權同袁世凱交換經濟和教育權」的意見，頗為耐人尋味。林當時剛滿 30 歲，在孫、宋眼中確實尚屬小孩，其撿芝麻丟西瓜的建議更是幼稚。但嚴格說來，林已經成人，已具有獨立的認識和判斷能力，而且他不是一時衝動的臨場獻策，而是在被拒絕後仍然堅持他的意見。被拒絕後，林不服氣，拒絕孫、宋對他們的委任但未准，在南下輪船上林對何說「同盟會會完蛋，我們應從個人修養做起。」〔註 28〕這一細節很生動的揭示了「孤軍派」成員的形象和思想。如果為包括陶希聖、周佛海在內的「孤軍派」同人找一個相聚相謀的共同點，除了愛國、熱情和正義感外，主要還在於他們「在理論上是以馬克思的經濟思想為基準」，將「社會主義乃至共產主義」視為理想。在他們的眼中，經濟基礎決定上層建築，上層建築塑造人的意識，而人的意識決定著其具體實踐，因此「經濟和教育權」自然最核心，遠比「政權」重要。「政權」在他們眼裏，不過是「軍閥」的代名詞而已，何公敢直白的說道：「辛亥革命當時的志士，掌握了武力後，變做軍閥的比比皆是，這是我們身受的現實教訓。」〔註 29〕郭沫若在《孤軍》第一卷第三期上發表舊體詩《哀時古調九首》其中一首這樣寫道：

　　　　孫悟空，齊天聖，

　　　　十萬八千里，只消一翻身。

　　　　才聞專使拜曹公，

　　　　已見三桂揖清庭。

　　　　洪範，五行，相剋還相生。〔註 30〕

　　在《創造十年》中，郭沫若這番解釋道：「這位『齊天大聖』是誰？想來用不著我來下注腳了。當時的國民黨派了兩位專使，一位姓張的去聯絡曹錕，一位姓汪的去聯絡滿洲的張作霖。」〔註 31〕可見，即便是對孫中山，同盟會

〔註 28〕林植夫：《林植夫自述》，《福建文史資料》（第 19 輯），中國人民政治協商會議福建省委員會文史資料研究委員會編（內部資料），1988 出版，第 10 頁。

〔註 29〕何公敢：《憶〈孤軍〉》，《福建文史資料》（第 13 輯），中國人民政治協商會議福建省委員會文史資料研究委員會編（內部資料），1986 出版，第 139 頁。

〔註 30〕郭沫若：《哀時古調九首》，《孤軍》第 1 卷第 3 期，1922 年 11 月。

〔註 31〕郭沫若：《創造十年》，現代書局 1932 年版，第 217 頁。

的首領，革命的領袖，「孤軍派」也視爲軍閥，這首詩與《孤軍行》一樣，反
映孤軍同人當時的心情和態度。不過，郭沫若後來刪掉了這番注解，〔註32〕
只說是批評國民黨，寥寥數語，讓人不及細想而聯繫到孫中山了。郭沫若的
另一位「孤軍派」好友范壽康（字允臧）在《我爲孫中山惜》一文中指斥孫
中山沒有在「民治與法律的軌道上一絲不紊地進行」，「不幸他也有他的致命傷」
──「（一）唯我獨尊，（二）用人不當」，對孫中山啓用葉恭綽十分不滿的批
評說「老孫老孫！你以友爲敵，以敵爲友，這種槍法大亂的用人，實在是使你
終不能成大事的致命傷。」〔註33〕足見，儘管有何公敢、林靈光等同盟會員，
但「孤軍」同人對孫中山並無足夠的尊敬，對其聯俄容共的革命也持批評態
度，這使其被「醒獅派」利用進而塗抹上「國家主義」色彩成爲可能。

　　「孤軍」在成立之初，或言以陳愼侯爲中心的這般書生，是以眞心和熱
情慾在軍閥混戰的中國行政治之「孤」的，這一「孤」特色是書生氣，理論
是以馬克思的經濟主張爲基礎，初期主張維護中華民國約法和打倒軍閥、裁
軍等，對以梁啓超爲首的研究系、以孫中山爲首的國民黨和共產黨都表示了
懷疑和輕蔑。

　　但隨著中國政治局勢的不斷變化，「孤軍」同人之間的分歧日漸加劇乃至
無法消弭而共處。郭沫若認爲中國是「撐天的長漢子」，〔註34〕飽受帝國主義
的侵略，無法效法日本實行個人資本主義，而應效法俄國，施行國家資本主
義和「無產者的專擅的政權」，主張暴力革命。這在其它「孤軍派」同人眼中，
是「左的」。用何公敢的話說，《孤軍》同人多出身於所謂「縉紳之家」或地
主家庭，大多數企圖超越階級，以公正客觀自命。具體來說，他們服膺於馬
克思的經濟學說，但主張個人資本主義，堅決反對「專政」和「暴力革命」，
〔註35〕郭沫若在其中自然漸成異類。

〔註32〕在《郭沫若全集》中，郭沫若只這樣說：「這是在諷刺當時的國民黨，因爲一
　　　　時在聯絡曹錕，一時又在聯絡張作霖。」詩也微作修改爲：
　　　　孫悟空，齊天聖，
　　　　十萬八千里，只消一翻身。
　　　　才聞專使拜曹公，
　　　　又見三桂哭清廷。
　　　　三正，五行，相剋還相生。
　　（《郭沫若全集·文學編》第12卷，第153頁。）
〔註33〕允臧：《我爲孫中山惜》，《孤軍》第1卷第10期，1923年6月。
〔註34〕《郭沫若全集·文學編》第12卷，北京：人民文學出版社1992年版，第278頁。
〔註35〕何公敢：《憶〈孤軍〉》，《福建文史資料》（第13輯），中國人民政治協商會議

　　「孤軍派」本是各種思想主義雜陳共處的，《孤軍》雜誌也「毫不保留地
發表左、中、右各派的主張」，〔註36〕郭沫若與何公敢、林靈光等人雖然意見
不一致，但尚能共處，真正激化他們之間矛盾的是「醒獅派」。標榜「國家主
義」以極端「反共」而著稱的曾琦是郭沫若的「舊友」，他與郭沫若幾乎同時
回到上海，共享一個文化圈子，如「中華學藝社」、「學藝大學」、「大夏大學」、
四川同鄉會、孤軍社等，郭沫若在上海「賣文爲生」時的社團依託，除了「創
造社」外，幾乎全有曾琦的影子。而且，曾琦不斷擠壓郭沫若的生存空間，
一方面拉攏，企圖爲郭塗抹上「國家主義的色彩」，邀請郭在《醒獅》上發表
文章；另一方面卻對郭沫若大加指責。據郭沫若回憶，錢玄同就曾說過「郭
沫若、曾琦那一批國家主義者」的話，〔註37〕可見爲周圍人塗抹上「國家主
義」的色彩，是曾琦一貫的手法，對「孤軍派」又何嘗不是呢？《孤軍》第 2
卷第 8 期發表《本社與醒獅周報社對於時局之共同意見》、第 3 卷第 2 期發表
《本社與社會評論社醒獅周報社愛國青年社爲五卅事變敬告全國各界書》，通
過這些「共同意見」，曾琦逐漸達到其同化的目的，「國家主義」亦因此而色
彩斑斕，中國現代史上之「國家主義」究竟何指？恐怕很難說清。在曾琦等
國家主義者的影響下，「孤軍」漸漸不「孤」，其主張亦發生了巨大的變化。
如，「孤軍」早期堅定的維護「法統」，主張法律的程序正義，反對暴力和革
命，但薩孟武在《孤軍已滿兩歲了》一文中就說《孤軍》已「由議會主義而
移爲革命主義」，〔註38〕林靈光也在《孤軍》終刊號上發表「終刊紀念論文」
《以護法始以革命終的〈孤軍〉》〔註39〕表明「孤軍」的轉向。放棄「護法」
的「孤軍」，欲尋求何種「革命之道」呢？

　　一開始，他們的確曾欲選擇「中國青年黨」。據何公敢回憶，「孤軍派」
的確與「醒獅派」有過合併的打算，並進展到彼此遞交綱領的程度，但最後
沒有成功。原因是「孤軍派」雖然和「醒獅派」均反對「共產專政」，但卻不
肯標榜「國家主義」，曾琦爲了拉攏他們甚至不惜放棄一直鼓吹的「內除國賊，
外抗強權」的口號，但仍遭到孤軍「全體在滬同人一致反對」，最後何公敢和

　　　　福建省委員會文史資料研究委員會編（內部資料），1986 出版，第 143 頁。
〔註36〕何公敢：《憶〈孤軍〉》，《福建文史資料》（第 13 輯），中國人民政治協商會議
　　　　福建省委員會文史資料研究委員會編（內部資料），1986 出版，第 140 頁。
〔註37〕《郭沫若全集·文學編》第 12 卷，北京：人民文學出版社 1992 年版，第 274 頁。
〔註38〕孟武：《孤軍已滿兩歲了》，《孤軍》第 3 卷第 1 期，1925 年 6 月。
〔註39〕靈光：《以護法始以革命終的〈孤軍〉》，《孤軍》第 3 卷第 6 期，1925 年 11 月。

陳啓天「在事先約定的跑馬場某一酒家小室中交談。兩人邊吃西餐邊談話，在共同確認雙方無法合作後，便各自把前此所執一張的政治綱領，放在盛麵包的瓷碟上點火焚卻，握手道別。以後很長一段時期斷絕了來往。」〔註40〕「孤軍派」與「醒獅派」談判破裂後，其建黨的要求未能得以實現，便決議自行組黨，定名爲「獨立青年黨」，《孤軍》雜誌名稱也改爲《獨立青年》。因此，《郭沫若全集》中關於「孤軍派」的注解中，說「孤軍派」加入「中國青年黨」是不准確的，而應爲自行組建「獨立青年黨」。

雖然，「孤軍派」並未加入中國青年黨，但他們在反對「共產專政」這一點上顯然是獲得過一致的，與以往從經濟理論上探討「共產主義」「社會主義」不同，《孤軍》終刊號上直接打出《反共產與反革命》旗幟，對共產黨霸佔「革命」表示不滿，號召「非共產主義的革命同志大家快點實地的幹起來！」〔註41〕因此，郭沫若將這二者均稱之爲「國家主義者」，其要點在於他們反對「共產專政」。曾琦等人與周恩來等亦曾是留法同學，早在法國期間就開始「反共」，因此對廣東實行聯俄聯共的國民黨也是持批判的態度，在這一點上無形中也與「孤軍派」反對「暴力革命」相合。在此之中，郭沫若的處境之難堪可想而知。

曾琦對郭沫若的打壓亦愈來愈甚，在「孤軍社」組織的社會調查報告撰寫過程中，郭沫若就感受到曾琦的壓力，其報告在《孤軍》雜誌上只是摘錄。在組織四川同鄉會時，曾琦更對郭沫若草擬的《宣言》橫加指責，說「同鄉會應該提倡愛國精神，不好爲赤黨張目，像郭某所做的《宣言》，所說的大抵是赤黨的經濟理論，尤其有幾處『帝國主義』字眼，太露骨，應該慎重修改。」郭沫若爲此「十二分不高興」。〔註42〕

曾琦的存在對郭沫若在上海「賣文爲生」的生活造成了不小的威脅，四川同鄉會、學藝大學、大夏大學，郭沫若起初在其中均是堪稱股肱的，後來日漸尷尬。與「孤軍派」亦難以共適，與林靈光發生了論爭。這些都是日後，郭沫若接受廣東大學的邀請，穿過海盜猖獗的水域，遠赴廣東的外在客觀遠因。失去了上述依託，郭沫若便是名副其實的「窮文士」了，〔註43〕「創造

〔註40〕何公敢：《憶〈孤軍〉》，《福建文史資料》（第13輯），中國人民政治協商會議福建省委員會文史資料研究委員會編（內部資料），1986出版，第145頁。
〔註41〕光晟：《反共產與反革命》，《孤軍》第3卷第6期，1925年11月。
〔註42〕《郭沫若全集·文學編》第12卷，北京：人民文學出版社1992年版，第247頁。
〔註43〕郁達夫：《創造社出版部的第一週年——〈新消息〉代發刊詞》，《青春與感傷

社」在未有出版部之前，作爲生存依託是難以爲繼的，這是初期創造社離散的主要原因。

「孤軍派」當時是偏於曾琦的立場，不贊同郭沫若的主張。「孤軍」、「醒獅」之間長期的溝通與交往，郭沫若不可能毫不知曉。《孤軍》的終刊之於郭沫若是否有著「左聯」解散之於魯迅一般複雜的個人情緒，尚待考證。但值得強調的是，郭沫若與「孤軍派」的論戰並非在《孤軍》雜誌上展開，而是在改名後的《獨立青年》上展開。《孤軍》雜誌直到所謂終刊之前，即倒數第二期仍發表有郭沫若的作品《到宜興去》。郭沫若發表《窮漢的窮談》揭開與林靈光的論戰，正是在 1925 年 11 月，而該月最後一期《孤軍》出版，此後《孤軍》改名爲《獨立青年》。

三、「共產」與「共管」

鑒於上述梳理，有必要追問，儘管存在各種主客觀因素，但郭沫若將「孤軍派」視爲「國家主義派」，將自我清算的重點落在「孤軍派」上是否只是出於個人的見解？是否有根據？

對於「國家主義派」，即中國青年黨，近年來學界已有不少研究，其與中共本同根出自「少年中國學會」的史實已爲學界所確認，〔註 44〕對其「全民革命」「政黨休戰」「毀黨救國」「憲政」等主張及與國民黨合作「反共」等亦多有研究，〔註 45〕在此不再重複。本文側重考察青年黨在 1923～1926 年期間與「孤軍」同人產生交叉的文本，進而探討其共同點和區別之所在。

何謂「國家主義」？李璜在《釋國家主義》一文中羅列不少西方辭典字典中的定義：「國家主義乃是對於其所屬的國家而特有的一定的志願；國家主義乃是被壓迫的國民國性的政治上的要求；國家主義乃是疾視一切所有不以國家的舊信仰爲根本的學說；國家主義乃是反乎國際主義而言；」〔註 46〕又在《國家主義正名》中否認國家主義是民族主義、帝國主義、軍國主義，「希

　　　　——創造社與主情文學文獻史料輯》，人民出版社 2013 年版，第 263 頁。

〔註 44〕具體可參見李義彬：《少年中國學會內部的鬥爭》（《近代史研究》1980 年第 2 期），吳小龍：《少年中國學會研究》（上海三聯書店出版社 2006 年版）等。

〔註 45〕可參見王奇生：《「革命」與「反革命」——一九二〇年代中國三大政黨的黨際互動》（《歷史研究》，2004 年第 5 期），曾輝：《中國青年黨研究（1923～1945）》（華東師範大學博士論文，2014），王雪超：《民國政治中的中國青年黨（1923～1949）》（南開大學博士論文，2013）等文。

〔註 46〕曾琦等：《國家主義論文集》，中華書局 1925 年版，第 5～6 頁。

望言論界一致的用這個名稱」來稱呼他們的主張，〔註47〕但「國家主義」的核心要義究竟有哪些？其實還是不知所云。《國家主義論文集》序言說道：「吾人感於國內割據之形勢已成，外來之侵略方興未艾，而異說紛起，國民思想久已失其重心，非以國家主義齊一國人之心志，將無以挽此危局。」〔註48〕顯然，曾琦等人試圖用「國家主義」來齊整國人思想，其現實目的性決定了其除了特定的針對者，並不具備明確而排他的核心要義和相對固定的政治綱領。前文說到，為了拉攏「孤軍派」，曾琦甚至連呼喊多年影響至廣的「內除國賊，外抗強權」的口號都肯放棄。

　　當然，作為一種政治「主義」，簡單說清實乃強求，而細考「國家主義」內涵亦非本文題旨。不過，與大多數中國現代史上的「主義」相同，其敵人尤其是直接對立面的敵人，往往能夠概言其本質。毛澤東1925年在《中國社會各階級的分析》一文開篇不久就直斥「地主階級和買辦階級」是「極端的反革命派。其政治代表是國家主義派和國民黨右派。」〔註49〕1926年在《國民黨右派分離的原因及其對於革命前途的影響》中又說道：「前代英、法、德、美、日本各國資產階級的革命，乃資產階級一階級的革命。其對象是國內的封建貴族；其目的是建設國家主義的國家即資產階級一階級統治的國家；其所謂自由、平等、博愛乃當時資產階級用以籠絡欺騙小資產、半無產、無產階級使為己用的一種策略；其結果是達到了他們的目的建設了國家主義的國家；其終極是發展了全世界的殖民地半殖民地，造成了國際資本帝國主義。」〔註50〕而小資產、半無產、無產階級聯合的「國民革命」「其終極是要消滅全世界的帝國主義，建設一個真正平等自由的世界聯盟（即孫先生所主張的人類平等、世界大同）。」〔註51〕毛澤東的這番認定用國家主義者自己的話說是，他們欲用「國家主義」來「排去國際主義世界主義種種浮說，一以國家主義之精神貫徹今後之教育宗旨」，〔註52〕在曾琦所列之「國賊」中就有「假借外

〔註47〕曾琦等：《國家主義論文集》，中華書局1925年版，第25～28頁。

〔註48〕曾琦等：《國家主義論文集‧序》，中華書局1925年版，第1頁。

〔註49〕毛澤東：《中國社會各階級的分析》，《毛澤東著作選編》，中共中央黨校出版社2002年版，第1頁。

〔註50〕毛澤東：《國民黨右派分離的原因及其對於革命前途的影響》，《建黨以來重要文獻選編（1921～1949）》，中國文獻出版社2011年版，第663～664頁。

〔註51〕毛澤東：《國民黨右派分離的原因及其對於革命前途的影響》，《建黨以來重要文獻選編（1921～1949）》，中國文獻出版社2011年版，第664頁。

〔註52〕曾琦等：《國家主義論文集‧序》，中華書局1925年版，第1頁。

力，爭奪政權之政黨」。〔註53〕因此，所謂「國家主義」，其自我設定的對立面是「世界主義」，主要是第三國際主導的世界無產階級革命，故真正的落腳點在「反共產主義」，這自然包括反對聯俄容共的國民黨。對此，無論是共產黨還是國民黨都對「國家主義」保持高壓的態勢。早在 1926 年國民革命軍總司令部政治部就編纂《對國家主義派的反攻》論文集對國家主義派進行系統的批駁。1929 年南京國民政府的訓練總監部政治訓練處也印發《民族主義與國家主義》的小冊子將其「三民主義」中的「民族主義」與「國家主義」劃清界線，繼續批判國家主義。沈雲龍也提到《國家主義論文集》在「民國十九年二月，以『宣傳國家主義』橫遭通令查禁」。〔註54〕足見，當時國共兩黨均對所謂「國家主義」保持警惕和高壓批判態勢，雖然曾琦等國家主義者後來加入國民黨，被作為反共力量而利用，但蔣政府對其「國家主義」仍保持警惕，未予以真正的信任。〔註55〕

與國家主義派不同，「孤軍派」並不反對「共產主義」，他們大多學經濟出身，將馬克思的經濟學說奉為經典，某種程度上，他們甚至以「社會主義、共產主義」為理想，但他們卻反對「無產階級專政」，也不主張拿俄國的盧布與西方帝國主義對抗。這種不同在與「國家主義派」走得最近的林植夫（靈光）表現的尤為明顯。

林靈光是「孤軍派」中比較活躍的一分子，其思想亦最為龐雜。在 1924 年《醒獅》周報創刊後不久即在上面發表文章，在「孤軍派」與「醒獅派」交往密切的 1924～1925 年，林靈光先後在《醒獅》發表文章達 14 篇，而同時期《孤軍》其它同人大多沒在上面發文章（如何公敢），有的亦很少，范壽康只有 2 篇，薩孟武則只有 1 篇。更重要的是，在 1925 年初版的《國家主義論文集》中，林靈光有兩篇文章被收錄。「孤軍」同人只此一人，而且該文集「銷行甚廣，風靡一時」，〔註56〕是鼓吹「國家主義」的力作，影響極大（該著於 1983 年作為「近代中國史料叢刊」之九十一輯在臺北重版）。在「孤軍

〔註53〕曾琦：《「內除國賊外抗強權」釋義》，《國家主義論文集》中華書局 1925 年版，第 97 頁。
〔註54〕沈雲龍：《國家主義論文集·說明》，《近代中國史料叢刊》第九十一輯，臺北：文海出版社 1983 年版。
〔註55〕曾輝：《中國青年黨研究（1923～1945）》，華東師範大學博士論文，2014；王雪超：《民國政治中的中國青年黨（1923～1949）》，南開大學博士論文，2013。
〔註56〕沈雲龍：《國家主義論文集·說明》，《近代中國史料叢刊》第九十一輯，臺北：文海出版社 1983 年版。

派」與「醒獅派」的交往中，林亦發揮著重要作用，而郭沫若與「孤軍派」由共處而論戰公開的導火索也正是林靈光。

郭沫若對林靈光顯然十分瞭解，知道他「曾在哈爾濱辦報」，且是「由安那其轉入國家主義者也」。〔註57〕不過，同樣的事情，林靈光在其「自述」中卻這樣描述：「1920年夏畢業後，我入鐵嫩森林公司當技師。一年後，覺得政治不良，實業也辦不好，就辭職不幹了。不久被北平農專請去教書，感覺政治不良，教書也教不好，又辭職不幹了。於是跑到哈爾濱，想約幾個朋友集資開木棧，恰恰奉直戰爭發生，銀根吃緊，木棧辦不來，結果被朋友拉入國際協報館去當主筆。因為不肯敲竹槓，弄得非常之窮（但因為亂寫的結果，把白話文寫熟了），第二年就到上海去了。（在哈爾濱辦報這一年，我認識了一個無政府主義者。我把我讀過的克魯泡特金的一些書拿給他看，我的意思是告訴他我對於無政府主義並不是門外漢，但他卻誤會了，視我為同志，並把我介紹給北大的無政府主義者。因此當我第二年由哈爾濱回到北平時，他們有一次開會，竟邀請我去參加，並請我演講。我不客氣的說：無政府主義很為理想，但是總得有個辦法，只靠長槍炸彈暗殺幾個人，是弄不成事的。那些好好先生們也沒有人起來駁我。自此之後，我也不再同他們來往了。）」〔註58〕從這番「自述」中，能讀出幾分項羽的味道來，他否認了自己的無政府主義傾向，後文中亦否認了其國家主義傾向，似乎這只是英雄早年無心之中留下的偉績。不難看出，林的思維文筆都極好，屬於逯耀東先生所謂「一筆能畫出兩個太陽」〔註59〕的人。

前文已說到，林靈光的家世資歷都很好，雖然只比郭沫若大一歲，但總「感覺政治不良」的他已算資深政客了。郭沫若稱在1923年《創造周報》時期曾退過林的稿子，林便在《孤軍》上寫文章罵他，不過這似乎並未影響到郭沫若與《孤軍》雜誌的關係，郭仍有文章在上面發表。兩人真正的交鋒，是在1925年，而且是郭沫若首先發難，因此郭沫若稱他是「闖出筆禍」〔註60〕。由此可見，郭沫若與林的不合早已肇始，而隨著「孤軍派」日益與「醒獅派」接近，對「共產主義革命」批判愈來愈凶，郭沫若難以容忍，故而首

〔註57〕　《郭沫若全集·文學編》第12卷，北京：人民文學出版社1992年版，第270頁。
〔註58〕　林植夫：《林植夫自述》，《福建文史資料》（第19輯），中國人民政治協商會議福建省委員會文史資料研究委員會編1988出版（內部資料），第11頁。
〔註59〕　逯耀東：《郭沫若在日本千葉縣》，《胡適與當代史學家》，臺北：東大圖書公司1998年版，第160頁。
〔註60〕　《郭沫若全集·文學編》第12卷，北京：人民文學出版社1992年版，第269頁。

先向林靈光開戰。

林靈光等人認為：「共產主義的確是很好的主義，尤其是無政府的共產主義，在一切社會主義中最為理想……但是我一將中国共產黨的主張辦法拿來與中國目前的情形參考比較起來，卻不敢贊成，尤其共產黨的內容愈益明白愈不敢附和，不獨不敢附和，還覺得有反對的必要了！」〔註 61〕顯然，這與《林植夫自述》中的表達並不一致，林與郭沫若一樣，均曾在 1920 年代前後「傾向」過無政府主義，而且為 1920 年代中期盛行的「共產主義」不自覺塗抹上了「無政府主義」的色彩，並將之與中国共產黨的現實主張相比照，那麼自然就得出了「反對中国共產黨的四個理由」：一、「主張無產階級的專政」；二、主張共產；三、外交上打到帝國主義並赤化可能導致新的「八國聯軍」；四、「在革命進行上，共產黨是拿俄國的錢聽俄國人的指揮命令而行的。這一點完全失卻了獨立精神，其害之大不只於吳三桂之引進清兵」。〔註 62〕這種攻擊和指責，今天讀來亦能感受到其對中共，對當時的廣州革命政府造成的壓力，尤其是在文化界普遍的無政府主義熱潮剛剛消退之時，這種贊成共產主義卻反對專政的「參考比較」無疑在說中共欺世盜名，對「聯俄容共」之國民革命的消解力是巨大的。所以多年之後，郭沫若還說「孤軍派」比「醒獅派」要高明。

「孤軍派」與「醒獅派」在反共上的一致，就集中在這裡，但他們二者對未來的主張、眼界卻並不相同，曾琦等以不甚清楚的「國家主義」為自己張目，而何、林等人則不肯糊裏糊塗將其作為信仰。但「孤軍派」的政治主張究竟是什麼？恐怕他們自己也說不清楚，這種范然的結果，往往是悲劇。林靈光就是很好的說明，他是同盟會員、卻與反國民黨的國家主義者親近；他是葉挺的秘書、中共特別黨員、出色的敵工部部長，但卻也曾答應劉健群加入復興社（俗稱「藍衣社」）；他見過孫中山、宋教仁，與蔣介石也能直接聯繫，陳果夫、陳立夫亦曾一度將其視為自己人，在被俘的新四軍高級將領中，除了葉挺，唯一活著的就是他；他在蔣介石、陳銘樞之間做雙面間諜，在對「中共」的態度上也很難窺見真意，作為新四軍出色的敵工部長，解放後他去見上級饒漱石，時任華東局書記的饒漱石卻不肯和他見面〔註 63〕……「孤軍派」的豐富性、複雜性和特殊性顯然不能用「國家主義」來概括，即

〔註 61〕靈光、一辛：《共產黨與革命》，《孤軍》第 3 卷第 5 期，1925 年 10 月。

〔註 62〕靈光、一辛：《共產黨與革命》，《孤軍》第 3 卷第 5 期，1925 年 10 月。

〔註 63〕陳子谷：《懷念林植夫同志》，《革命人物》，1985 年第 1 期。

便是用在與國家主義者十分接近的林靈光身上也不合適。然而，對郭沫若等
人來說，現實的危害卻正是他們專業性和複雜性，至於「孤軍派」究竟主張
是什麼，對於中共來說似乎也並不重要，理論主張可以在紙面上爭論，然而
對行動的消解卻是無法接受的。

　　「轉向」之前，郭沫若的豐富性和複雜性，不應從郭沫若「轉向」後的
回憶中去尋求，而應回到其曾經活躍的以「孤軍派」為代表的知識分子同人
圈，唯此方能理解郭沫若「轉向」過程中的取捨和抉擇，其「轉向馬克思主
義」不是憑空從「浪漫主義」「泛神論」跳入，而有著複雜深刻的生命體驗，
其選擇「馬克思主義」更是「大革命」前後知識分子傾向與抉擇的縮影。

第二節　「轉向」與無政府主義

　　「轉向」不是從概念到概念而是複雜深刻的生命體驗，其中甘苦郭沫若
曾多番回味。如果說，與「醒獅派」的對立是毫不猶豫，與「孤軍派」的決
裂是毅然決然，那麼與「無政府主義」的論爭，則體現了郭沫若的容忍和保
留。作為共產主義在世界範圍內的敵人，「無政府主義」在中國卻有著十分頑
強的生命力，李大釗、毛澤東、瞿秋白、周恩來、彭湃、惲代英等均曾受其
影響，尤其在文學領域，在文化的深處，中國化的無政府主義情緒潛滋暗長。

一、從與巴金的論戰說起

　　圍繞「國家」、「馬克思主義」、「孔子」等問題，郭沫若與巴金在 1926 年
曾有過一次論爭，由於郭沫若的迴避態度，這場論爭實際並未展開。在郭沫
若的諸多「筆戰」中，這次小小的論爭並不十分引人注意，巴金後來也一直
避談此事。通過對相關歷史細節的還原和回顧，發現此次論爭幾乎與郭沫若
對「國家主義派」猛烈的批判同時發生。然而，郭沫若的態度卻有著霄壤之
別。從某種意義上說，對郭沫若「轉向」構成羈絆的不只有所謂「國家主義」，
還有「無政府主義」，巴金對郭沫若的挑戰就是最好的例證。

　　郭沫若與巴金此次論爭的緣起是 1926 年 1 月 19 日巴金在《時事新報·
學燈》發表《馬克思主義的賣淫婦——評洪水八期郭沫若之〈新國家的創造〉》
（署名李芾甘）（以下簡稱《馬克思主義的賣淫婦》）。該文充滿「火氣」，開
篇就直接將考茨基批評列寧「馬克思主義的賣淫婦」的「綽號」轉贈給郭沫

若，並指責郭沫若對《共產黨宣言》的翻譯有錯誤，且是「有意如此做來淆惑觀者的」。然後斷言，「郭沫若君簡直不懂馬克思主義」，嘲笑郭沫若看不懂《共產黨宣言》，說「郭君，恐怕你只會『認識字』吧」，〔註64〕並稱郭為「新國家主義者」，「雖自承認馬克思主義者，然而他對於馬克思主義完全不瞭解」，最後說「馬克思本來是一個矛盾的東西，郭君，想替他祖師掩飾，然而誠實的昂格思卻『搬起石頭來打』『他的腦殼』。郭君，可以休矣！我勸郭君以後多做詩，少談主義，以後可免再鬧笑話！」〔註65〕面對巴金的挑戰，一向勤於筆戰的郭沫若卻並未正面回應，只在《賣淫婦的饒舌》一文中順帶說了一句「出乎意外的是一位無政府主義的青年在《學燈》上做了一篇文章，借考茨克罵列寧的話來罵我是『馬克斯主義的賣淫婦』，而他說馬克斯是否認國家的。這樣一來，簡直把他們所極端反對的馬克斯當成他們所極端崇拜的克魯伯特金去了」。〔註66〕此後，儘管巴金又連發兩篇火力十足的文章追問，但郭沫若仍然沒有正面回應。更令人意外的是《洪水》編者周全平面對巴金的責問，做息事寧人的態度，解釋說「關於你和沫若爭辯的話，一則我是門外漢，就有話也不大敢說；二則我覺得像我現在這樣的人，有許多自己的事情還忙不過來，也犯不著去加入這種對自己沒有什麼大興趣的論爭。不論馬克斯也好，克魯泡特金也好，孔夫子也好，在我看來都一樣值得我去佩服他們。至少他們能倡出一種學說，造成一種思想來讓我們爭論，崇拜；而我們只是把他們的現成貨沿街叫賣而已」。〔註67〕同時，《洪水》繼續刊發巴金的文章《法國安那其黨人的故事》。

因為郭沫若的迴避態度，這次論爭實際並未展開，所涉及的理論問題也沒有深入推進，倒是由此留下的人事糾葛引起了不少討論與關注。巴金為何帶著怒火向郭沫若「宣戰」？文壇上一向驍勇的郭沫若又為何變得格外克制？這兩位同鄉文豪是否因此而結下仇怨，開始了半個多世紀的爭鬥與「暗算」？

追問所及，疑竇叢生。如，有研究者認為論爭的緣起是郭沫若發表《馬克思進文廟》，在遭到陶其情批評後，郭對陶人身攻擊，巴金為陶其情打抱不

〔註64〕李芾甘：《馬克思主義的賣淫婦——評洪水八期郭沫若之〈新國家的創造〉》，《時事新報·學燈》，1926 年 1 月 19 日。

〔註65〕李芾甘：《馬克思主義的賣淫婦——評洪水八期郭沫若之〈新國家的創造〉》，《時事新報·學燈》，1926 年 1 月 19 日。

〔註66〕郭沫若：《賣淫婦的饒舌》，《洪水》第 2 卷第 14 期，1926 年 4 月 1 日。

〔註67〕周全平：《致芾甘》，《洪水》第 2 卷第 15 期，1926 年 4 月 16 日。

平，於是才寫了《馬克思主義的賣淫婦》一文。〔註68〕此說顯然不確。首先，巴金批評指向的是 1926 年 1 月 1 日《洪水》第 8 期發表的郭沫若《新國家的創造》一文，這一點在副標題中已特意標明。其次，在《馬克思主義的賣淫婦》一文中，巴金所極力批判的是郭沫若認為馬克思不否認國家，對郭鼓吹列寧式的「新國家」的「偽馬克思主義」十分不滿，全文並未涉及孔子，更談不上聲援陶其情。另外，同年 1 月 16 日（也即巴金發表《馬克思主義的賣淫婦》三天前），郭沫若剛剛發起《討論〈馬克思進文廟〉》，對自己的學生陶其情，郭沫若當時也很客氣。要說對陶的「人身攻擊」，則是 4 月 1 日《洪水》第十四期的事情了。陶其情在《馬克斯到底不能進文廟》中引用巴金的《馬克思主義的賣淫婦》是為了攻擊《馬克思進文廟》——「如果李君的意見屬實。就是偽孔子和偽馬克斯，在一塊兒碰頭，他們倆的學說和思想，自然更易調和了。」〔註69〕誠如陶其情所言，他和巴金「素不相識」，〔註70〕只因共同的「敵人」郭沫若才有在論爭中結盟的趨向，巴金也的確在《答郭沫若的〈賣淫婦的饒舌〉——並介紹沫若的妙文》和《洗一洗不白之冤——致洪水編者》兩文中為陶其情打抱不平，不過那是論爭已開始三個月以後的事情了。

類似這種本末倒置，不詳察相關文獻，僅根據外在的人事表象就妄下結論的現象在有關郭、巴之爭的「描述」中並不少見。導致這種情況的原因是學界對這次論爭缺少連貫的研究梳理，多是順帶論及，各有側重，難以概觀事情的全貌，甚至不乏深刻之片面。如，儘管早有學者坦言「這場論爭並非單純的意氣之爭，它表明馬克思主義、國家主義和無政府主義在『國家』概念上所存在的嚴重分歧。平心而論，巴金的見解未免失之幼稚、偏頗、過激，映現出無政府主義在當時對他思想的影響何其深。」但「愛國主義是他們共同的思想基礎……所以，他們的心靈史不難溝通的。」〔註71〕但也有學者猜測導致郭沫若和《洪水》態度的原因有二：一，郭沫若「難以強有力地辨明

〔註68〕〔日〕桑野淑子：《關於巴金無政府主義思想的五次批判》，上海大學學報（社科版），1994 年第 4 期。

〔註69〕陶其情：《馬克思到底不能進文廟》，《洪水》第 2 卷第 14 期，1926 年 4 月 1 日。

〔註70〕陶其情：《矛盾集》，拂曉書室，1933 年 1 月出版，第 40 頁。

〔註71〕吳定宇：《論郭沫若與巴金》，《郭沫若學刊》，1994 年第 2 期。與此文觀點類似的還有陳思和，朱文軼在《「五四文人」巴金》一文中這樣說，「陳思和說，巴金的那篇文章裏火氣很甚，嘲笑，挖苦，『不太客氣』的話語很多。」（詳見：http://www.lifeweek.com.cn/2005/1025/13614.shtml 三聯生活 2005 年 10 月 25 日）朱文並未提供出處，筆者亦未查到陳思和原文，僅供方家參考查證。

自己理解與接受的馬克思主義思想是否就是真正的馬克思主義」；二、「為了商業上的目的，周全平等人在某種程度上『操作』了郭沫若與他人的某些論爭。」〔註72〕還有學者認為，「馬克思進文廟」是「謬論」，郭沫若「在 1958 年編文集時收入了他的辯論文章《賣淫婦的饒舌》，還特意加了注，說明當年與他論戰的李芾甘就是巴金，這在當時顯然是有構對方於罪的意圖」。〔註73〕有人甚至將此事與 1947 年《文匯報‧新文藝》第三期耿庸、日木批評巴金的文章聯繫在一起，猜測郭沫若《想起了斫櫻桃樹的故事》「請罪」「認錯」的態度是「一種『和稀泥』的態度，只責怪這幾個揮動斧頭的『華盛頓』選錯了對象，其實是在保護他們。」〔註74〕不難看出，種種猜測背後的邏輯是郭沫若與巴金「敵」大於「友」，且郭沫若有算計陷害巴金之嫌，究其根源則暗指 1926 年二人關於「國家學說」的論爭。

二、當傾向遭遇信仰

事實表明，巴金並非為替人打抱不平而著文批評郭沫若，二人此前亦無糾葛。那麼值得追問的是，巴金為何會突然對郭沫若有如此大的情緒？《馬克思主義的賣淫婦》批判的焦點是郭沫若發表在《洪水》第八期的《新國家的創造》一文，巴金為何會批判這篇文章呢？作為被批評的對象——郭沫若對此也表示「出乎意外」。當時，郭沫若關注、思考的重心是馬克思主義與國家主義的問題，關注的焦點也在與林靈光和陶其情的論爭上，巴金的突然加入和論爭的態度都的確令郭感到十分意外。如果考慮到郭沫若有一個時期是「傾向」〔註75〕無政府主義的，就更能體味，郭沫若這一「意外」包含著怎樣複雜的深意。

在《賣淫婦的饒舌》開篇，郭沫若先這樣說道：「國家主義者每愛說馬克斯主義是否認國家的。他們連把馬克斯主義和無政府主義都沒有分析得清楚，所以我才做了《新國家的創造》（本志第八期）來指謫這種紕繆，敘述馬克斯主義並非否認國家。」由此可見，郭沫若對巴金的憤怒和著文批判的詳因雖然並不明確，但對思想文化方面的「遠因」還是有所體察的。郭沫若在

〔註72〕成立強：《郭沫若與〈洪水〉》，《新文學史料》，2008 年第 1 期

〔註73〕陳思和：《巴金的意義》，《上海社會科學院學術季刊》，2000 年 11 月出版。

〔註74〕譚興國：《走進巴金的世界》，四川文藝出版社，2003 年 10 月出版，第 272 頁。

〔註75〕郭沫若：《沫若文集‧第十卷前記》，1959 年 6 月出版，第 1 頁。

翻譯《社會組織與社會革命》之後開始所謂的「轉換期」，對列寧及列寧倡導的「以國家的權力來實行國家資本主義」大為讚賞。〔註76〕而此時，巴金對布爾什維克「一黨專制」、契卡屠殺「革命黨人」及列寧本人不斷著文批判。〔註77〕在這些文章中，巴金充滿對布爾什維克政權的憤怒、敵視和仇恨，以及對「愛自由重於生命的俄國革命青年」的同情、讚美和歌頌。

　　對於郭沫若這位同鄉文豪，巴金之前是有所關注的，晚年他還回憶讀《女神》時的感受，說「五十幾年前我讀他的《鳳凰涅槃》、讀他的《天狗》，他那顆火熱的心多麼吸引著當時的我，好像他給了我兩支翅膀，讓我的心飛上天空。《女神》中的詩篇對我的成長是起過作用的。」〔註78〕關於《女神》，不僅聞一多說「郭沫若底《晨安》更是這種 cosmopolitanism 底證據了。《匪徒頌》也有同樣的原質，但不是那樣明顯。」〔註79〕所謂「cosmopolitanism」就是郭沫若所言之「世界主義」（也有翻譯為「世界大同主義」）〔註80〕郭沫若自己也說「在《棠棣之花》裏面我表示過一些歌頌流血的意思，那也不外是誅鋤惡人的思想，很濃重地帶著一種無政府主義的色彩。」〔註81〕「cosmopolitanism」在中西各國不同時代語境下含義不盡相同，在 1920 年代的中國，「cosmopolitanism」主要是指以劉師培為代表的中國無政府主義「東京派」（也有稱「社會主義講習會」派）〔註82〕的理論主張。巴金傾心於轉向之前郭沫若

〔註76〕郭沫若：《共產與共管》，《洪水》，1925 年 11 月 16 日第五期。另見《社會組織與社會革命・沫若附白》，郭沫若亦曾這樣讚揚列寧：「譯此文竟，倍感列寧之精明和博大，追悼之情又來搖震心旌，不禁淚之潸潸下也。」

〔註77〕巴金 1925 至 1926 年前後寫了不少批判蘇聯及列寧的文章，如《「欠夾」──布爾什維克的利刃》（《民鐘》第 1 卷第 10 期，1925 年 1 月）《列寧──革命的叛徒》（《國風日報・學彙》，1925 年 2 月 20 日）《列寧論》（《時事新報・學燈》，1925 年 12 月 29～30 日）等。

〔註78〕巴金：《永遠向他學習──悼念郭沫若同志》，《巴金全集》第 15 卷，人民文學出版社 1990 年出版，第 548 頁。

〔註79〕聞一多：《〈女神〉之時代精神》，《創造周報》第四號，1923 年 6 月 3 日。

〔註80〕關於「cosmopolitanism」與我國以「大同」為中心的傳統文化之間的關係，可參加馬克鋒《大同理想與世界主義》（社會科學，2013 年第 3 期）一文。不過，近年來也有將「cosmopolitanism」與現代都市經驗聯繫在一起，嘗試在全球一體化的背景下賦予其新的理論內涵，詳情可參加路易斯・卡利爾、岳友熙、李在超的《世界大同主義：從都市經驗到政治》（國際社會科學雜誌，中文版，2012 年第 2 期）。

〔註81〕《郭沫若全集・文學編》第 12 卷，人民文學出版社 1992 年 10 月版，第 147 頁。

〔註82〕〔美〕阿里夫・德里克：《中國革命中的無政府主義》，廣西師範大學出版社

文學創作中的無政府主義色彩，甚至一度把郭沫若作爲自己陣營中的偶像來崇拜都是很有可能的。1978 年巴金的文章雖有濃厚的時代印記，但《女神》是唯一多次提到的作品，不難想見巴金說「《女神》中的詩篇對我的成長是起過作用的」具體所指。

　　另外，從郭、巴二人對日本著名無政府主義者大杉榮被殺的反應來看，二人在郭「轉換」之前曾有過趨近甚或相同的追求。大杉榮是日本乃至東亞知名的無政府主義者，1923 年 9 月 16 日，日本憲兵將大杉榮夫婦秘密絞死，並「把他們的屍體拋入井中，用泥土蓋著，直到九月二十日，這件事才暴露於世界。」〔註83〕郭沫若很快在「重九日」（即 10 月 18 日）著文悼念，寫出了《國家的與超國家的》一文，發表在 1923 年 10 月 20 日《創造周報》第 24 號上。在這篇文章中，郭沫若直呼「在國家的歷史漸漸演進以後，國家竟成爲人類的監獄，人類的觀念竟瘦死在這種制度之下了。」「在東西各國，傳統精神與世界主義，是冰炭之不相容；而在我們中國，我們的傳統精神便是世界主義……我們從事於文藝的人，應該極力喚醒固有的精神，以與國外的世界主義者相呼應……極力闡發我們固有的精神，使我們中國得早一日成爲世界主義的新國。重九日對大杉榮氏之遺像草此」。可見，此時郭沫若更傾心於「世界主義的」「超國家的」傳統精神，而對「國家」制度頗有微詞，這種觀點與劉師培的無政府主義主張十分切近。巴金在 1924 年先後發表《悼桔宗一》《偉大的殉者──呈同志大杉榮君之靈》《東京安那其主義者一九二三年十月二十五日的報告》《芾甘啓事》等文控訴日本軍閥、歌頌大杉榮氏，並爲大杉榮編寫年譜。從這些細節來看，郭、巴二人於 1920 年代早期在無政府主義思想上是有過神交之誼的。即使在論戰中，巴金甚至猜測他「攻擊馬克思派的國家自行消滅說的」《再論無產階級專政》一文「想來沫若也許看見過吧。」〔註84〕這種猜測的心理基礎，是巴金把郭沫若當成曾經的自己陣營中的人。因而，郭沫若的轉向對巴金而言不啻是一種「背叛」，一個偶像的毀滅，郭沫若對充滿「郭沫若主義」色彩的共產主義的鼓吹和對列寧「國家資本主義」的提倡更讓因爲「俄國革命青年」被屠殺而處於悲憤中的巴金難抑心中的怒火。

　　2006 年版，第 117 頁；亦可參見吳雁南等主編：《中國近代社會思潮 1840～1949》第 2 卷，湖南教育出版社 1998 年 8 月出版，第 303～364 頁。

〔註83〕芾甘：《大杉榮年譜》，《民鐘》第 9 期，1924 年 8 月。

〔註84〕芾甘：《洗一洗不白之冤》，《洪水》第 2 卷第 15 期，1926 年 4 月 16 日。

　　這種怒火在有著狂熱信仰的年輕巴金身上燃燒，可以想像《馬克思主義的賣淫婦》是在怎樣的「火氣」中完成的。眾所周知，表達的欲望過於強烈往往會導致說一些過頭話，更會導致表達在邏輯上層次感不強。年青的巴金正是如此，行文伊始，爲批評郭沫若不懂馬克思主義，巴金呈現出爲「馬克思」正名的趨向，似乎在斥責「郭沫若主義的」僞馬克思主義而捍衛眞正的馬克思主義，直到文章最後才突然又說「馬克思本來是一個矛盾的東西」。郭沫若所謂「簡直把他們所極端反對的馬克斯當成他們所極端崇拜的克魯伯特金去了」，正是指出了巴金文章中顯露出的這種年青人急切表達的弊病，反唇相譏說這「有點過於滑稽」「態度也太不客氣」，表示不屑答覆。

　　郭沫若的這種態度更激怒了巴金。他在郭沫若《賣淫婦的饒舌》發表後第四天，就在《時事新報・學燈》上發表了《答郭沫若的〈賣淫婦的饒舌〉——並介紹沫若的妙文》，反應尤爲迅猛。文章重申，郭沫若不懂馬克思主義，理由再加一條：「說孔子的主張是和馬克思相合的。這確實是不懂馬克思主義的人說的話。」根據物質決定意識這一「有名的唯物史觀的公式」來看，「一個馬克思主義者武斷說在春秋時代的那樣物質的條件之下便發生了馬克思那樣的主義，這豈不是把他的祖師爺的『金言』忘在九霄雲外，把他的祖師爺的經典拋在糞坑裏去了嗎？」〔註85〕這次巴金吸取教訓，筆鋒很快轉到對馬克思的批判上來，說馬克思是「野心家」「抄襲家」，是「本性原來攪亂的，陰謀的，狹量的，專制的人物」，「這樣偉大的人物做沫若的『祖師』也『當之無愧』，在沫若『也是事之不慚的』。」最後巴金還爲陶其情打抱不平，對「洪水諸君（編者，校者，沫若）」「對於反對者施以極卑劣的侮辱」，人格被槍斃了。〔註86〕

　　同時，巴金還給《洪水》寫了一封信，以《洗一洗不白之冤》爲題發表在 1926 年 4 月 16 日《洪水》第 15 期上。之前，郭沫若雖然沒有直接回應巴金，但那一句「簡直把他們所極端反對的馬克斯當成他們所極端崇拜的克魯伯特金去了」刺痛了巴金。爲了洗一洗這「不白之冤」，巴金信中要求《洪水》「設法刊出」這封信，「因爲看洪水的人不一定就看學燈。假若他們只聽了沫若『一面之詞』以爲我果然『把馬克思當成了克魯泡特』那裡我便遭了

〔註85〕李芾甘：《答郭沫若的〈賣淫婦的饒舌〉——並介紹沫若的妙文》，《時事新報・學燈》，1926 年 4 月 5 日。

〔註86〕李芾甘：《答郭沫若的〈賣淫婦的饒舌〉——並介紹沫若的妙文》，《時事新報・學燈》，1926 年 4 月 5 日。

『不白之冤』了。」顯然，巴金意識到郭沫若那句話中的言外之意，對自己表達上的「失策」，巴金解釋說原文中有「請參看拙著《再論無產階級專政》」，《再論無產階級專政》「便是攻擊馬克思派的國家自行消滅說的，想來沫若也許看見過吧。」〔註87〕這種解釋對洗一洗不白之冤，申明自己「是一個無政府主義者」是有效的，但卻無法消解《馬克思主義的賣淫婦》一文給一般讀者造成的閱讀層次上的缺失感。從巴金的反應來看，他對於這一點是心知肚明的。年輕氣盛的巴金一定要把這一「敗招」找回來，他同樣指責郭沫若的邏輯錯誤：「個人主義者反對國家，工團主義者反對國家，無政府主義者也反對國家，難道無政府主義者便是個人主義者麼？沫若的『邏輯』未免『有點過於滑稽』吧！」〔註88〕「否認國家的，不一定就是無政府主義；說馬克思主義是否認國家的，不一定就把馬克思主義當成了無政府主義。」〔註89〕年青的巴金的確還很年輕，為了反駁郭沫若的「邏輯」錯誤，將國家主義誣衊共產主義和無政府主義否認國家的「世界主義」會導致帝國主義「共管」的事件陳述也拉來硬講邏輯，這種意氣用事背後的確有很大的火氣。

三、迴避與清算：郭沫若的無政府主義情結

在巴金看來，他對郭沫若的批判實質是一種追問，一種對「背叛者」的聲討，在信仰的支撐下，在此後相當一段時間內巴金自我擁有著這樣一種道德的優勢。〔註90〕那麼，郭沫若又是如何看待巴金的批判呢？他是否因此而埋下對巴金的仇恨而一直伺機報復呢？他的不肯正面回應，又有著怎樣的深意？

1924 年 11 月 16 日，郭沫若回到上海，並很快開始了和「孤軍派」、「醒獅派」等所謂「國家主義者」合作、分裂並論戰的「盲腸炎」時期。這一時期之於郭沫若是非常重要而又特別的，期間《窮漢的窮談》《共產與共管》《馬克思進文廟》等文相繼發表。1925 年 11 月郭沫若與郁達夫同訪蔣光慈，次年 1 月瞿秋白、蔣光慈來訪郭沫若，暢談「孤軍派」、「醒獅派」。郭沫若早

〔註87〕芾甘：《洗一洗不白之冤》，《洪水》第 2 卷第 15 期，1926 年 4 月 16 日。
〔註88〕芾甘：《洗一洗不白之冤》，《洪水》第 2 卷第 15 期，1926 年 4 月 16 日。
〔註89〕李芾甘：《答郭沫若的〈賣淫婦的饒舌〉——並介紹沫若的妙文》，《時事新報·學燈》，1926 年 4 月 5 日。
〔註90〕1929 年巴金仍發表《郭沫若的「周刊」》《郭沫若的「墜落」》《浮士德里的妙句》等對郭沫若進行批判。

在 1924 年 8 月 9 日寫給成仿吾的信中就宣稱「我現在成了個徹底的馬克思主義的信徒了！」〔註91〕值得注意的是，郭沫若「轉換」的引路人是書籍，現實中即使是「同路人」也少得可憐。歸國初期，郭沫若在上海立足，除創造社同人外，還有兩個重要依託，四川同鄉和中華學藝社，其中活躍的主要是「孤軍派」、「醒獅派」成員。「孤軍派」早期的討論會，郭沫若參加過，但與他意見相近的只有林伯修（杜國庠），「其餘都是反對派」。〔註92〕可以說，歸國後郭沫若關注和思考的重心是一種方向感的把握，這一方向儘管他早已宣稱得了「理性的背光」「形成了一個轉換期」，〔註93〕但現實中存在太多的因素足以讓他放棄這一追求。同在 1924 年，郭沫若的同鄉、同學，少年中國學會的發起人之一曾琦（字慕韓）早郭兩個月從法國回到上海，二人先後進入大夏大學、學藝大學任教，又成為同事。郭沫若曾在《三葉集》致宗白華信中這樣寫道：「《尋死》一首，除曾慕韓兄外，沒有第三個人看過。慕韓兄他知道我。」〔註94〕足見，二人曾經有過不淺的交誼，但此時，曾琦已是號稱「中國第三大黨」——中國青年黨創始人和領導人，成了反共的急先鋒。〔註95〕曾、郭二人的關係開始急轉直下，在《創造十年續編》中郭沫若譏諷曾琦為「吾鄉聖人」，直言「曾琦本也是我的一位舊友，但他那種近於病態的矜持和把真正愛國的人當成『國賊』的所謂『國家主義』，我是不能贊同的。」〔註96〕郭沫若說這些話時，已是 1937 年，表達的是結果，郭沫若與「孤軍派」的複雜關係及其對「轉向」的羈絆前文已有陳述，不再贅言。

　　但值得強調的是，郭沫若早期的「自我清算」並不包括無政府主義，與他對「國家主義」鮮明的冷嘲熱諷相比，郭沫若對無政府主義始終保持一種

〔註91〕《郭沫若全集・文學編》第 16 卷，北京：人民文學出版社 1989 年版，第 8 頁。

〔註92〕《郭沫若全集・文學編》第 12 卷，北京：人民文學出版社 1992 年版，第 275 頁。

〔註93〕《郭沫若全集・文學編》第 16 卷，北京：人民文學出版社 1989 年版，第 10 頁。

〔註94〕《郭沫若全集・文學編》第 15 卷，北京：人民文學出版社 1990 年版，第 18 頁。

〔註95〕王奇生《「革命」與「反革命」——一九二〇年代中國三大政黨的黨際互動》（《歷史研究》，2004 年第 5 期）一文認為國民黨的「國民革命」、共產黨的「階級革命」與青年黨的「全民革命」在 1920 年代同時並起。政治改革道路的不同選擇不再被定義為「革命」與「改良」之爭，或激進與溫和之別，而是被建構為「革命」與「反革命」的聖魔兩立，水火不容。三黨對「革命」的競相詮釋，使得革命話語在日趨神聖化與正義化的同時，又蘊含著濃烈的任意性和專斷性成分。

〔註96〕《郭沫若全集・文學編》第 12 卷，北京：人民文學出版社 1992 年版，第 217 頁。

略顯親近的曖昧態度。我們注意到，在《創造十年》《創造十年續編》中，郭沫若對曾經的朋友、同鄉、同學和同事等一批國家主義者，譏誚加挖苦，呈現出敵對的姿態。但對無政府主義——馬克思主義另外一個批判對象，〔註97〕郭沫若不僅沒有攻擊，還敘述與朱謙之的友誼，對吳稚暉的描述也極力保持客觀和節制。甚至在 1959 年《沫若文集》第 10 卷前記中，郭沫若直言「年輕時，我有一個時期也曾傾向於無政府主義。」〔註98〕

　　無政府主義在近代中國有相當的特殊性，它不僅曾一度與馬克思主義攜手共進，更與中國傳統文化緊密纏繞在一起。「據統計，中國共產黨一大時期的黨員 50 多人中，有 22 人不同程度地受到無政府主義的影響，如李大釗、毛澤東、瞿秋白、周恩來、彭湃、揮代英等。在中國近代史上，近代中國無政府主義思潮幾乎成了不少先進分子從民主主義向社會主義思想過渡的不可或缺的一環。」〔註99〕中國無政府主義前期的著名鼓吹者章太炎、劉師培都將西方無政府主義與中國傳統文化尤其是老莊思想、佛教虛無主義相糅合，這賦予了無政府主義在近代中國強大的生命力，也造就了中國無政府主義的龐雜和紛亂。無政府主義在西方不同時期本就演變出諸多支流派別，傳到中國與中國文化結合，更衍生出諸多名目，如劉師培的「社會主義講習會」派（又成「東京派」或「天義派」）、吳稚暉等人的「新世紀」派、江亢虎的「三無主義」和中國無政府主義集大成者「師復主義」等等，西方語境下的「個人無政府主義」、「無政府集產主義」、「無政府共產主義」及中國「大同」「均田」的傳統思想斑雜其間。郭沫若與無政府主義的關係在學界長期未受重視，直到近些年來，才漸為學界關注，並不斷有新的研究成果出現，為問題的深入和拓展提供了不少啟示。〔註100〕有論者認為郭沫若經過了由「個人無政府主義」到「無政府共產主義」再到「馬克思主義」這樣一個對無政

〔註97〕可參見列寧《無政府主義和社會主義》、斯大林《無政府主義還是社會主義》、陳獨秀《中國式的無政府主義》等文。

〔註98〕《沫若文集・第十卷前記》，北京：人民文學出版社 1959 年版，第 1 頁。

〔註99〕李怡：《近代中國無政府主義思潮與中國傳統文化》，華中師範大學出版社，2001 年版，第 509 頁。

〔註100〕具體可參見白浩《〈匪徒頌〉——論早期郭沫若的個人無政府主義色彩》（2007年 7 月四川樂山「當代視野下的郭沫若研究」國際學術研討會）夏敏《郭沫若與無政府主義》（《郭沫若學刊》2011 年第 3 期），張全之《「國家的與超國家的」——無政府觀念對郭沫若、郁達夫早期創作的影響》（《東嶽論叢》2010年第 7 期），白浩專著《無政府主義精神與 20 世紀中國文學》（中國社會科學出版社 2008 年 5 月出版）等等。

府主義「接受——共振——批判——拋棄的過程。」〔註101〕這一論斷新意十足，但最大的問題是「個人無政府主義」和「無政府共產主義」的命名。郭沫若從未承認他信仰過無政府主義，而只是說他有過「無政府主義傾向」或作品中有「無政府主義色彩」，至於具體是何種無政府主義或者無政府主義的哪位「耆宿」，從未明言。顯然，將郭沫若的某些無政府主義傾向或色彩命名爲「個人無政府主義」或「無政府共產主義」略顯倉促。筆者認爲，郭沫若一貫的吸收、改造並創造的內在文化機制，使得郭沫若思想呈現出球形的發展態勢，充滿活力富有創造力，但與之相隨的是矛盾、多變和駁雜。作爲文學家的郭沫若與魯迅、郁達夫等一樣，傾心於無政府主義的美好想像而一度處於強烈情感的驅動之中，但將無政府主義作爲信仰而皈依在現實中面臨重重挑戰。從郭沫若身上，可以清晰的看到，作爲文學家的郭沫若對無政府主義有著近乎天然的親近，而作爲革命家的郭沫若改造現實的種種努力與無政府主義的凌空高蹈亦有著明顯的縫隙。

與年青的巴金相同或相似，無政府主義的狂熱也曾一度在郭沫若身上沸騰，但現實的挫折和生存的壓力始終與這種狂熱如影隨形。對此，郭沫若在《創造十年》中曾這樣回憶：

> 在《棠棣之花》裏面我表示過一些歌頌流血的意思，那也不外是誅鋤惡人的思想，很濃重地帶著一種無政府主義的色彩。要主張流血，那先決的條件便是武力問題。空洞地主張流血的人碰著這個實際上的問題，便沒有方法解決。他要爲自己解嘲，那空想者便不能不抱著「獨善其身」的態度，而率性高蹈。

> ……《孤竹君之二子》濃厚地帶著虛無主義的色彩，記得是鄧中夏批評過，他希望我少做那一類的文章，多做《棠棣之花》一類的東西。其實兩篇都是一種傾向，只多少有些消極和積極的不同罷了。〔註102〕

與巴金《滅亡》中杜大心主要面對自我內心深處「愛」與「恨」的矛盾衝突略有不同，《棠棣之花》中的古代刺客聶政暗殺行動的落實和完成似乎更取決於聶嫈的意志和願望，「二弟，我不久留你了，你快努力前去！莫辜負你磊落心懷，莫辜負姐滿腔覬望……去吧，二弟呀！我望你鮮紅的血液，迸發

〔註101〕白浩：《無政府主義精神與20世紀中國文學》，武漢大學博士論文，2005年。
〔註102〕《郭沫若全集·文學編》第12卷，北京：人民文學出版社1992年版，第147～148頁。

成自由之花，開遍中華！二弟呀，去吧！」〔註 103〕可見，郭沫若的「流血革命」渴望著外部力量的支持和安撫。然而，客觀現實如泰東書局的剝削、刊物方向的轉換，尤其是家庭生活的壓力始終是郭沫若理想「高蹈」必須解除的沉重束縛：

> 在我自己的思想上也正感受著一種進退維谷的苦悶。我自己是早就有些左傾幼稚病的人，在出《周報》時吼過些激越的腔調，說要「到民間去」，要「到兵間去」，然而吼了一陣還是在民厚南里的樓上。吼了出來，做不出去，這在自己的良心上感受著無限的苛責。〔註 104〕

因此，無政府主義之於郭沫若更多的是一種文學想像，一種在現實中一直未曾得到實踐的夙願。故而，在郭沫若的「自我清算」中，無政府主義不僅很難得到徹底的批判，而且時有重新燃起的可能。1925 年「五卅慘案」的發生讓郭沫若流血革命的熱情重新燃起，他將《棠棣之花》中的聶嫈獨立出來，在創作中實現了「想衝上前去把西捕頭的手槍奪來把他們打死」的意想。郭沫若對《聶嫈》的寫出「很得意」，「而尤其得意的是那第一幕裏面的盲叟。那盲目的流浪藝人所吐露出的情緒是我的心理之最深奧處的表白。」《聶嫈》中盲叟不僅再現了聶政行刺的過程，那一句「露水當得在清早的時候早乾，人當得在年青的時候早死。我悔我年青的時候沒有殺死得那兒的一位國王，再來割破自己的肚子呢」〔註 105〕可謂是當時郭沫若內心的真實寫照。

對於真正皈依無政府主義信仰的巴金，「良心上感受著無限的苛責」的郭沫若是很難做出對國家主義那樣的決裂，更不用說事後陷害了。值得一提的是，1957 年《沫若文集》第一卷出版後，郭沫若即寄贈巴金，有學者認為這是郭沫若以一種獨特的方式幫助巴金過關。〔註 106〕1959 年郭沫若舊事重提，的確可能給巴金造成不必要的麻煩，但凡事不能孤立的看，就在同一卷（《沫若文集》第十卷）的「前記」中郭沫若已先承認自己有段時間傾向於無政府主義，那麼，如果出現問題，郭沫若本人亦難逃追責，莫非郭亦有意構罪於

〔註 103〕《郭沫若全集‧文學編》第 1 卷，北京：人民文學出版社 1982 年版，第 30～31 頁。

〔註 104〕《郭沫若全集‧文學編》第 12 卷，北京：人民文學出版社 1992 年版，第 184 頁。

〔註 105〕《郭沫若全集‧文學編》第 12 卷，北京：人民文學出版社 1992 年版，第 234 頁。

〔註 106〕譚興國：《走進巴金的世界》，成都：四川文藝出版社 2003 年版，第 314～315 頁。

自己？當然，從注釋的措辭來看，郭沫若有著勝利的自豪感，那種得意的語氣在當下的語境中理解起來充滿歷史的變幻與反諷——1959 年前後，學術界對無政府主義政治批判性的研究方興未艾，然而同時「一些明顯帶有無政府主義特徵的社會運動出現了：『大躍進』『吃食堂』『人民公社』『跑步進入共產主義』等，……到 20 世紀 60 年代中期，『文化大革命』爆發，一切既定的權利秩序和社會規範受到衝擊，整個社會陷入『無政府』狀態。」〔註107〕顯然，郭沫若的注釋絕非有意的構罪，而有著深刻的時代動因和無意識的心靈投射，是馬克思主義知識分子與無政府主義思想關係的一個縮影。

郭沫若與巴金的這次論爭是 1924～1927 年大革命時期文人知識分子在中西思潮裏挾下思想劇烈變化而聚合分化的縮影，正是在理想與信仰的左右下，他們的論爭為曖昧不清的人事糾葛所籠罩，馬克思主義與無政府主義在他們身上留下了深深的時代印記，然而也正因為如此，他們之間的論爭或合作才成為打開中國近現代思想史的一把鑰匙。

郭沫若與無政府主義的複雜關係不僅體現在他與巴金的交往中，也體現在他與在中國無政府主義思想中擁有一席之地的哲學家——朱謙之的交往之中。朱謙之本與郭沫若素不相識，在泰東書局編輯所裏偶遇，事情將辦完之際，朱謙之聽說坐在一邊「沉默著」的就是郭沫若，「從椅子上一跳而起，跳到我的面前，一雙手把我的手抓著。『沫若，啊，你是沫若！』他那一雙有些可怕的眼睛就像要迸出火來的一樣。」聽說郭沫若住在泰東，就要把行李搬來同住。〔註108〕由此，朱、郭二人有了一段非常親密的友誼，郭沫若在《到宜興去》中描述同遊時朱謙之患瘧疾後的瘋狂：「你們在青天白日之下脫得光絲絲的呀！……人家都在罵你們了！……你們有傷風化，有傷風化！……啊啊，我是要保護朋友的，我不怕，我不怕，我要用手槍對待！」〔註109〕在郭沫若相關的記憶中，朱謙之始終是一個可愛且有趣的朋友形象。朱謙之也在自傳《回憶》中多次言及郭沫若，甚至其愛人的情書中也說「你看郭沫若君的《鳳凰涅槃》，不就是我們倆的頌歌了麼？現在我們倆更生了！我們翱翔

〔註107〕張全之：《中國近現代文學的發展與無政府主義思潮》，北京：人民出版社 2013 年版，第 3 頁。

〔註108〕《郭沫若全集·文學編》第 12 卷，北京：人民文學出版社 1992 年版，第 102～103 頁。

〔註109〕《郭沫若全集·文學編》第 12 卷，北京：人民文學出版社 1992 年版，第 336～337 頁。

吧！我們歡唱吧！」〔註 110〕朱謙之《革命哲學》一書是「由郭沫若先生校對
並作序詩」，〔註 111〕該書認為政治革命不如國家革命，國家革命不如無政府革
命，無政府革命不如宇宙革命，郭沫若為之作序的《宇宙革命底狂歌》表達
的正是與此一致的革命情緒。朱謙之更說他的思想受到《女神》的影響「向
『美化』的道路上走」，「《女神》出版，沫若先把校訂之本贈我，我現在的泛
神宗教，安知不是受這位《女神》之賜呢？女神呀！我愛的女神呀！我望你
惠然降臨，保祐我，親近我，使我文學因緣永遠無替！」〔註 112〕可見，郭、
朱二人由「陣營」相同而結識並親密熱烈的交往，過程中相互影響且思想均
處於變動之中。但隨著他們各自思想的不斷變化，轉向不同，二人也漸行漸
遠。雖然他們之間的友誼在 1932 年的《創造十年》中得到延續，這也說明轉
向馬克思主義之後，郭沫若的自我敘述中並未「清算」無政府主義者朱謙之，
但已沒有《到宜興去》中那種興奮的情感和表達的張力，而盡力客觀和節制。
在朱謙之的敘述中，他們之間的交往也變得平淡，1929～1931 年朱留日期間
郭沫若只找過他一次，以後就再也沒見面。〔註 113〕再後來，建國後直到朱謙
之去世，在其著述中，「郭沫若」已消逝了蹤跡。

在那樣一個追求理想的年代，素不相識萍水相逢者因為信仰和理想而歡
呼雀躍成為至親，而朝夕相處親若兄弟者亦有漸行漸遠甚至反目成仇的，這
兩者「轉向」期間的郭沫若可以說都經歷了。

「轉向」之於郭沫若，不止是南下廣州前發表《孤鴻》時的堅定與決然，
對於郭沫若而言，這一轉，文學鏡碎；這一轉，巴金來戰；這一轉，孤軍分
裂；這一轉，秋白來訪；這一轉，南下廣東；這一轉……郭沫若的人生軌跡
由此發生了翻天覆地的變化，最終使郭沫若成為了中國現代知識分子由「江
湖」入「廟堂」的一個範本，與胡適「欲語還休」，半入終出不同，郭沫若的
這一轉，再也沒有回頭。這些後果，恐怕並不在 1924 年郭沫若坦誠心跡時的
預料之中，換言之，「轉向」的過程本身對理解郭沫若人生中的重要抉擇如反
蔣、抗戰歸國以及在經歷「文革」的巨大苦難後仍決定將骨灰撒向大寨的遺
願等均有重要的參考意義。

〔註 110〕《朱謙之文集》第 1 卷，福州：福建教育出版社 2002 年版，第 56 頁。
〔註 111〕《朱謙之文集》第 1 卷，福州：福建教育出版社 2002 年版，第 110 頁。
〔註 112〕朱謙之、楊沒累：《虛無主義者的再生》，《民鐸》第 4 卷 4 號，1923 年 6 月 1
日。
〔註 113〕《朱謙之文集》第 1 卷，福州：福建教育出版社 2002 年版，第 138 頁。

第三章　「轉向」與「入史」

　　郭沫若如何走向史學研究的道路？這個問題似乎比「郭沫若如何走向文學道路」還要容易解答，畢竟「棄醫從文」需要一個合情合理的解釋，而「大革命」的失敗、困居日本以及對社會現實積極自主的思考爲郭沫若介入歷史研究提供了內外多重動因，文史不分的文化語境也打消了研究者對郭沫若由文入史的追問。在此理解下，有些細節就容易被忽視，比如同在 1926 年，曾教授過《文學概論》、做過文學系主任並「對於文學，已經起了一種野心，很想獨自樹立一個文藝理論的基礎……以構成懸想著的『文藝的科學』」〔註 1〕的郭沫若，在赴廣州後卻被廣大「聘爲文科史學系教授兼文科學長」。〔註 2〕這一少有人注意的細節，使郭沫若「轉向」的固有邏輯產生了縫隙，在 1925 ～1926 年間，郭沫若不只完成參與社會革命的轉變，其「史學教授」的選擇更意味深長，在文學與歷史學各自學科建設日漸成熟並在彼此對立中獲得自我的當代語境中，這種選擇本身即構成一個問題，並且這個問題比「棄醫從文」要複雜得多。

第一節　文化信仰與歷史表達

一、「么二講師」與「史學教授」

　　如果說「郭沫若以《中國古代社會研究》的正式出版，登上中國史壇的」，

〔註 1〕《郭沫若全集·文學編》第 12 卷，北京：人民文學出版社 1992 年版，第 223 ～226 頁。

〔註 2〕黃義祥編著：《中山大學史稿（1924－1949）》，廣州：中山大學出版社 1999 年版，第 63 頁。

〔註3〕那麼廣大「史學系教授」的聘請則將這一認定提前了四年，至少在郭沫若本人看來，他 1926 年就進入史學界了。郭沫若做「史學教授」的底氣何在？

周恩來在《我要說的話》中首先肯定了郭沫若「豐富的革命熱情」，接著就讚賞其「深邃的研究精神」，認為其是「學術家與革命行動家」「兼而為之的人。」〔註4〕這種肯定本身從一個側面說明了「學術」在中國文化界的重要位置，一位知識分子在文化界立足，僅憑其文學創作是不夠的，尤其是在其欲參與社會現實問題討論、在文化界發聲的時刻，其「文學」標籤可為其加分，亦很大可能為其減分。周恩來將「郭沫若」確立為一個文化符號──「中國新文化運動的主將」，充分考慮到這一點，郭沫若的文學成就在其「豐富的革命熱情」的統攝之下，而不是將其與「深邃的研究精神」、「勇敢的戰鬥生活」相併列。

關於這一點，郭沫若本人亦有較為真切的體驗。「轉向」後的郭沫若仍被視為「文學家」，「孤軍派」、「醒獅派」這些同學、同鄉甚至同事的好友，知其見解並不完全一致，但仍與郭合作，邀請其參加社會調查、在刊物上發表其文學作品，甚至不惜曲解其作品。郭沫若參加他們的討論，但「每次都是旁聽，並沒發言」。〔註5〕根據郭沫若的回憶，「孤軍派」的首腦陳慎侯與他討論的居然是戀愛的佔有與成為共產主義者之間的矛盾問題。〔註6〕與「孤軍派」、「醒獅派」的初期交往，郭沫若開始積極參與社會現實問題的思考，並深感「知識實在不足」。〔註7〕《馬克思進文廟》這篇「帶有幾分遊戲的性質的」創作是郭沫若當時思想傾向、嘗試和渾沌的狀態的真實寫照，也由此被「打了翻天印」，〔註8〕導致了他所謂在教育界「事實上」的失敗。

來打翻天印的是郭沫若大夏大學的學生陶其情，對《馬克思進文廟》，陶來信表達了反對意見，認為孔子與馬克思分別是「國家主義者」和「大同主義者」，思想是矛盾的，因此「馬克思那能進文廟呢？」討論公開是出於郭沫

〔註3〕 何剛：《郭沫若史學研究史》，四川大學博士論文，2013 年。
〔註4〕 周恩來：《我要說的話》，《新華日報》，1941 年 11 月 16 日。
〔註5〕 《郭沫若全集・文學編》第 12 卷，北京：人民文學出版社 1992 年版，第 144 頁。
〔註6〕 《郭沫若全集・文學編》第 12 卷，北京：人民文學出版社 1992 年版，第 145 ～146 頁。
〔註7〕 《郭沫若全集・文學編》第 12 卷，北京：人民文學出版社 1992 年版，第 144 頁。
〔註8〕 見《創造十年續編》（《郭沫若全集・文學編》第 12 卷，北京：人民文學出版社 1992 年版，第 225 頁），據筆者查證，在《大晚報・火炬》（1937 年 4 月 25 日）發表的初版《創造十年續編》中，「翻天印」寫作「翻天雲」。

若的考慮——想通過討論「在現在漆黑一團的思想界……發生出一點微光來」。〔註9〕對曾經的學生陶其情，曾任大夏大學「么二」講師的郭沫若有意保持師者的尊嚴和氣量。開始，郭沫若的態度是誠懇的，不僅強調「須把度量放寬，能有容人之雅」「須尊重對方人格，不可攻擊人身」「須認清題目，不可妄動感情」等討論應有之原則，還用師長的口吻勸誡說「你全部的文章都是缺乏邏輯的，我在前面已經一一辯駁了。我覺得你太急於追求結論了，所以每每無批判地引用些話來，反轉使自己的結論不能成立。這一點我勸你以後注意些吧」。〔註10〕從郭沫若的行文來看，對這位「贊成國家主義的」學生，他是有意爭取的。

隨後，陶其情又寫了《馬克思到底不能進文廟》，分上中下三篇，上篇「破」《馬克進文廟》，中篇答覆郭沫若《我的答覆》，下篇表達他對這次討論的意見。陶其情堅持孔子是國家主義者，並將討論拓展到具體問題上來，陶文質疑了郭沫若兩個核心問題：其一、孔子思想中無「大同」，因而更談不上「共產」。理由是「論語裏邊孔子所說的話，總可算作孔子的學說；而論語以外關於孔子所說的話，除了孟子，實難遽信。那僞禮記的記載，當更難憑藉了」。〔註11〕其二、井田制是孟子的僞託，孔馬是「老同志」毫無現實依據。儘管陶文中依舊存在「邏輯」錯誤（如陶舉梁啓超言論來證明《禮記》是僞作，而實際梁啓超只對其中個別篇目有懷疑，對《禮記》整體尚持肯定態度。〔註12〕陶前文說「除了孟子，實難遽信」，後文又說「井田是孟子的僞託」，前後自相矛盾，等等。）但他對郭沫若的兩點質疑可謂「釜底抽薪」，在論辯中是有效的。上述問題涉及歷史、考古乃至儒家經學，即使當下學界亦無明確的統一認知，在古史辨派盛行的二十世紀二十年代，郭沫

〔註9〕 郭沫若：《討論馬克思進文廟》，《洪水》第1卷第9期，1926年1月16日。
〔註10〕 郭沫若：《討論馬克思進文廟》，《洪水》第1卷第9期，1926年1月16日。
〔註11〕 陶其情：《馬克思到底不能進文廟》，《洪水》第2卷第14期，1926年4月1日。
〔註12〕 陶其情為證明《禮記》是「頂不可靠的」，多次引用梁啓超的研究，但所引梁文只說「戴禮記各篇，成立年代早晚不同，最晚者實出漢儒之手，且純駁亦互見，當分別觀之」，並未完全否定《禮記》的真實性，且梁啓超在《古書真偽及其年代》一書中又有這樣的表述：「《禮記》沒有真偽問題……另外有小問題……總論《禮記》幾句，它的性質是孔門論禮叢書。它是儒家思想，尤其是禮教思想最發達到細密時的產品。」（詳見《梁啓超全集》（第十七卷）北京出版社1999年7月出版，第5056頁。）《禮記》真偽的爭辯自西漢始，經唐宋至今，有不少學者如呂大臨、朱熹、孫希旦、馮友蘭、張少康等認為《禮記》或部分或全部為漢人僞作，至今亦有爭議。

若要想回應這兩個問題，需要下相當一番工夫。而此時，郭沫若已答應廣東大學文科學長的聘請，不日（準確的說是回信陶其情九天後）即將南下，故而只回應了「『短，短，短的』二百字的『妙文』。」〔註 13〕在這一回信中，郭沫若對陶其情偏離其設想的討論方向很不滿，嫌陶文過長，「炫學鬥狠」「濫用了一個公器」。〔註 14〕

　　從前文對郭、陶論爭內容的分析，不難看出，郭沫若對陶其情的質疑實際上「無力回應」。如果不考慮後來的歷史發展，僅以論爭現場而論，無名小卒陶其情挑戰大文豪郭沫若，並最終有所收穫進而藉此論爭登上文壇，成了「學術界，教育界，知名士也。」〔註 15〕對此，郭沫若在《創造十年續編》中曾這樣說：

　　　　其實我的參加學藝大學的組織也要算是加入了教育界，而事實上是失敗了的。這，且留待後述。在學藝大學開辦之前，我也在大夏大學當過幾天講師，結果是那兒的辦事人把我當成「么二」，而且有一兩位國家主義派的學生更曾打過我的翻天印。足見專靠封建意識便能蓋世稱雄的自然有那樣的人，而我卻沒有那種本領。〔註 16〕

　　郭沫若自比「廣成子」，那位背叛師門並差點要了老師性命的「殷郊」當指在論辯中滿口「郭師」「先生」的陶其情無疑了。足見，在郭沫若心中，陶其情有相當的特殊性，這位「殷郊」原有國家主義的色彩，郭沫若在《洪水》上與之討論，有提攜幫助之意，不成想陶其情反在《洪水》這一「公器」（翻天印）上讓郭難堪。不止於此，陶還在《矛盾集》中暗指郭沫若「偏重主觀……多獨斷或謬妄的推演……曲解旁通。」〔註 17〕陶其情態度表面上非常客氣，稱讚「先生的詩歌，著實教我愛讀的很，每以為《女神》和《星空》是在新詩界裏難得的傑作。一到先生來大夏教授詩歌，自然很願意聽課。**雖是講義**

〔註 13〕陶其情：《矛盾集》，拂曉書室 1933 年版，第 38 頁。

〔註 14〕郭沫若：《致其情吾友》，《洪水》，1926 年 4 月 1 日，第 2 卷第 14 期。此時，郭沫若的興趣集中在馬克思主義與國家主義及現實革命等問題上，而陶的「釜底抽薪」策略將問題轉向經文闡釋、疑古辯經上來，這不僅讓郭沫若爭取陶的想法落空，更把播散馬克主義變成「孔馬異同」的糾纏，違背了郭「在現在漆黑一團的思想界發生出一點微光來」的本意。

〔註 15〕許晚成：《介紹〈矛盾集〉》，《矛盾集》，拂曉書室 1933 年版。

〔註 16〕《郭沫若全集・文學編》第 12 卷，北京：人民文學出版社 1992 年版，第 224～225 頁。

〔註 17〕陶其情：《矛盾集・自序》，拂曉書室 1933 年版，第 2 頁。

不多，然而教我十分喜讀」。〔註18〕這種恭維潛在的含義是郭沫若是詩人，不懂主義與學問，這和同時與郭沫若論戰的巴金奉勸郭沫若「多做詩，少談主義，以後可免再鬧笑話」〔註19〕相比只不過是委婉一些的表達，《馬克思到底不能進文廟》短短的所謂「下篇」表達的也正是這個意思。郭沫若對此顯然十分在意，在《文藝家的覺悟》中說「有一派迷戀於英雄思想的國家主義者和一派無政府主義的青年，他們在口頭筆上都在向我中傷。他們說：『你是一個文學家，你寫寫詩，做做小說也就夠了，要談甚麼主義喲！』」〔註20〕《文藝家的覺悟》《革命與文學》兩文即是專為此而作的回應。

隨著郭沫若革命實踐的深入，「文學家」這一身份帶給他的負面作用亦愈來愈大，其對「文學家」也越來越反感。「大革命」失敗後，1928 年郭沫若重返上海，似乎有重操文學舊業的打算，但卻敏感於自己被稱作文學家，〔註21〕並嘲笑「文學家是等於貓子的尿」且「總帶著一個蒼白色的面孔」，「是吃人肉的人種」，「文藝家在做社會人的經驗缺乏的時候，只好寫自己極狹隘的生活，這正和章魚吃腳相類」。〔註22〕這種厭惡情緒與從事「純文藝事業」的雄心形成了強烈的反照，此種極端反差的出現固然與革命失敗後郭沫若的思想情緒有直接的關係（郭沫若並未徹底與文學劃清界線，且不說流亡日本期間他並未完全中輟文學創作，抗戰爆發歸國後，其仍以文學創作為主），但筆者以為這種對文學的惡語相向並非只是偶然的情緒發泄所致，而是深嵌於郭沫若思想的深處，與其對文學本質的認識密切相關。在郭沫若的觀念中，本質上是主觀的、表現的文學是時間的藝術，更是人類社會「改造事業的組成部分」，〔註23〕在其棄醫從文歸國從事純文藝事業的時代，正是「五四」新文化運動，社會啟蒙和普遍相信「人類社會根本改造的步驟之一，應當是人的改

〔註18〕 陶其情：《馬克思到底不能進文廟》，《洪水》第 2 卷第 14 期，1926 年 4 月 1 日。

〔註19〕 李苾甘：《馬克思主義的賣淫婦——評洪水八期郭沫若之〈新國家的創造〉》，《時事新報‧學燈》，1926 年 1 月 19 日。

〔註20〕《郭沫若全集‧文學編》第 16 卷，北京：人民文學出版社 1989 年版，第 22 頁。

〔註21〕「安娜買回高素之的《資本論》二冊，讀《商品與價值》一章終。——內山對她說『很難懂，文學家何必搞這個』。我仍然是被人認為文學家的。」《郭沫若全集‧文學編》第 13 卷，北京：人民文學出版社 1992 年版，第 274 頁。

〔註22〕《郭沫若全集‧文學編》第 13 卷，北京：人民文學出版社 1992 年版，第 279、273、281～282 頁。

〔註23〕 郭沫若：《兒童文學之管見》，《郭沫若全集‧文學編》第 15 卷，北京：人民文學出版社 1990 年版，第 275 頁。

造」〔註 24〕的時代，郭沫若相信通過文學，不僅能夠啓蒙亦能救國，甚至於人類社會的根本改造有益，但經過多年在「水平線下」的痛苦和掙扎之後，郭沫若對「無用之大用」的文學體驗更多的是現實中的「無用」。早在 1924 年，郭沫若文名鵲起的「創造周報時期」，〔註 25〕郭沫若先後創作了《歧路》、《煉獄》、《十字架》等小說來反思其文學道路，文中充滿生活的悲哀與神經質的悔恨：

> 我們簡直是連牛馬也還不如，連狗彘也還不如！同樣的不自由，但牛馬狗彘還有悠然而遊，怡然而睡的時候，而我們是無論睡遊，無論晝夜，都是爲這深不可測的隱憂所蕩擊，都是浮沉在悲愁的大海裏。我們在這世間上究竟有甚麼存在的必要，有甚麼存在的必要呢！我們絞盡一些心血，到底爲的是甚麼？爲的是替大小資本家們做養料，爲的是養育兒女來使他們重蹈我們的運命的舊轍！我們眞是無聊，我們的血簡直是不值錢的莧菜水，甚麼叫藝術，甚麼叫文學，甚麼叫名譽，甚麼叫事業喲！這些鍍金的套狗圈，我是甚麼都不要了。我不要丟去了我的人性做個甚麼藝術家，我只要赤裸裸的做著一個人。我就當討口子也可以，我就死在海外也可以，我是要做我愛人的丈夫，做我愛子的慈父。〔註 26〕

從上述所引不同片段可以看出，棄醫從文的郭沫若以文學名勝於文化界，卻曾在不同的階段又爲「文學」之名所累。由此，我們就不難理解，同樣留日，同樣「棄醫從文」，與魯迅的思想啓蒙、國民性批判等崇高化的敘事不同，郭沫若刻意強調他身體等客觀因素，這與他失落的文學事業體驗有關，這也是「五四」落潮後，一代文學青年迷茫的眞實寫照。

在此前提下，郭沫若極力擴張其文藝觀，打通文學與生活、藝術、革命等其它領域的關係，積極參與社會現實問題的討論也可以說是「後五四時代」文學青年的主要傾向。這一文化背景是理解郭沫若及創造社乃至廣大文學青年普遍「轉向」的思想基礎。

〔註 24〕郭沫若：《兒童文學之管見》，《郭沫若全集·文學編》第 15 卷，北京：人民文學出版社 1990 年版，第 275 頁。

〔註 25〕魏建，張勇：《〈創造周報〉與郭沫若文壇地位的確立》，《中國現代文學研究叢刊》2007 年第 1 期。

〔註 26〕《郭沫若全集·文學編》第 9 卷，北京：人民文學出版社 1985 年版，第 270 頁。

二、以文入史的文化動因

被打了「翻天印」的郭沫若，偏偏要做「史學教授」，其中或有文學的落寞和參與社會的野心，抑或是出於自我證明的情結，然而此種跨越，在今天的語境中理解起來，似乎需要邁越寬廣的學科壁壘和鴻溝方能實現。但回歸歷史文化語境，當時學科建制並不成熟，文史分野並不清晰，梁啓超、胡適、魯迅等文化先驅在哲學、史學及文學領域均有所建樹。史學在傳統文化中地位十分崇高，是僅次於經學的顯性話語系統，深入到社會文化的方方面面。

「歷史」，當我們從最一般的意義上使用這一概念時，它的內容極為豐富甚或龐雜。籠統些可以說是已過去的人類往事（事實）。一種普遍的誤解是認為歷史學、歷史文獻就是（或者從最基本的原則上它們應該是）真實的「歷史」，與此相應，對不同觀點或不同材料則往往指斥其「非（真實）歷史」，這種做法在中國的文化界較為普遍，且對立雙方似乎都佔據著道德制高點。筆者以為，塞爾托所謂「歷史書寫」〔註 27〕之於中國史學界的重要意義，不在其觀念之新或系統的理論體系建構，而在於對指斥他人「非歷史」的道德優勝感的衝擊。現在越來越多的人意識到，有必要將歷史學從「歷史」這一普遍的稱謂中萃取出來，因為如果不那樣做，哪怕是再有公認力的說法也會歧義叢生。比如馬克思說「人們自己創造自己的歷史，但是他們並不是隨心所欲地創造」，如果我們將馬克思所謂的「歷史」等同於歷史學，就會得出一個結論，馬克思有「創造」「編造」歷史之嫌。在學術論文中將歷史區分為歷史（甲）即作為事件、行動、過程的歷史，歷史（乙）即作為記述、編纂、研究的歷史（即歷史學）是避免歧義和尷尬，有效論述的必要途徑。

當然，在學術研究或學院派歷史學中，上述區分早已是共識，不過在通俗史學或文史交叉等領域，這種區分沒有被突出強調。之所如此，乃在於上述共識在中國文化語境中的有效性或可區分性大打折扣。「史」，《說文解字》曰：「史，記事者也。從又持中。中，正也。」王國維在《觀堂集林卷第六‧釋史》中根據古文「中」字字形的差別，意味深長的說：「無形之物德，非可手持。然則『史』所從之『中』，果何物乎？」〔註 28〕王國維考證：「史為掌書之官，自古為要職。……殷周間王室執政之官，經傳作『卿士』，而毛公鼎、小子師敦、番生敦作『卿事』，殷墟卜辭作『卿史』，是卿士本名『史』也。」

〔註27〕米歇爾‧德‧塞爾托：《歷史書寫》，北京：中國人民大學出版社 2012 年版。
〔註28〕《王國維全集》第 8 卷，浙江教育出版社 2009 年版，第 171 頁。

〔註29〕王氏同時考證「御事」本作「御史」，又司徒、司馬、司空三官，在《詩經小雅》中合稱三事或三有事，在《左傳》中叫作三吏，吏就是史，凡大官之稱「事」和「吏」者，其實就是史。商代又稱受王室差遣之使為史。使史亦同義，如稱駐防西土和北上的大使為西史、北史，而掌貞卜記事的史官則稱為作冊。西周金文有太史與內史。太史掌天文曆法、起草文件、記錄歷史。內史掌冊命卿大夫。春秋時期史的職任為掌理書記、文籍、典冊，其名稱各國不同。據《左傳》所載，周王室置太史、內史；魯置太史、外史；晉、鄭衛置太史；齊置太史、南史；楚有左史。其地位比起西周來已有下降。溯本追源，「史」本義為記事之官，歷朝歷代多有以「史」命名的重要官職，這多為世人所熟知，不再贅舉。

因此，「史」在中國的文化語境中，除了歷史（甲）、歷史（乙）之外，還有一個比較突出的第三種含義，即「史官」，筆者暫用歷史（丙）來表示。在現代漢語雙音節化的演進過程中，上述多種含義均被「歷史」二字所包涵。

郭沫若對史學的興趣可以遠溯到其小學時期。暑假期間讀《史記·伯夷列傳》，對其中「豈以其重若彼，其輕若此哉？」一句，郭沫若認為「所有的古代注家差不多完全是解錯了的。那本是一句極簡單的話，但在傳中是極重要的一個文字上的關鍵，假使講錯了，那全盤的文字便通不過去。」〔註30〕對於該句話的解釋，司馬貞《史記索隱》解釋為「謂伯夷讓德之重若彼，而采薇餓死之輕若此。又一解云，操行不軌，富厚累代，是其重若彼；公正發憤而遇禍災，是其輕若此也。」張守節《史記正義》解釋為「重謂盜跖等也。輕謂夷、齊、由、光等也。」〔註31〕關於這句話的解釋，顧炎武、方苞、高誘等也有關注和注解，也未超出古典集解的範疇，如「蓋君子之所謂輕重，與俗異。故曰：道不同，不相為謀」；「伯夷、叔齊讓國而去，輕身重名」等等。郭沫若認為，「『彼』是指的伯夷、吳太伯，『此』是指的由、光」，這一句話實際是司馬遷對「許由、卞隨、務光，與伯夷、叔齊一樣，是讓天下而不受的，但是何以伯夷、叔齊得以傳於後世，而許由、務光之倫不傳？」的追問，造成這種差別的原因，「一個是人的好惡關係，一個是時代的清濁關係」。〔註32〕孔子及儒家的態度是造成兩者區別的重要原因，司馬遷在結尾所

〔註29〕《王國維全集》第 8 卷，浙江教育出版社 2009 年版，第 174～175 頁。
〔註30〕《郭沫若全集·文學編》第 11 卷，北京：人民文學出版社 1992 年版，第 92 頁。
〔註31〕司馬遷：《史記》（第二冊），中華書局 1999 年版，第 1691 頁。
〔註32〕《郭沫若全集·文學編》第 11 卷，北京：人民文學出版社 1992 年版，第 92

謂「雲從龍，風從虎，聖人作而萬物睹。伯夷、叔齊雖賢，得夫子而名益彰」，「岩穴之士，趨捨有時若此」，卻只能「類名湮滅而不稱，悲夫！」「閭巷之人，欲砥行立名者，非附青雲之士，惡能施於後世哉？」〔註33〕從文意邏輯來看，郭沫若的見解較之史記三家注和明清學者無疑有較大的進步，但郭沫若的大膽在於，他由此斷定《伯夷列傳》的「主要眼目是在論身後名的能傳與否的因素」，恐怕只能算一家之言了。

　　雖然，筆者對郭沫若上述論斷是否完全發生於其小學時期尚存有疑問，〔註34〕但可以確信的是，郭沫若通過此段回憶，意在強調其所受史學之影響及對「歷史」的關注，「《史記》中的《項羽本紀》、《伯夷列傳》、《屈原列傳》、《廉頗藺相如列傳》、《信陵君列傳》、《刺客列傳》等等，是我最喜歡讀的文章。這些古人的生活同時也引起了我無上的同情」。〔註35〕

　　郭沫若對「歷史」一詞複雜性的認知與其對「整理國故」「國學」認識一致，充滿進化論色彩。其對「歷史」的態度尤體現出當時文化界一種普遍的反「復古」情緒，對傳統史官文化的反駁，如，1934 年在《歷史和歷史》一文中，郭沫若這樣說到：

　　　　總之我們知道有兩種的「歷史」或「歷史的」。一種是說一切物象是動的，變的，相對的，有其發生、成長、消滅、轉化。而在這演進的途中順其動向可以用外力來促進其發生、成長、消滅、轉化。反其動向在多少程度之內也可以阻止其演進。這是一種「歷史」的意義。

　　　　而另一種是說當前的對象是不動的，固定的，絕對的，自幾千年幾萬年來，就是這樣。這是應該用全力來維繫的，要維繫到幾千年幾萬年之後都永遠這樣。譬如日本人誇講他們的天皇是萬世一系，他們的國憲的第一條也就明載著維繫這一個系統於萬世不墜。這又是一種「歷史」的意義。〔註36〕

　　對「歷史」一詞的複雜性乃至不同語境中的多變性郭沫若有著較為清醒

　　　　～93 頁。
〔註33〕司馬遷：《史記》（第二冊），中華書局 1999 年版，第 1691～1692 頁。
〔註34〕因《我的童年》寫於郭流亡日本期間，其所引《史記》原文與國內通行版本在文字上有不少差別，疑為記憶之誤或從日文版轉引所致。
〔註35〕《郭沫若全集·文學編》第 11 卷，北京：人民文學出版社 1992 年版，第 92 頁。
〔註36〕谷人：《歷史和歷史》，《太白》半月刊第 1 卷第 6 期，1934 年 12 月 5 日。

的認識，其態度明顯側重強調立足於當下與未來的歷史觀，而不是再現、維持、復古過去的「黃金時代」，郭沫若的歷史題材創作和史學研究都始終秉持著這一歷史觀。處在社會文化轉型中的郭沫若，坦言自己有「歷史癖」，然而又不斷強調其與胡適倡導的「整理國故」的區別，反對所謂「讀經救國」，其歷史觀在中西文化碰撞後的語境中有著明顯的側重，但骨子裏仍受傳統史官文化的深刻影響。對「歷史」的認識影響到郭沫若等人的言行、文學及革命行動，其深刻的互動關係是郭沫若「轉向」的深層動因。

三、「史」：現實合法性的隱喻和象徵

「史」在中國士人心中的重要地位，詩人龔自珍曾有過十分誇張的表述：「周之世官，大者史。史之外無有語言焉，史之外無有文字焉，史之外無有人倫品目焉。史存而周存，史亡而周亡。……史於百官，莫不有聯事……滅人之國，必先去其史。墮人之枋，敗人之綱紀，必先去其史；絕人之材，湮塞人之教，必先去其史；夷人之祖宗，必先去其史……欲知大道，必先為史。」〔註 37〕龔自珍以詩人的熱情來讚頌「史」之大用，其指向的正是「史」的本義，而非我們現在一般理解上的「事物的發展演變過程」或「歷史學」。「史官」的職責除了記事之外，另一個重要職責是政權合法性的維護和闡釋，所謂「殷紂時，其史尹摯抱籍以歸于周」〔註 38〕即是其現存最早的一種政權合法性闡釋。「史掌官書，實參政治，熟見百司之體系，必有脈絡之貫通……積累而至遷史班書，又不知經過若干之經驗與思考，而後有此鴻裁巨製，以表政宗而副國體……是故知政而後知史，亦必知史而後知政。」「故二千年中之政治，史之政治也；二千年中之史，亦即政治之史也。」〔註 39〕與西方的《聖經》（Bible）宣講闡述道理信仰不同，我國之典籍──「六經」乃是記載「事」的歷史書。按照康有為等的說法，孔子的偉大之處，不在於留下了所謂「六經」的經典，而在於為中華民族留下了歷史。

章學誠「六經皆史也。古人不著書，古人未嘗離事而言理。六經皆先王

〔註 37〕《龔自珍全集‧古史鈎沈論二》，上海：上海人民出版社 1975 年版，第 21～22 頁。

〔註 38〕《龔自珍全集‧古史鈎沈論二》，上海：上海人民出版社 1975 年版，第 21～22 頁。

〔註 39〕柳詒徵：《國史要義》，上海：華東師範大學出版社 2000 年版，第 123～124、50 頁。

之政典也」的論斷，與朱熹等「經也者，恒久之至道，不刊之鴻教也」「六經全是天理」形成了鮮明的對比。晚清之後，隨著對程朱理學反思批判的深入，章學誠的「六經皆史」說爲龔自珍、康有爲、梁啓超、章炳麟等近代知識精英所繼承與發揚。「六經皆史」，中國文化的命脈在「史」，「經」說到底也是「史」的一種表現形式。在章學誠看來，六經與普通的記載、記事有很大的不同，史官與史吏也有霄壤之別。「府史之史，庶人在官供書役者，今之所謂書吏是也；五史則卿、大夫、士爲之，所掌圖書、紀載、命令、法式之事，今之所謂內閣、翰林中書之屬是也。官役之分，高下之隔，流別之判，如霄壤矣。然而無異義者，則皆守掌故而以法存先王之道也。」〔註40〕春秋戰國時代，周禮土崩瓦解，道與器、治與學、政與教、官與師等等消解分離，開始出現「私門著述」，即爲諸子百家，所謂「經」不過是諸子百家中的一種，後獨尊儒術而爲經。諸子百家「取周公之典章，所以體天人之撰而存治化之跡者，獨與其徒相申而明之，此六藝之所以雖失官而猶賴師教也。」〔註41〕雖然取材相同都是周朝文獻，但「官師之分，處士橫議，諸子紛紛著述立說，而文字始有私家之言，不盡出於政教典章也。儒家者流乃尊六藝而奉以爲經」。〔註42〕而後，隨著「夫子既沒」「微言絕而大義乖」。很明顯，在章學誠看來，諸子百家不僅僅是「空言之著述」，而是根據官方舊典的編撰。「史學所以經世，固非空言著述也。……學者不知斯義，不足以言史學也。」〔註43〕如此，「子、集諸家，其源皆出於史」〔註44〕就順理成章了。在傳統史家看來，眞正的史學必須是「成一家之言」，即所謂「專門」「獨斷」的「家學」。「史之大原，本乎《春秋》。《春秋》之義，昭乎筆削。筆削之義，不僅事具始末，文成規矩已也。以夫子「義則竊取」之旨觀之，固將綱紀天下，推明大道。所以通古今之變，而成一家之言者，必有詳人之所略，異人之所同，重人之

〔註40〕章學誠：《文史通義校注》（上），葉瑛校注，北京：中華書局 1985 年版，第230 頁。

〔註41〕章學誠：《文史通義校注》（上），葉瑛校注，北京：中華書局 1985 年版，第93 頁。

〔註42〕章學誠：《文史通義校注》（上），葉瑛校注，北京：中華書局 1985 年版，第93 頁。

〔註43〕章學誠：《文史通義校注》（上），葉瑛校注，北京：中華書局 1985 年版，第524 頁。

〔註44〕章學誠：《報孫淵如書》，倉修良編注《文史通義新編新注》，杭州：浙江古籍出版社 2005 年版，第 721 頁。

所輕，而忽人之所謹，繩墨之所不可得而拘，類例之所不可得而泥，而後微茫杪忽之際，有以獨斷於一心。及其書之成也，自然可以參天地而質鬼神，契前修而俟後聖，此家學之所以可貴也。」〔註45〕

章學誠的「六經皆史」說為龔自珍、康梁、章炳麟等近代知識精英所繼承與發揚，並與西方相比照，進而將「史」作為民族自強獨立革命的核心內容。可以說，自近代以來，「史」在知識精英中就彰顯出一種革命行動的衝動，尤其是新文化運動以後，理學對「經」的闡釋昇華即「義理」的大廈倒塌，更使六經「史」的本色得以顯露。故而，對其闡釋和賦予新的真理內容成為各家各派革命行動的方向之一。對此，有學者直言道，中國近現代史學已被政治化，「那些最活躍的歷史書寫者，很少是專業的歷史學家；相反，他們首先是其所支持的政治勢力的意識形態信徒。作為革命和改革運動的積極參與者，他們運用歷史表達賦予這些運動以目的論意義。」〔註46〕

綜上，「歷史」在中國文化語境中，涵義甚廣，尤其在二三十年代，更直接與社會現實政治文化即郭沫若參與的「大革命」相關聯。故而，郭沫若選擇「史學」作為其參與社會現實的另一重要切入點，不僅有傳統文化的深厚背景，更是直接參與革命鬥爭的現實需要。他在其史學開山作《中國古代社會研究·自序》中第一句「對於未來社會的待望逼迫著我們不能不生出清算過往社會的要求」，最後一句「對於未來社會的待望逼迫著我們不能不生出清算過往社會的要求。目前雖然是『風雨如晦』之時，然而也正是我們『雞鳴不已』的時候。」〔註47〕這種首尾的強調，具有鮮明的現實指向，郭沫若絲毫不避諱其從事史學研究的現實目的——運用歷史表達賦予革命運動目的意義，詮釋其方針和指導思想，合法化其行動方案，激發參與者的下一步行動。

正是因為與政治的特殊關係，中國之「史」在某些方面特別發達，「二十四史、兩《通鑑》、五紀事本末，乃至其它別史、雜史等，都計不下數萬卷，幼童習焉，白首而不能殫」，〔註48〕但這有代價的，「古代史官實為一社會之最高學府，其職不徒在作史而已，乃兼為王侯公卿之高等顧問，每遇疑難，

〔註45〕章學誠：《文史通義校注》（上），葉瑛校注，北京：中華書局1985年版，第470～471頁。
〔註46〕李懷印：《重構近代中國——中國歷史寫作中的想像與真實》，中華書局2013年版，第7頁。
〔註47〕《郭沫若全集·歷史編》第1卷，北京：人民出版社1982年版，第6、10頁。
〔註48〕梁啟超：《中國歷史研究方法》，北京：中華書局2099年版，第1頁。

咨以決焉」。〔註49〕「舊史因專供特殊階級誦讀，故目的偏重政治，而政治又偏重中樞，遂致吾儕所認爲極重要之史蹟，有時反闕不載。」〔註50〕梁啓超意識到舊史的不足，意欲「成一適合於現代中國人所需要之中國史」，乃至郭沫若承接梁氏之努力，開創唯物史觀派，雖然都對舊史進行揚棄，但其思想深處的「史心」與傳統「士子」在「將歷史納入現在生活界」參與社會現實這一點上並無本質差別，只不過由後者的「王者師」變爲前者社會改造事業的「專門家」。

所謂「以史爲鑒」是上述歷史思維的一種極爲典型的表述，因其濃縮著中國幾千年的史學實踐，故而「歷史」（包括歷史學）在中國很難遁入超然的境地，史學界部分人有意隔絕政治而進入「人道」或道德的領地，不過是另一種虛妄，中國史學走出傳統的陰影，徹底走出「瞞和騙的大澤」還需要更多的努力，郭沫若必然是這種反思中的重要一環。

再回到之前的問題來，與國家主義者決裂、文學研究上的「么二講師」、被打了翻天印的教育失敗者，郭沫若爲何要做史學系教授，其底氣何在？筆者以爲，這不是一個能力問題，而是與魯迅的「棄醫從文」一樣，是一種對未來的抉擇問題。正是從這個意義上說，「棄醫從文」之於郭沫若的意義遠不如魯迅，郭沫若的選擇可能是那個時代大多數青年的選擇（如郁達夫、成仿吾和張資平），他並非第一個，也不能說是最優秀的一個，而「以文入史」的姿態則使他站在了時代的最前列，郭沫若「轉向」的實質，是「新文化運動的主將」——「郭沫若」的最終確立，其得以完成和歷史意義賦予的生成機制正是「以文入史」，文學家的郭沫若在「大革命」的宣傳洪流中早已被「消費」掉了。

四、學術與革命

儘管史學在傳統文化中位置極爲重要，但那是以「泛歷史」或「大歷史」的情況而言，其中本或包括文學，且近代以來，經過康梁等維新派的努力和「五四」新文化運動的推動，文學在「大革命」乃至「文革」中都扮演著極爲重要的角色，說到參與社會現實革命，「文」與「史」哪個更直接似乎未有定論。因此，郭沫若積極參與社會現實革命而「以文入史」之說，似仍需一

〔註49〕 梁啓超：《中國歷史研究方法》，北京：中華書局 2099 年版，第 12 頁。
〔註50〕 梁啓超：《中國歷史研究方法》，北京：中華書局 2099 年版，第 5 頁。

個貼近時代需求的理由。

　　作為一種個人化的選擇，郭沫若「以文入史」的轉向，有「五四」落潮後文學青年的彷徨做背景，亦有「史」的獨特重要性的深層文化動因，但在根蒂上還是郭沫若的個人判斷與選擇。郭沫若最早涉足文化界首選並非文學，而是加入以「研究真理昌明學術交換智識為宗旨」的「丙辰學社」（即後來的「中華學藝社」），「丙辰學社我本早想入社，前五年吳永權和陳啓修兩君介紹我，已經把介紹狀都寄給了我，我還使用了你們一大卷原稿紙，我因為想做一篇文章，做成了後和我一齊入社，然而至今猶未做成，所以把入社的機會失掉了。」〔註 51〕對「丙辰學社」的宗旨郭沫若是極為認真的，沒有做成論文，就不肯系列其中，直到 1921 年張資平的催促之後，1921 年 5 月《學藝》第 3 卷第 1 號發表了其「文章」《我國思想史上之澎湃城》，郭沫若的名字才出現在 1921 年 7 月《學藝》第 3 卷第 3 號會員名冊上。隨後，郭沫若還擔任過「中華學藝社」的「編輯科幹事」，〔註 52〕1924 年參加該社第一次年會，並發表演講，擔任學藝叢書委員會委員，1925 年學藝大學創辦，郭沫若是主幹成員之一，擔任文學系主任並主持圖書館工作。該社的主要成員如陳啓修、周頌久、鄭心南、何公敢等都與郭沫若過往甚密，該社也是早期郭沫若活動的一個重要依託，清理郭沫若與「中華學藝社」的關係可以發現，郭沫若在文學創作之外另一條重要線索——學術研究。郭沫若與「中華學藝社」之間的關係是其與現代學術研究或者學院派學術關係的縮影。故而，學藝大學失敗，學術之路頓塞，赴廣大任史學系教授，抑或是郭沫若有意對其「兼濟天下」歷史使命的延續。

　　誠如錢穆所言，「一國家當動蕩變進之時，其已往歷史，在冥冥中必會發生無限力量誘導著它的前程，規範著它的旁趨，此乃人類歷史本身無可避免之大例」。〔註 53〕所謂「古者學術統於王官，而史官尤握古代學術之全權」。〔註 54〕在文學之路迷茫、生活境遇窘迫的時刻，郭沫若更期待延續其《我國思想史上之澎湃城》《偉大的精神生活者王陽明》《中國文化之傳統精神》

〔註 51〕《致張資平》，原載《學藝》1921 年 4 月 1 日，轉引自王錦厚編《郭沫若佚文集》（上冊），第 37 頁。

〔註 52〕《學藝》1923 年 6 月第 5 卷第 2 號。

〔註 53〕錢穆：《國史新論‧自序》，北京：生活‧讀書‧新知三聯書店 2001 年版，第 1 頁。

〔註 54〕錢穆：《國史大綱‧引論》（上冊），北京：商務印書館 1994 年版，第 16 頁。

《論中德文化書》《讀梁任公〈墨子新社會之組織法〉》《惠施的性格與思想》
《整理國故的評價》等研究道路，在學術公器上有所建樹。然而，學藝大學
的失敗，與同仁意見的相左使得其學術道路蒙上了一層陰影。赴廣大任教，
擔任史學系教授，可以說是這一雄心的再次整裝待發。以往研究過分強調郭
沫若的聰明過人，以為其在日本不經意的一舉，便鑄就了史學界的驚鴻一
瞥，筆者以為，這種說法忽略了郭沫若之前的努力與挫折。沒有自丙辰學社
〔1916〕時起對中國古史多年的關注、努力與積澱，僅讀了幾篇馬克思、摩
爾根的論文便立刻寫成《中國古代社會研究》，這種說法恐難成立；沒有與
「中華學藝社」諸友的分合聚散、與「孤軍派」、國家主義者的論戰，郭沫
若也不可能將馬克思主義快速的中國化並靈活運用。因此，與「棄醫從文」
相比，郭沫若由文入史，與其是「轉向」不如說是「延續」，郭沫若做史學
系教授的底氣恐怕也正來自於此。

　　循此路徑，我們發現了郭沫若的史學路徑，並非始於 1930 年代，而是與
其學術活動、早期思考緊密纏繞在一起。郭沫若在廣大做史學教授究竟教了
哪些課程現在已無從知曉，究竟稱不稱職亦不得而知，其隨後流亡日本十年
傾心史學研究及其成就為這一選擇給了一個後見之明的肯定回答。然而，在
今天隔行如隔山、學科壁壘森嚴、我們大多數人怯於跨界怕說外行話的當下，
重新審視郭沫若的選擇及其史學貢獻，需要付諸更多的「理解之同情」。

　　以今天的眼光來看，「么二講師」與「史學教授」是一對耐人尋味的組合：
前者是失敗的，後者是成功的；前者似為其所長，後者卻為後人詬病，因此
以今天的眼光來看，卻正相反，前者是成功的，後者是失敗的。這種相反的
結果一是站在郭沫若的時代、郭沫若的角度，一是以今天的眼光做旁觀者所
謂客觀的評價。又如前文所述，郭沫若對文學本質的認定在文學理論教程中
並無立足之地，所以儘管他早期以詩人、文學家的身份躋身文壇，以創造社
為中心做出了不菲的「純文藝」事業，更曾被武昌師大聘為「文學系主任」，
在學藝大學也「被預約著充當將來的文學系主任」，同時，在大夏大學教授「文
學概論」期間他嘗試建構「文藝總論」、「文藝的科學」，〔註55〕但這最終是以
失敗而告終的。所謂「么二講師」和教育界事實上的失敗，正是郭沫若對這
次嘗試的總結。直到今天，所謂「郭沫若的文藝思想」仍是眾所紛紜，分歧

〔註55〕《郭沫若全集‧文學編》第 12 卷，北京：人民文學出版社 1992 年版，第 223
　　　～226 頁。

大於共識。

　　上述問題的癥結在我們習慣於用學院派的思維分析思考問題，以學術研究的標準來衡量郭沫若。關於這一點，本文頗爲悲觀的認爲不僅郭沫若的文學研究不達學院派的門庭，其史學研究亦難入精英學術的廟堂。這不是對郭沫若能力的質疑，而是對其選擇的尊重。作爲一名積極參與社會的文化名人，郭沫若本就對學院派學術抱有警惕或排斥，在《整理國故的評價》中，郭沫若對「不問第三者的性情如何，能力如何，也不問社會的需要如何，孰緩孰急」「四處向人宣傳整理國故研究國學的人」表達不滿，說「研究抄士比亞與歌德的書車載斗量，但抵不上一篇《罕漠列特》和一部《浮士德》在文化史上所佔的地位。千家注杜，五百家注韓，也何曾抵得上杜甫、韓愈的一詩一文在我們的文化史上有積極的創造呢？」〔註 56〕更說「國學研究或考據、考證的評價……只是既成價值的估評，並不是新生價值的創造。」〔註 57〕郭沫若在其史學研究成名作《中國古代社會研究》後記中更直白的說道：「我自己的興趣是在追求，只想把沒有知道的東西弄得使自己知道。知道了，一旦寫出過，我便不想再寫了。這是我的一個毛病，也許是浪漫的性格。像編教科書那樣的古典風味，我自己很缺乏。」〔註 58〕郭沫若的這個「毛病」恰是需要嚴格學術訓練來克服的，而長期以來，中國傳統文化中能夠引導知識分子完成這種訓練的恰恰正是郭沫若所警惕的「國學研究」。郭沫若不肯爲這種訓練所「規訓」，使得他的「功力也不好」，〔註 59〕這成爲其爲後人所詬病的重要原因之一。在學科細化、學術研究學院化的今天，以一名後世研究者觀之，郭沫若的學術活動最具創新性的思想觀念「創造」已不再新鮮，甚至有的荒謬，這使得他的「毛病」、功力上的不足被放大，價值亦被低估。

　　與曾對文藝有純粹性和專門化的追求不同，郭沫若對史學的研究興趣與意識形態、政治信仰交織在一起，因而其認知傾向和歷史敘事有著明確的現實功利性，即爲當前的社會政治運動提供歷史辯護和靈感。「以文入史」之所以能夠有效，之所以能夠成爲郭沫若「轉向」的內在機制，一個必要的前提是中國傳統史官文化在社會政治文化中的巨大影響，而其特點是對學院派學

〔註 56〕《郭沫若全集・文學編》第 15 卷，北京：人民文學出版社 1990 年版，第 162 頁。
〔註 57〕《郭沫若全集・文學編》第 15 卷，北京：人民文學出版社 1990 年版，第 162 頁。
〔註 58〕《郭沫若全集・歷史編》第 1 卷，北京：人民出版社 1982 年版，第 312 頁。
〔註 59〕曹伯言整理：《胡適日記全編》第 3 卷，合肥：安徽教育出版社 2001 年版，第 425 頁。

術的超越，充滿入世的精神。理解這一點，才能眞正洞悉郭沫若爲何以文入史，又入怎樣的「史」。郭沫若以文入史的轉向，只有放置於二十世紀二三十年代的社會政治文化語境之中，才能體現其眞正的價値內涵。

第二節　「更大的質變」：「轉向」與赴廣大

　　無論是 1924 年翻譯《社會組織與社會革命》後在私信中表示，還是《孤鴻》發表時公開表態，「轉向」均尚屬郭沫若個人單方行爲，「轉向」眞正的完成有待新團體的接納。南下廣州，擔任廣東大學文科學長可謂郭沫若「轉向」的托底之作，然而，關於該段歷史，尚存有不少疑問，如廣東大學抑或廣東革命政府爲何會選擇郭沫若擔任文科學長？是什麼促使郭沫若下定決心遠赴廣州？田漢爲何沒有隨郭沫若等一起南下？是否眞如郭沫若所言，他爲「國家主義者」所羈絆？

一、廣東大學爲何會聘郭沫若爲文科學長？

　　以今天的眼光來看，廣東大學文科學長在郭沫若的諸多頭銜中顯得有些微不足道，但該職位卻是郭沫若「從政」抑或說其革命事業的起點。在當時的文化界，論學問、資歷，郭沫若等人作爲文學界的後起之秀，並不具備十分的威望；論關係、人脈，他們與廣東國民政府也無直接可靠的聯繫。而且，當時郭沫若等人十分年輕，1926 年郭沫若 34 歲，郁達夫 30 歲，成仿吾 29 歲，王獨清 28 歲，但四人卻均被聘爲教授。同時，除郭沫若擔任文科學長外，郁達夫也有行政兼職，任英國文學系主任，後改任出版部主任，可謂身負重任。

　　値得一提的是，據中山大學校史所載之《國立廣東大學規程》，「文科學長」不僅是「中國文學系、英文系、史學、哲學 4 系」（後來包括教育系、社會科學組、心理系）等學系的決策者，更是當時廣大「全校最高決策機關」校務會議的核心成員。〔註 60〕綜合廣東大學對創造社其它成員的聘任，廣大及背後的「革命政府」對文科學長郭沫若的重視，堪比蔡元培治下北京大學文科學長陳獨秀，這種支持在後來的「擇師運動」中也得到了有力的體現。於此，更有理由追問，廣大對郭沫若的青睞和重視源出何因呢？以往研究，

〔註 60〕以上資料見黃義祥編著：《中山大學史稿（1924－1949）》第 37、62～63 頁，廣州：中山大學出版社 1999 年版。

根據郭沫若的回憶，認爲是共產黨人瞿秋白在其中起到了主導作用，然而，這只是郭沫若聽到的傳言，可信程度究竟幾何，郭沫若也沒有把握，因爲「秋白自己卻不曾對我說過」。〔註61〕

　　根據蔡震考察，「郭沫若的南下廣東，理應主要是由國民黨人的意願促成，共產黨人則從旁推動了此事。」〔註62〕在當時國共合作的大背景下，區分共產黨和國民黨，尤其是共產黨和國民黨左派是很困難的。不過，據筆者對相關史料的查證，蔡震先生提到的陳公博確實在郭沫若南下廣州過程中起到了至關重要的作用。

　　陳公博當時在廣州國民政府是國民黨核心人物之一（在 39 人組成的國民黨權力中樞——第二屆中央執行委員會中，陳位居宋慶齡之後，排名第七），兼任廣東大學代理校長，廣大函聘郭沫若正是在陳執掌期間醞釀，而完成於褚民誼任代校長之時。換言之，如果僅有瞿秋白的推薦，沒有陳公博的積極推進，郭沫若南下廣東很可能付諸東流。問題是，陳公博與郭沫若此前並無交誼，此後亦未深交，那麼陳公博積極推進此事的動力何在呢？

　　廣東大學第一任校長爲鄒魯，1925 年 11 月「西山會議」後被罷免。此後，據 1925 年 12 月 1 日《廣州民國日報》報導，國民政府聘請北京大學教授顧孟餘擔任校長，但由於顧氏不能即刻赴任，校長一職暫由陳公博代理。由於鄒魯在廣大經營多年，勢力深厚，自其離任後，不少教授亦隨之辭職，廣大的經費問題也隨之凸顯，陳公博爲此頗爲頭疼。廖仲愷曾經評價陳公博「過於聰明」，陳公博自己理解「所謂太聰明，就是對於個人的利害太清楚」，〔註63〕在身兼數職的陳公博眼中，廣東大學代理校長微不足道且是個苦差事，多次請辭，以致謠言四起。爲此，1926 年 1 月 29 日《廣州民國日報》「學務消息」特以《廣大學生會注意校長問題》專事問詢，稱「現社會風傳有顧氏不來，陳氏辭職謠言，聞該校學生會對於此事非常注意，決定開會討論……」〔註64〕又據 1926 年 2 月 4 日《廣州民國日報》「學務消息」記載，廣大學生會因校長問題於「三日上午十時，謁見汪主席」，獲得的答覆是「政府自接陳代校長辭職書後，以難覓人主持，已請陳代校長延任一個月，在此

〔註61〕《郭沫若全集・文學編》第 12 卷，北京：人民文學出版社 1992 年版，第 278 頁。

〔註62〕蔡震：《在與國共兩黨的關係中看郭沫若的 1926～1927——兼論與此相關的史料之解讀及補充》，《郭沫若學刊》，2007 年第 1 期。

〔註63〕陳公博：《寒風集》，地方行政社 1945 年第四版，第 241 頁。

〔註64〕《廣大學生會注意校長問題》，《廣州民國日報》，1926 年 1 月 29 日。

延任期內，政府自當極力物色其人」。〔註 65〕從開始定期兩個月到被迫延期一個月，當時尚屬國民黨「左派」要人的陳公博，對於個人利益得失算計的十分精細，眼見無法推掉廣大的責任後，陳急於做出成績，清理鄒魯勢力並穩定廣大形勢，爲此極力招攬人才，尤其是支持聯俄容共的知識分子。

2 月 18 日《廣州民國日報》又刊文稱「陳公博代理廣大校務之措施，四大計劃經已次第實現」，「現陳氏以代理時期已滿，本身兼職務過多，精神不能集中，迭請政府開去校長職務，早日選員接替」。〔註66〕因此，出於清理鄒魯「右派」勢力的需要，也出於個人政治利益算計的考慮，廣大代理校長陳公博對「左派」知識分子，尤其是能堪當重任的革命文人，真可謂「求賢若渴」。在即將離任之際，爲再度彰顯自己的成績，在同一天同一版面，陳公博刊文《陳公博函催郭沫若等南歸》，催促郭沫若赴任。

這是一篇頗具時代特色的公開函，副標題是「現在廣州已充滿革命緊張空氣，願全國有思想學者集中努力革命」。在這封 850 多字的信函中，陳公博用極少字數簡單客套「已經讀了不少先生的著作」「還拿夜間編輯的余時來讀先生和國內文學家的文章」之後，就直奔主題，現身說法闡述「革命」對「文學」的倚重。哲學出身的陳公博借反駁哲學與革命無關論，來強調「至於文學與革命的關係，在各國文學，更無地無時不表現其精神」，並以自身經歷來舉證，說他「二十歲以後的行動，全受了文學的影響」。〔註67〕筆者以爲，陳公博的這一表態理應是真誠的，其邀請的方式也可謂特別，幾乎沒有對郭沫若本人的吹捧，更沒有攀結所謂的私人情誼（後來的資料表明，陳郭二人之前並不相識，之後亦無深交），通篇所言的核心，正是「革命」與「文學」的關係。郭沫若通過「表現」而完成的由文藝向生活、革命的跨越是可謂是當時知識分子普遍心理的反映，也是文藝與政治在現代中國近一個世紀的親密聯姻的思想根源。因此，陳公博所言絕非虛詞，而是「革命」和革命家對文學的期待和熱望的真實反映。關於「革命與文藝」本文第一章多有論述，在此不再重複。

陳公博對郭沫若招攬，其實正是「革命」對「文學」期待。有學者在考察北伐時期南北雙方的宣傳策略之後總結說：「北伐時期『宣傳』之功用被

〔註65〕 《廣東大學消息種種》，《廣州民國日報》，1926 年 2 月 4 日。
〔註66〕 《陳公博代理廣大校務之措施，四大計劃經已次第實現》，《廣州民國日報》，1926 年 2 月 18 日。
〔註67〕 《陳公博函催郭沫若等南歸》，《廣州民國日報》，1926 年 2 月 18 日。

南北各方視爲一種『無形之戰力』，首次受到國人的高度重視和嫻熟運用。」
〔註68〕郭沫若與廣州革命政府之間深刻的互動關係在此得到生動的說明，郭
沫若呼喊著的「革命的藝術化」對廣州革命政府有著極強的吸引力，尤其它
在與「國家主義派」論戰中的突出表現，贏得了國共兩黨職業革命家普遍的
尊敬，這本身即是他勝任廣大文科學長的資本，是其南下最核心的內在動
因。至於無論是瞿秋白的推薦，還是陳公博的招引，均是外在的因素，郭沫
若與陳公博並無交際，與瞿秋白也不過一面之緣，無論如何相見恨晚，也不
能成爲依託，郭沫若南下前「總覺得有點畏途，覺得這一去好像要受著欺
負」，即是這種外在人事關係顧慮的一種眞實寫照，事實證明，這種顧慮是
多餘，在廣東，因爲「革命」他又結交到更多影響到他後半生人生軌跡的朋
友。

二、郭沫若的態度

　　關於廣東大學邀請其擔任文科學長的眞實內因，郭沫若雖未明言，卻也
是有自知的。在談到廣大聘請他的因由時，郭沫若先說「後來陳豹隱對我說
過，這事是出於秋白的推挽。但秋白自己卻不曾對我說過。」〔註69〕緊接著
下一節，郭沫若就說：「文學和革命的關係，在當時的人多是認爲不能兩立
的。就在現在，有好些風雅之士依然在維持著這種見解，所謂『反差不多』
運動便是這種見解的具體表現了。這種人的根本見解是以『藝術』或『美』
那種東西爲先天存在的什麼，這種東西是超絕時空的，因而以這種東西爲對
象的人也就應該『度越流俗』，於是乎他也就不差不多了。這種著想法，正
是典型的觀念論，因爲他們把那種由歷史的發展所生產出的東西，不作爲歷
史的成果，而認爲歷史的起源。……眞的，當吳稚暉還未風雅化，唱著文學
與革命不能兩立的時候，我受了他的反面的暗示，卻想到了文學與革命的一
體。」〔註70〕因爲分節的關係，這好幾頁的議論文字與對瞿秋白的回憶分開
了，因而研究者多側重郭沫若對瞿秋白推薦的猜測，而忽略了後文對「革命

〔註68〕 王奇生：《國共合作與國民革命（1924～1927）》，《中國近代通史》第 7 卷，
　　　　南京：江蘇人民出版社 2005 年版，第 293 頁。
〔註69〕 《郭沫若全集・文學編》第 12 卷，北京：人民文學出版社 1992 年版，第 278
　　　　頁。
〔註70〕 《郭沫若全集・文學編》第 12 卷，北京：人民文學出版社 1992 年版，第 279
　　　　～282 頁。

與文學」關係的長篇大論，這些議論在《創造十年續編》回憶文體中顯得冗長且與後文用直參加婚禮的回憶不相干，因此其用意很明顯在於承接前文的敘述，對國家主義、對孤軍派、對瞿秋白的來訪以及其赴廣州的原因做一種自我合理化的敘述。可見，郭沫若對自己赴廣州內外各種因由與契機有著相應的認知。

　　另外，值得注意的是，郭沫若赴任廣東大學，是一個雙向選擇的過程，不是瞿秋白推薦，廣大聘請，郭沫若必然應招。且不說郭沫若曾有謝絕北大和多次推拒「武昌師大」延聘的先例，當時廣大同時還聘請有田漢，田漢即因受到「醒獅派」的遏阻〔註 71〕沒有與郭同行。以往研究稱「一九二六年二月底，當他（指郭沫若，筆者注）接到廣東大學的來信，聘請他去做文科學長的時候，他很快就決定接受聘請，而且不久即擇期啓程，奔赴廣州。」〔註 72〕這一說法沿襲郭沫若多年後的回憶，包括時間在內的多處細節均不准確。赴廣大任教對郭沫若而言絕非一次輕鬆的選擇，實際上，僅就雙方達成協議來說，就經歷了一個多月的時間，1926 年 2 月 3 日廣州就傳出聘郭沫若爲廣大文科學長的消息（見下圖），〔註 73〕2 月 10 日陳公博寫信催促其南下，3 月 5 日廣大似乎已經確信聘請郭沫若爲文科學長，〔註 74〕3 月 10 日左右收到聘書和旅費，3 月 18 日啓程赴廣州。〔註 75〕值得一提的是，「文科學長」的誘惑並未徹底消除郭沫若的疑慮，根據郭沫若的回憶，「當時的廣東雖然是我們的希望所寄繫著的唯一的地方，而又有仿吾先在那兒，有達夫答應同去，但我不知怎的，總覺得有點畏途，覺得這一去好像要受著欺負。」〔註 76〕綜合上述材料，可以看出，郭沫若對赴廣東大學任教慮考甚多：在可見的利益與長遠的發展之間，郭沫若更看重後者。「文科學長」固然可誘，但成仿吾、郁達夫、

〔註 71〕　《郭沫若全集・文學編》第 12 卷，北京：人民文學出版社 1992 年版，第 292 頁。

〔註 72〕　易明善：《郭沫若在廣州》，《郭沫若研究專刊》第 2 輯，四川人民出版社 1979 年版。

〔註 73〕　《廣州民國日報》1926 年 2 月 3 日刊發「聘郭沫若爲文科學長」的消息，讚揚其「作品之妙，幾乎無人不知」，且「有革命精神」。

〔註 74〕　《廣州民國日報》1926 年 3 月 5 日發布消息稱「文科學長一職，前代校長陳公博，經聘請郭沫若主持，在郭氏未到任之前，由陳公博代理……」。

〔註 75〕　《郭沫若全集・文學編》第 12 卷，北京：人民文學出版社 1992 年版，第 294 頁。

〔註 76〕　《郭沫若全集・文學編》第 12 卷，北京：人民文學出版社 1992 年版，第 293 頁。

王獨清的同聘才是促使其動心的客觀要素，郭沫若多年之後還坦言，他將傳說中王獨清「和汪精衛的秘書曾某相識」視爲「援兵」。〔註77〕作爲一名著眼於未來的浪漫主義詩人，郭沫若經歷過泰東書局的招聘、創造社的聚合離散，在上海日本之間徘徊之後，依舊在滬賣文爲生，在「歧路」「漂流」中生活於「水平線下」。作爲四個孩子的父親，他已深知理想和現實的距離，故而儘管郭沫若早已申明自己的轉向，早已經和曾經的同鄉好友國家主義者們分道揚鑣，而把革命的廣東視爲「希望所寄繫著的唯一的地方」，可以說與田漢不同，思想觀念上的阻礙早已不是問題，所以眞正決定郭沫若是否去廣東的，是廣大是否誠心相邀，以及能否在廣東眞正立足。當然，如果著眼於現實，郭沫若當時在上海不斷受到國家主義派的擠壓也是促使其南下的原因之一。

三、「到民間去」

　　如前文所示，廣東大學一開始不只邀請郭沫若，同時也邀請有田漢，但田漢卻並未前往。郭沫若後來回憶說「壽昌是少年中國學會的人，那個學會本來就帶有很濃厚的國家主義色彩。壽昌在前雖不必便是怎樣鮮明的國家主義者，但他在那一方面的朋友特別多。一種團體無論是怎樣自由的集合，多

〔註77〕《郭沫若全集·文學編》第 12 卷，北京：人民文學出版社 1992 年版，第 293 頁。

少總是有點立場的。一個人無論是怎樣超脫的性格，入了一種團體也自會帶著那個團體的意識。壽昌以少年中國學會的會員而參加創造社，他在出馬的時候便不怎樣熱心，可以說僅是出於對我個人的友誼。初期創造社本沒有標榜甚麼主義，但至少可以說是非國家主義的。這種意識和少年中國學會的宗旨隱隱成爲對立。」〔註 78〕郭沫若的這種說法未必準確，但由此再次可見，「國家主義」在郭沫若完成「自我的清算」的過程中扮演著怎樣重要的角色。〔註 79〕

有學者甚至將田漢視爲「醒獅派」成員，如小谷一郎在《郭沫若與二十年代中國的「國家主義」、「孤軍派」——論郭沫若「革命文學」論的提倡、廣東之行、參加北伐的背景及其意義》一文中的注釋中認爲，「醒獅派」的機關刊物《醒獅周報》（該刊名準確爲《醒獅》，因此當稱爲《醒獅》周報——筆者注）的發起人有：「曾琦、李璜、張介石、羅增益、薩孟武、黃仲蘇、余家菊、何公敢、林驥（靈光——小谷注）、田漢、舒新城、陳啓天、左舜生 13 人。」〔註 80〕筆者並未在《醒獅》周報中找到發起人名單，不知小谷先生據何所列，尚待考證。該名單中，「孤軍派」中羅增益、薩孟武、何公敢、林驥等在 1926 年左右兩社合併未果後就很少在《醒獅》上發文章。

田漢是「少年中國學會」中頗爲特殊的一份子，他與「醒獅派」其它成員的有著顯著的區別，他在《醒獅》上發表的文章多爲文藝作品（如連載翻譯武者小路實篤的《桃花源》），其在《醒獅》上所辟「南國特刊」採取的合作形式，是郭沫若、成仿吾所拒絕的「用文藝來作政論的附屬品」〔註 81〕的形式，主要內容多是如「郭沫若與 AA 女士」、「胡適之與白鶴泉」、「李季與騾子」等「文藝雜話」「文藝特刊」等。1967 年田漢交待「左舜生和《醒獅周報》」時說，「我那時雖嚮往進步，但對政治派別認識極淺，當左勸我替《醒獅》編副刊的時候我沒有拒絕，只要求出南國特刊。左也答應了。特刊出了幾個月。有人問我：『你怎麼加入國家主義派了？』我說：『沒有啊。』他告訴我醒獅

〔註 78〕《郭沫若全集‧文學編》第 12 卷，北京：人民文學出版社 1992 年版，第 165 頁。
〔註 79〕「大革命」以後郭沫若就對「國家主義」極爲敏感，《創造十年》《創造十年續編》等創作中多次批判。在建國以後，郭沫若更將其文章中不帶貶義之「國家主義」字眼都改爲「愛國主義」，相關考察，另文詳述。
〔註 80〕小谷一郎：《郭沫若與二十年代中國的「國家主義」、「孤軍派」》，《左翼文學的時代——日本「中國三十年代文學研究會」論文選》，北京大學出版社 2011 年版，第 231 頁。
〔註 81〕《郭沫若全集‧文學編》第 18 卷，北京：人民文學出版社 1992 年版，第 183 頁。

的政治背景，我才注意問題的嚴重。這不是個人交誼問題而是政治問題，我才趕忙把特刊停出了。幸虧我不曾參加過整個《醒獅》的編輯工作，更不曾參加國家主義派的組織，所以牽扯還少。」〔註82〕查，田漢在《醒獅》主持「南國特刊」主要在 1925 年至 1926 年初，足見田漢在政治的高壓下仍堅持說真話，其所言基本屬實。田漢在《醒獅》的告別之作是電影劇本《到民間去》，連載於《醒獅》第 74、75 期。這是一部意味深長的作品。

郭沫若 1923 年曾在《朋友們愴聚在囚牢裏》詩中這樣寫到：

> 朋友們愴聚在囚牢裏——
> 像這上海市上的貨家
> 不是一些囚牢嗎？
> 我們看不見一株青影，
> 我們聽不見一句鳥聲，
> 四圍的監牆
> 把清風鎖在天上，
> 只剩有井大的天影笑人。
> ……啊啊
> 我們是呀動也不敢一動！
> 我們到兵間去吧！
> 我們到民間去吧！
> 朋友喲，愴痛是無用，
> 多言也是無用！〔註83〕

多年之後，郭沫若在《創造十年》中還如是解說道：「在出《周報》時吼過些激越的腔調，說要『到民間去』，要『到兵間去』，然而吼了一陣還是在民厚南里的樓上。吼了出來，做不出去，這在自己的良心上感受著無限的苛責。」〔註84〕田漢在「南國特刊」上發表《到民間去》是在 1926 年 3 月 20 日，就在兩天前，郭沫若、郁達夫、王獨清已經登上新華輪南下廣州。

作品的男主人公叫「郭其昌」，與「張秋白同學於滬上某大學」，二人經常「聚飲於校旁一咖啡館，高談社會改造，慷慨悲歌，大有古烈士風」，「但

〔註82〕《田漢全集》第 20 卷，石家莊：花山文藝出版社 2000 年版，第 573～574 頁。
〔註83〕《郭沫若全集·文學編》第 1 卷，北京：人民文學出版社 1982 年版，第 323～324 頁。
〔註84〕《郭沫若全集·文學編》第 12 卷，北京：人民文學出版社 1992 年版，184 頁。

以性格言，張強而郭弱」，女主人公乃咖啡店侍女盧美玉。畢業後，高談闊論的張秋白不僅大膽的向美玉求愛成功，且在接收家產紡織廠後，變本加厲從事投機買賣，事業輝煌，而郭其昌則受青年怪農人和貧民窟教育家之影響，變賣所有從事「新村」實驗，為此不惜變賣祖傳「古瓶」於張秋白。美玉漸識秋白真面目，遂離開張而與郭「抱吻」於新村的黃昏之中。張秋白投機失敗，「妻父」亦因「政治關係見殺於敵」，其妻亦隨父下世，張淪為乞丐，攜「古瓶」前往新村，郭、張、盧三人的三角戀關係以張秋白的自殺而告終。劇尾，郭其昌與美玉於秋白墓旁合跳所創之「新式民間舞」，墳頭之花亦與之共舞。足見，「到民間去」在郭、田等人的圈子裏，不只是一句簡單的口號，而浸透著情感的深意。

「郭其昌」顯然是郭沫若與田壽昌的混合體，田漢為人坦誠粗獷，人稱「田老大」，張秋白性格上隱約可見田漢的影子。廣東大學同時邀請田漢、郭沫若，唯郭沫若南下，田漢羈留上海，田漢在郭沫若南下之際發表《到民間去》，其寄託的複雜情感和思想的矛盾自不言而喻。「組織新村」的實驗在當時的象徵和寓意亦是十分明顯的。在劇本「命意」中，田漢寫到：「一念為公，則見義勇為，奮不顧身，弱者或變而為強。一念為私，則患得患失，不知所可，強者或變而為弱。」〔註85〕郭沫若南下廣東，田漢在《醒獅》上發表《到民間去》完結，就中止了與「醒獅派」的合作。田漢十分看重該劇，同年，由南國電影劇社自籌資金，田漢自任導演，借新少年影片公司的場地、器材拍攝該劇，最後因經費拮据未能拍攝完成，這不能不說是一種遺憾。

郭沫若多年之後將田漢未赴廣東解釋為受到少年中國學會中「國家主義者」的羈絆，當是一種朋友之間的外部觀察，不失為一種客觀原因。不過，在田漢看來，個人的性格因素似乎更為重要，而這正是田漢終其一生的本色。無論是郭沫若，還是田漢本人，都沒有認定田漢是「國家主義者」，這一點是確信無疑的。郭沫若將田漢與國家主義派相聯繫，與其簡單為「孤軍派」貼上「國家主義派」標籤一樣，均有一定事實的依據，但同樣存在自我清算擴大化的傾向。導致這種情況產生的根本原因，是郭沫若對政治概念的理解，多是具體的、感性的，對概念的來源和演變沒有深究，其判定自然充滿個人色彩，這一點在本章第一節多有論述，在此不再贅言。

〔註85〕《田漢全集》第10卷，石家莊：花山文藝出版社2000年版，第11頁。

第三節 爲何是歷史？

當郭沫若的「純文藝」事業遭遇危機之後，面對生活的困頓和理想的迷茫，郭沫若的選擇理應是多樣的。比如，在 1924 年 4 月底，「籠城生活」離散後，郭東返日本後就曾想跟從九州大學生物學教授石原博士研究生理學，也曾「和四川經理員接洽，希圖入大學院，繼續領取官費。但沒有成功」。〔註 86〕我們不能排除郭沫若在文藝事業頓挫之後往科學、經濟、心理乃至書畫美術等領域拓展的可能性，爲此，前文對「歷史」的凸顯，及郭沫若選擇「歷史」作爲其「轉向」後革命事業發展的重心多有陳述。爲進一步解釋「歷史」的可能性，展現「轉向」前後的文化語境，本文借他山之石——臺灣地區學者的相關研究，來佐證本文的觀點，以企對郭沫若「以文入史」的選擇有更完整的論述。

一、拿點東西來打胡適？

與大陸學者延續周恩來在《我要說話》中的著名論斷，〔註 87〕從民主主義革命、反帝反封建等角度尋找郭沫若「入史」的內外合理性不同，臺灣地區研究者的觀點似乎更加簡單和草率——「爲甚麼郭沫若突然會將興趣轉向中國古史的研究？……非常重要的原因，那就是要和胡適對抗。」〔註 88〕余英時更以「拿點『東西』來『打』胡適」爲題認定「郭沫若爲什麼會走上古史研究這條路呢？據我讀他前後各種著述所得的印象，其中一個最重要的動機是他立意要打到胡適，並取而代之」。〔註 89〕面對同樣的問題，兩岸各有自己的偏見，相應的紕漏就都在所難免。比如，逯耀東爲了證明「郭沫若好名尤甚」，竟說「當他的《中國古代社會研究》，1930 年在上海由大東書局出版，在報上刊登預約廣告時，郭沫若說『他們在報紙上大登廣告，徵求預約。那

〔註86〕《郭沫若全集・文學編》第 12 卷，北京：人民文學出版社 1992 年版，第 203、210 頁。

〔註87〕如周恩來在《我要說的話》（《新華日報》1941 年 11 月 16 日）中說「在革命高潮時挺身而出，站在革命行列的前頭，他還懂得在革命退潮時怎樣保存活力，埋頭研究，補充自己，也就是爲了革命作了新的貢獻，準備了新的力量。他的海外十年，充分證明了這一真理……是一種新的努力，也是革命的努力」。

〔註88〕逯耀東：《郭沫若在日本千葉縣》，《胡適與當代史學家》，臺北：東大圖書公司 1998 年版，第 165～170 頁。

〔註89〕余英時：《余英時文集・現代學人與學術》，廣西師範大學出版社 2006 年版，第 406 頁。

廣告之大在當時曾突破紀錄,這可替我發泄了不少的精神上的鬱積,我很高興。並不是因為這樣使我大出了一次風頭,不,我不是那樣的風頭主義者。老實說,有時候我自己看見這郭沫若三個字都有點討厭。但我看見那大規模的廣告實在很高興。』由於這預約廣告,郭沫若歡欣之情溢於言表……因此,郭沫若到日本後,為了想恢復自己失落的名聲,想創造新的名聲,而選擇了中國古史研究」。〔註90〕首先,郭沫若《中國古代社會研究》1930年由上海聯合書店初版,而非大東書局。由大東書局出版的是《甲骨文字研究》《殷周青銅器銘文研究》這兩部書,逯文所引之郭沫若回憶,正是大東書局出版這兩部書之後郭沫若的內心告白,而非《中國古代社會研究》出版後的興奮心情。其次,逯耀東先生的誤植實在不應該,因為在其所引文字之前,郭沫若明白無誤的說明:「那時《中國古代社會研究》已經出版,對於這兩部書的印行,想必也有著催生的作用。《中國古代社會研究》出版於一九三〇年的年底,出書之後大受歡迎,很快便再版、三版了。」〔註91〕由郭沫若的「很高興……實在很高興」來證明「郭沫若好名尤甚」就有些勉強,由此來解釋郭沫若因好名而欲創造新的名聲、與胡適對立來研究古史,邏輯鏈條全然斷掉了。在臺灣學者心中,對胡適高山仰止,認為其是新文化絕對的中心,據此他們認為「五四運動最大的轉變,就是這些歐美的意識形態不必再經日本,完全從原產地直接輸入。中國的留日學生失去了原先文化掮客的作用,而他們又沒有直接參加這個歷史運動,在心理上不免有某種失落或被冷落的感覺。」此種情勢是郭沫若與胡適對立的心理基礎,因為胡適有懷璧之罪。〔註92〕作此判斷的潛在前提是陳獨秀、魯迅、周作人等這些「留日派」與胡適是無法相提並論的,其偏見之處自不待言。

　　筆者引論臺灣學者的研究,用意不在批判或辯誣,恰恰相反,這些觀點對本文研究的深入大有裨益。當我們將各自的偏見拋卻之後,展現的是「共識」,起碼在臺灣學者眼中,郭沫若「入史」不只是他個人的事情,也不只是「共黨」的革命行動,而與當時的學界有著深刻的聯繫。誠如余英時先生所言,從王國維,到郭沫若、聞一多、陳夢家都從「新詩人一變而為甲骨文、金

〔註90〕　逯耀東:《郭沫若在日本千葉縣》,《胡適與當代史學家》,臺北:東大圖書公司1998年版,第165～167頁。

〔註91〕　《郭沫若全集‧文學編》第13卷,北京:人民文學出版社1992年版,372頁。

〔註92〕　逯耀東:《郭沫若吻了胡適之後》,《胡適與當代史學家》,臺北:東大圖書公司1998年版,第145頁。

文的研究者」。〔註93〕雖然余先生強調的是「想像力」，不過這未嘗不是一種趨勢。史學在傳統文化中的重要性前文多有強調，不再贅述，問題是，在「五四」之後，「史學」又是以怎樣的形式來發揮作用，又有著怎樣的重要性呢？

　　魯迅曾在《中國新文學大系·小說二集·導言》中描述「五四」落潮後新文壇處境荒涼：「北京雖然是『五四運動』的策源地，但自從支持著《新青年》和《新潮》的人們，風流雲散以來，一九二○至二二年這三年間，倒顯著寂寞荒涼的古戰場的情景。《晨報副刊》，後來是《京報副刊》露出頭角來了，然而都不是怎麼注重文藝創作的刊物……」〔註94〕新文化中心南移上海，創造社異軍突起，以極大的熱情和話題感不計報酬的從事文藝事業，也不得不在 1924 年初暫時離散了。換言之，前文所述郭沫若的「歧路」與「漂流」不只是他所碰之「現實之壁」，包括魯迅在內整個新文學乃至整個新文化都須面對這一現實。有學者總結說：「內外反動勢力的囂張和高壓，新文學出現了分流：一方面，革命文學思潮的興起，即現代歷史主義文學精神的生成；另一方面，就是人本主義文學思潮的變形」。〔註95〕這種所謂的荒涼和落寞的源頭，不是新文學創作數量的銳減或質量的低劣，而是對文學在介入現實和實現理想上的失望，是楊蔭榆、章士釗、段祺瑞政府，「三一八」慘案和五卅運動等諸多現實構成的壁壘，新文化運動的深入或拓展必須戰勝舊勢力，而文學已遠遠不夠，必須向其它領域拓展和轉換，方能真正實現文化再造的歷史使命。

　　臺灣學者同樣注意到這種轉變，他們認為當郭沫若「在文學上已有他既得的地位」時，胡適已經引領國內的文化與學術氣氛轉變，「整理國故運動正積極展開，北京大學也創辦了《國學季刊》」。〔註96〕而「《國學季刊》的創刊不僅是中國現代史學，更是自五四新文化運動以來，中國學術從傳統邁向現代的一面引導旗幟」。〔註97〕而且，他們認定郭沫若「已意識到國故運動是新

〔註93〕 余英時：《余英時文集·現代學人與學術》，桂林：廣西師範大學出版社 2006
　　　　年版，405～406 頁。

〔註94〕 魯迅：《中國新文學大系·小說二集·導言》，上海：良友圖書印刷公司 1935
　　　　年版，第 8 頁

〔註95〕 解洪祥：《中國現代文學精神》，濟南：山東教育出版社 2003 年版，第 167～
　　　　168 頁。

〔註96〕 逯耀東：《郭沫若在日本千葉縣》，《胡適與當代史學家》，臺北：東大圖書公司
　　　　1998 年版，第 148 頁。

〔註97〕 逯耀東：《郭沫若吻了胡適之後》，《胡適與當代史學家》，臺北：東大圖書公司

文化運動發展過程中，一個不可抗拒的新趨向」。〔註98〕所以，郭沫若故意著文《整理國故的評價》《古書今譯的問題》與胡適對立，而他所謂「那一次他（指胡適，引者注）送了我們一本新出版的北京大學的《國學季刊》創刊號，可惜那一本雜誌丟在泰東的編輯所裏，我連一個字也不曾看過」更是有意的謊言，郭沫若不僅看了《國學季刊》，而且倍受震撼。〔註99〕

　　儘管臺灣學者上述論證實欠周密，但對我們過於強調革命或馬克思主義的政治指涉來理解郭沫若的「轉向」，來陳述「五四」新文化運動的走向等闡釋邏輯，亦有相當的鏡鑒作用。用革命理論、馬克思主義考察郭沫若「轉向」和「五四」運動發展，獲得的是一種宏觀的視野和整體的高度，但帶來的問題是，文化、文學被弱化，成為「革命」話語的附庸，文化、文學發展的內在邏輯被遮蔽，結論既成，歷史感隱退。如果說臺灣學者將郭沫若「轉向」和中國社會性質論戰等重大歷史問題繫於「郭沫若個人一心與胡適爭短長而搖筆桿」是「不能想像」的，〔註100〕是一孔之見，但其所強調的「五四」新文化運動之後的史學（尤其是社會史學）走向，卻是兩岸學者的共識。「歷史」在辯駁爭論中方可真正激活。

二、蓄逆還是共識？

　　作為「五四」新文化運動的倡導者，胡適對運動未來的發展有相對理性的構思乃至設想，在 1919 年 12 月《新思潮的意義》一文中，胡適就設想新文化運動的發展分為以下幾個步驟：研究問題、輸入學理、整理國故、再造文明。胡適將之視為「中國文藝復興運動」——從研究現實問題入手，根本目的是「再造文明」，手段是「輸入學理」和「整理國故」，〔註101〕既然是「復興」，那麼「整理國故」便是新文化運動不可或缺的一環。從郭沫若早期的史學研究來看，確有用新學理重新闡釋傳統文化的傾向。比如在《中國文化之傳統精神》他說「可以於孔子得到一個泛神論者……孔子的人生哲學是由他

　　　　　1998 年版，第 145 頁。
〔註98〕逯耀東：《郭沫若吻了胡適之後》，《胡適與當代史學家》，臺北：東大圖書公司1998 年版，第 149 頁。
〔註99〕《郭沫若全集・文學編》第 12 卷，北京：人民文學出版社 1992 年版，第 172 頁。
〔註100〕潘光哲：《郭沫若治古史的現實意涵》，《二十一世紀》（香港），1995 年 6 月第 29 期，第 84～90 頁。
〔註101〕胡適：《新思潮的意義》，《胡適文集》第 2 卷，北京大學出版社 1998 年版，第 551 頁。

那動的泛神的宇宙觀出發，而高唱精神之獨立自主與人格之自律。」〔註102〕而且，在郭沫若早期的史學研究中與胡適存在對話爭鳴關係，如在《讀梁任公〈墨子新社會之組織法〉》一文中，郭沫若就對胡適「墨子的宗教思想是墨學的枝葉」的觀點表達了不同意見；當然也有贊同，比如他們都認爲梁啓超《墨經校釋》有些地方「太牽強」。〔註103〕在《在惠施的性格和思想》一文中，郭甚至直言：「胡適的《中國哲學史大綱》說惠施的天地一體觀即是後來莊子所說『天下莫大於秋豪之末而太山爲小』云云，我覺得他不僅沒有懂到莊子，而且沒有懂到惠施。」〔註104〕這些都成爲臺灣學者認定郭沫若步胡適後塵的證據，且說胡適日記中「思想不清楚，功力也不好」是指郭沫若「所寫的這類文章，離當時的水準還遠得很。」〔註105〕同時，郭沫若攜長子通過徐志摩轉贈胡適的《詩經》新譯《卷耳集》自然也有了某種呼應關係，逯耀東先生甚至猜測，郭沫若之所以會吻胡適，可能就是胡適讚賞了《卷耳集》。〔註106〕首先，胡適在日記中說郭沫若「新詩頗有才氣，但思想不大清楚，功力也不好」〔註107〕是在 1921 年，而前文所舉郭沫若早期史學研究多發表於 1923 年；其次，胡適在日記中記載「我說起我從前要評《女神》，曾取《女神》讀了五日。沫若大喜，竟抱住我，和我接吻。」〔註108〕郭沫若吻胡適，與《卷耳集》無關。

　　值得注意的是，此種猜測並非個案。有日本學者亦曾猜測郭沫若的歷史小說「好像是爲了追尋魯迅的這些作品之蹤而寫」，進而說魯、郭歷史小說的異趣是「一個未被自覺的隱藏著的對立點」。〔註109〕證據呢，似乎也很充足：

〔註102〕《郭沫若全集・歷史編》第 3 卷，北京：人民出版社 1984 年版，第 259～260 頁。

〔註103〕《郭沫若全集・歷史編》第 3 卷，北京：人民出版社 1984 年版，269～271 頁。

〔註104〕《郭沫若全集・歷史編》第 3 卷，北京：人民出版社 1984 年版，第 286 頁。

〔註105〕逯耀東：《郭沫若吻了胡適之後》，《胡適與當代史學家》，臺北：東大圖書公司 1998 年版，第 149 頁。

〔註106〕逯耀東：《郭沫若吻了胡適之後》，《胡適與當代史學家》，臺北：東大圖書公司 1998 年版，第 147 頁。

〔註107〕曹伯言整理：《胡適日記全編》第 3 卷，合肥：安徽教育出版社 2001 年版，第 425 頁。

〔註108〕曹伯言整理：《胡適日記全編》第 4 卷，合肥：安徽教育出版社 2001 年版，第 72 頁。

〔註109〕伊藤虎丸：《郭沫若的歷史小說》，《郭沫若研究》第 6 輯，文化藝術出版社 1988 年版，第 327～348 頁。

1922 年 12 月魯迅《補天》發表〔註110〕，郭沫若於 1923 年 6 月、8 月分別作《漆園吏遊梁》〔註111〕和《柱下史入關》〔註112〕。之後兩人的歷史小說創作均出現較長的停頓，直到 1935 年，二人又幾乎都進入創作的爆發期〔註113〕，且各自小說集《故事新編》、《豕蹄》同於 1936 年先後結集出版。無論是單篇創作還是最後結集出版，郭沫若都緊隨魯迅之後，只晚七八個月的時間。

郭沫若不僅在「整理國故」上追隨胡適，且在歷史小說創作上「追蹤」魯迅，那麼，尾上兼英得出「對郭沫若來說，是根據別人思想的立場的如何來決定自己同該人的距離」〔註114〕的觀點似乎也就不足爲奇了。在一定的文化場域中，存在所謂「中心」與「焦點」是非常正常的事情，而這些話題一般由其中的資深「耆宿」提出或醞釀，有支持者，自然亦有反對者，這在當時初具規模的新文化場域中表現的十分突出。胡適不斷開風氣之先，據杏壇之首，如果非要用「追隨」或「追蹤」來評價，恐怕新文學諸公亦得用「衰衰步胡塵」來形容了。而事實上，知識場域的複雜性恰恰在於，許多新文化同人，正是以反對的姿態參與到話題中來，又以建構新文化爲目的的，比如「荷戟獨彷徨」的，正是與「諸公衰衰步胡塵」相對應的「魯迅先生醉眼冷」。在郭沫若的自我評價中，他認爲「前一期的陳、胡、劉、錢、周著重在向舊文學的進攻；這一期的郭、郁、成，卻著重在向新文學的建設。」〔註115〕這同樣是在以一種反對的姿態來參與新文學的建構，其對立的背後，其實潛藏著更多的「共識」。脫離歷史語境，鉤沉舊事，渲染對立，難免不有誅心之論。

以胡適爲中心的考察和以魯迅爲中心的猜測，郭沫若都是「蓄逆」，從心理到行動都在故意作對，然而將他們置於歷史的動態場域之中，諸多「對立」背後的「點」——「歷史」被凸顯出來。郭沫若反對胡適的文章《整理

〔註110〕發表於 1922 年 12 月 1 日《晨報四週年紀念增刊》，原題《不周山》。

〔註111〕發表於 1923 年 7 月 7 日《創造周報》第九號，原題《鶡鴵》。

〔註112〕發表於 1923 年 8 月 19 日《創造周報》第十五號，原題《函谷關》。

〔註113〕《理水》作於 1935 年 11 月，《出關》《采薇》《起死》均作於 1935 年 12 月；《孔夫子吃飯》1935 年 6 月，《孟夫子出妻》1935 年 8 月，《秦始皇將死》1935年 9 月，《楚霸王自殺》1936 年 2 月，《齊勇士比武》1936 年 3 月，《司馬遷發憤》1936 年 4 月，《賈長沙痛哭》1936 年 5 月。

〔註114〕伊藤虎丸：《郭沫若的歷史小說》，《郭沫若研究》第 6 輯，文化藝術出版社1988 年版，第 327～348 頁。

〔註115〕《郭沫若全集・文學編》第 16 卷，北京：人民文學出版社 1989 年版，第 98 頁。

國故的評價》開篇便這樣說道：「大凡一種提倡，成爲了群眾意識之後，每每有石玉雜糅、珠目淆混的傾向。整理國故的流風，近來也幾乎成爲了一個時代的共同色彩了。」〔註 116〕在該文中，郭沫若對胡適「一人要研究國學必使群天下的人研究國學」深感不滿，這種抱怨揭示的正是當時的學風，因此，從某種意義上說，臺灣學者說郭沫若「在文學上已有他既得的地位」時，胡適已經引領國內的文化與學術氣氛轉變，並非空言捏造。在「整理國故」的提倡和推動下，幾乎中國最優秀的大學都成立了國學研究機構，如北京大學的「研究所國學門」、東南大學國學院、清華學校國學研究院、廈門大學國學研究院、燕京大學國學研究所等。新文學的主陣地《小說月報》更在 1923 年初第 14 卷第 1 號發起了《整理國故與新文學運動》的「討論」，不過雖名曰「討論」，但「那幾位持反對論調的──便是主張整理國故是對於新文學的一種反動的──人，都未曾把他們的意見寫下來」，因此，鄭振鐸《新文學之建設與國故之新研究》、顧頡剛《我們對於國故應取的態度》、王伯祥《國故的地位》、余祥森《整理國故與新文學運動》等共六篇文章，均是「偏於主張國故的整理對於新文學運動很有利益一方面的論調。」〔註 117〕對於這種鼓吹和提倡，郭沫若表示了反感：「善教者教人只在於無形無影之間使人不得不受他的感化，學他的步趨，但他卻不能大鑼大鼓四處去宣傳：『你們快來學我！快來學我！』如今四處向人宣傳整理國故研究國學的人，豈不是大有這種打鑼打鼓的氣勢嗎？國學運動才在抬頭，便不得不招人厭棄，實在是運動者咎由自取。」〔註 118〕魯迅則在 1924 年的演講中這樣說道：「自從**新思潮**來到中國以後，其實何嘗有力，而一群老頭子，還有少年，卻已喪魂失魄的來講國故了。」〔註 119〕雖然，對這股盛行的風氣保持著警惕，然而，不可否認的是，魯迅和郭沫若都不同程度的參與到這一運動中去，其批判的態度本身，即是其對此深入思考的一種反映。儘管，「整理國故」並非簡單的「入史」，但普遍的關注和參與的背後，實際是對在傳統文化中居

〔註 116〕《郭沫若全集・文學編》第 15 卷，北京：人民文學出版社 1990 年版，第 159 頁。

〔註 117〕西諦：《整理國故與新文學運動・發端》，《小說月報》第 14 卷第 1 號，1923 年 1 月 10 日。

〔註 118〕《郭沫若全集・文學編》第 15 卷，北京：人民文學出版社 1990 年版，第 160 頁。

〔註 119〕《魯迅全集》第 1 卷，北京：人民文學出版社 2005 年版，第 176 頁。

於中心位置的「史學」公器的現代激活。魯迅、郭沫若、郁達夫等人大量的歷史題材創作，以及郭沫若明確的「入史」行為，都與這一大的文化背景密切相關。

　　同時，值得強調的是，在比郭沫若等再年輕一些的「蓄逆」看來，郭與胡都是鼓吹「疑古」的，1930 年代中國社會性質論戰中的積極分子李季在總結「中國近十餘年來學風的趨向和學術界變遷的大概情形」時，就將郭沫若視為「新思潮派」的領袖，說「郭先生的確是比整理國故派進了一步，在批判之中，寫出了殷周兩代社會史的雛形。他左手拿住摩爾根的前史人類進化階段的公式，右手拿住馬克思人類史上經濟分期的說法，套在中國的歷史上面，何等冠冕堂皇！但他所謂『批判精神』仍舊是整理國故派的疑古精神，他幾乎對於一切古書都發生疑問，認為不可靠。不過整理國故派是站在『層累地造成的中國史』那個抽象的死公式上疑古，而他卻是站在龜甲獸骨的遺骸上疑古，這是兩者不同之點。」〔註120〕李季雖為「托派」，〔註121〕但卻極力主張「馬克思主義」，這從一個側面反映出，各派知識分子之間，不只有「對立」，更理應存在一種「共識」。郭沫若與胡適、魯迅存在的對話爭鳴關係，儘管可以視為一種後進晚輩對學界權威的某種挑戰，但大的思想文化背景卻是新文化運動後，文學、文化界普遍存在的對新文化未來走向的思考。「歷史」由此成為可能，「以文入史」也成為胡適、錢玄同、郭沫若、聞一多、陳夢家等諸多文化精英的共同選擇，此時再看郭沫若的「轉向」便不再那麼突兀了。

〔註120〕李季：《從三十年來信古疑古的學風，整理國故派新思潮派建設信史的工作，說到我的為學態度的變遷，對某種問題的意見，批評界風氣的轉變，論戰場中的缺點和自己評判的對象》，《讀書雜誌》第 3 卷第 1 期，1933 年 1 月 5 日。
〔註121〕李季，「中國近代托派歷史理論的鼓吹者之一，是在「託陳取消派綱領」──《我們的政治意見書》上簽名的八十一人之一，也是中國社會史論戰期間『動力派』的代表人物之一。」（蔣大椿、陳啓能《史學理論大辭典》，合肥：安徽教育出版社 2000 年版，第 678 頁。）

第四章　「以文入史」與《沫若自傳》

　　郭沫若自傳被譽爲「中國最長的一部自傳」，是「中國現代自傳文學敘事的典範」。〔註 1〕然而，頗爲尷尬的是，對這部據稱「徹底改變了『東方無長篇自傳』的尷尬狀況」〔註 2〕的自傳，研究卻相對落後。《沫若自傳》究竟包含哪些內容？郭沫若爲何會從事自傳創作？這些作品是歷史還是文學？抑或說，《沫若自傳》的眞實性究竟如何？

　　儘管上述問題很難簡單回答，但卻並非僞命題，從某種意義上說，上述問題很大程度上源自郭沫若本人。《沫若自傳》是郭沫若親自編輯而成，但將其中某些作品視爲「自傳」顯然不合適，郭沫若著作編輯出版委員會在編輯《郭沫若全集》時做了相應的調整和變更，但畢竟《沫若自傳》是作家本人編輯完成的，是其文藝思想、傳記觀念的一種體現，其整體性和歷史價值不應被簡單捨棄；細考《我的童年》《反正前後》《北伐途次》等著作的「前言」「後記」等「副文本」，郭沫若不斷強調其自傳創作的意圖和歷史價值，這種對「歷史」的強調和作品文本濃厚的文學色彩及主觀情緒形成了強烈的反差，這都會使讀者對其文體屬性和眞實性產生疑問。

　　對於郭沫若而言，自傳創作與史學研究是其流亡日本期間革命活動展開的兩翼，是「轉向」的深化，它上接與「孤軍派」「醒獅派」的論戰、「大革命」時期的政治宣傳，下啓四十年代的歷史劇創作。將郭沫若自傳創作置於以文入史的動態「轉向」生成機制之中，能爲解答上述問題提供一個有益的

〔註 1〕 吳小彥：《中國現代自傳文學敘事的典範──郭沫若寫作於 20 年代的自傳文學敘事策略初探》，西南大學碩士論文，2008 年。

〔註 2〕 林藝敏：《轉型期的郭沫若自傳研究》，福建師範大學碩士論文，2010 年。

視角。郭沫若自傳創作遠早於 1930 年代的「傳記文學熱」，而始於「大革命」失敗後的 1928 年，是一種有意識的自覺實踐，與其文藝思想、革命觀念和史學實踐有著深刻的聯繫，郭沫若的「自傳」與近年來廣爲學界關注的胡適「傳記文學」雖共同促進了 1930 年代的「傳記文學熱」，但卻又有著根本的不同，二人共同存在的理論與實踐的背離，成爲文學與史學在現代文化語境中互動分合的典型案例。

第一節　郭沫若自傳創作的出發點

一、自傳：在對文學的反思中開始

　　大革命失敗後，郭沫若回到上海，不久便生了一場嚴重的斑疹傷寒。1928年初（陰曆正月陽曆二月），在創作《恢復》之後，郭沫若開始記日記，直到他離開上海，這些日記後來以《離滬之前》爲名整理髮表。在郭沫若已發表的著述中，日記極少，散見於各種形式的「附錄」中，唯此「記下了整整一個月以上的生活的記錄在我卻是很稀罕的事。」〔註3〕雖然經過整理刪節，但一些即時性的想法、生活的瑣碎、思想上的困惑等還是被鮮活的保存了下來。其中，尤爲值得注意的是，在第一天的日記中，郭沫若由陪孩子看兒童雜誌，知章魚爲生存吃自己斷掉的腳而感慨說「文藝家在做社會人的經驗缺乏的時候，只好寫自己的極狹隘的生活，這正和章魚吃腳相類。」〔註4〕第二天，又因「安娜買回高畠素之的《資本論》二冊，讀《商品與價值》一章終。——內山對她說『很難懂，文學家何必搞這個』。我仍然是被人認爲文學家的。」〔註5〕第六天，更說「文學家爲甚麼總是一個蒼白色的面孔，總是所謂蒲柳之資呢？那是一種奇怪的病人呢。或者也可以說是吃人肉的人種，不過他們總是自己吃自己罷了。就因爲這樣，所以文學家的酸性總比別人強。肉食獸的尿的酸性通例是強於草食獸的。人到病時不能進飲食，專靠著消費自己的身體，在那時是成爲純粹的肉食獸，尿的酸性一時要加強的。」〔註6〕第九天，更有一個對話創作：

〔註3〕《郭沫若全集・文學編》第 13 卷，北京：人民文學出版社 1992 年版，第 272 頁。
〔註4〕《郭沫若全集・文學編》第 13 卷，北京：人民文學出版社 1992 年版，第 273 頁。
〔註5〕《郭沫若全集・文學編》第 13 卷，北京：人民文學出版社 1992 年版，第 274 頁。
〔註6〕《郭沫若全集・文學編》第 13 卷，北京：人民文學出版社 1992 年版，第 279

一個對話

　　A　文學家爲什麼總帶著一個蒼白色的面孔呢？

　　B　那是一種奇怪的病人呢。

　　A　什麼病？

　　B　怕或者可以說是吃人肉的人種。

　　A　唉！

　　B　文學家時常是自己吃自己的，就和章魚一樣自己吃自己的
　　　　腳。

　　A　那我可懂得了，同時我還解決了一個問題，便是文學家爲
　　　　什麼總帶些酸性。

　　B　哼哼，肉食動物的尿啦。

　　A　對啦，文學家是等於貓子的尿。〔註7〕

　　這番連續的對「文學家」身份的排斥、譏諷和挖苦是郭沫若對其文藝事業反思的一種極端體現，發生在「大革命」失敗之後，發生於作者意志消沉之時，但卻不是一種偶然的宣泄，其複雜性和深刻性不止在於其處於郭沫若以文入史的思想鏈條之中，且在於其具體指向——自傳創作。文學家（文藝家）是有著蒼白色面孔的奇怪的病人，吃自己人肉的人種，寫自己極狹隘的生活……郭沫若對自傳創作、對消費自己的書寫理應是反對的，然而，郭沫若有意識的自傳創作卻正是開始於 1928 年——郭沫若的第一部自傳《我的幼年》（後改爲《我的童年》）即是在日記《離滬之前》寫作之後「三四月間在養病期中的隨時的記述」。〔註8〕這種對立是饒有趣味且意味深長的，郭沫若自傳創作最大的特殊性亦應從這種對立中尋求。

　　關於《沫若自傳》目前已有不少研究，從自我形象的塑造、修改與重構到在中西比較視域中的理論探討，《沫若自傳》被譽爲「中國最長的一部自傳」，是「中國現代自傳文學敘事的典範」，由此「徹底改變了『東方無長篇自傳』的尷尬狀況。」這些研究成果有助於理解認識郭沫若自傳，但有些問題還有待進一步明確。比如，所謂《沫若自傳》究竟是哪個出版社的哪個具體版本？所謂「郭沫若自傳」究竟包括哪些內容？不少研究都以不言自明直

　　　　～280 頁。

〔註7〕《郭沫若全集·文學編》第 13 卷，北京：人民文學出版社 1992 年版，第 281
　　　　～282 頁。

〔註8〕《郭沫若全集·文學編》第 11 卷，北京：人民文學出版社 1992 年版，第 159 頁。

陳《沫若自傳》，比較下來，有人稱《沫若自傳》共 110 萬字，〔註 9〕有人稱
「共一百二十多萬言」，〔註 10〕也有說「共寫一百三十餘萬言」，〔註 11〕筆者
查閱求眞出版社 2010 年版《沫若自傳》字數卻是「905 千字」，居然相差二三
十萬字，原因何在？

　　不少研究者未細考《沫若自傳》的文本源流，將《郭沫若全集》文學編
第 11～14 卷的內容合爲其所謂「沫若自傳」，或者將人民文學出版社 1979
年版的《少年時代》《學生時代》《革命春秋》《洪波曲》合爲「沫若自傳」，
而不知這兩者在內容上並不完全一致。根據目前可見資料，較早的《沫若自
傳》是盜版書商將原光華版之《我的幼年》擅改書名，翻印出版，並不標出
版單位與時間。〔註 12〕郭沫若本人編輯「沫若自傳」則是在 1947 年，將《我
的童年》《反正前後》《黑貓》《初出夔門》輯爲《少年時代》由上海海燕書
店出版。「海燕書店版」的《沫若自傳》只出版了兩卷，第一卷《少年時代》，
第二卷爲《革命春秋》（包括《我的學生時代》《創造十年》《創造十年續編》）。
四卷本的《沫若自傳》是郭沫若在編輯《沫若文集》時最終確定的，根據《沫
若文集》第六至九卷的相關說明，其各卷分別收入《沫若自傳》第一卷、第
二卷、第三卷、第四卷，且各卷均特別強調「經過了作者的修訂」、「作品全
部經過作者修訂」、「各篇作品都經過作者校閱修訂」，因此可以說，《沫若文
集》是現在通行的四卷本《沫若自傳》的版本來源（但不是具體篇目的初版
本）。人民文學出版社 1979 年版四冊單行本《少年時代》《學生時代》《革命
春秋》《洪波曲》均注明是「根據《沫若文集》的版本刊印的」。「沫若文集
版」的《沫若自傳》雖是郭沫若本人編輯，但篇目的甄選上確有值得商榷之
處，正如有研究所言，其「囊括小說、雜文、散文、戲劇各類文體，集自傳、
日記、遊記、回憶錄各種體裁於一身，五花八門，體式博雜」，〔註 13〕這種
過於寬泛的界定，可以視爲郭沫若本人的一種獨特創造，但對自傳的理論提
升和自傳詩學的建構來說，則另需甄別和考察。因此，郭沫若著作編輯出版

〔註 9〕 如林藝敏與吳小彦碩士論文均作此說。
〔註 10〕 陳宇：《「自我」形象的塑造、改寫與重構——〈沫若自傳〉研究》，西南大學碩士
　　　　論文，2008 年。
〔註 11〕 文傑：《淺談郭沫若的傳記文學觀》，《郭沫若學刊》，1987 年第 1 期。
〔註 12〕 上海圖書館編：《郭沫若著譯書目》，上海：上海文藝出版社 1980 年版，第 475
　　　　頁。
〔註 13〕 陳宇：《「自我」形象的塑造、改寫與重構——〈沫若自傳〉研究》，西南大學
　　　　碩士論文，2008 年。

委員會在編輯《郭沫若全集》時在篇目上做了相應的調整：文學編第 12 卷在收錄《沫若自傳》第二卷的同時，將其中的《山中雜記》、《路畔的薔薇》以及《集外》編入文學編第 10 卷；第 14 卷在收錄《沫若自傳》第四卷的同時，將其中的《芍藥及其它》也調整進文學編第 10 卷，另加入了《五十年簡譜》。可見，「全集版沫若自傳」和「文集版沫若自傳」（包括人民文學出版社 1979 年版的四冊單行本）在內容篇目上有較大的不同，而這些差別恰恰正是郭沫若自傳創作的特殊性所在，研究者若不細究具體版本，泛泛而談，恐難免出紕漏。

回到字數問題上來，雖然筆者並不知曉上述研究的統計方法，但根據《郭沫若全集》文學編第 11～14 卷版權頁，上述四卷字數分別為：218000、245000、300000、338000，相加共計 1101000 字；而人民文學出版社 1979 年版四卷字數分別為：206000、252000、311000、346000，相加共計 1115000 字，這大概就是上述所謂 110 萬字或 120 萬字〔註14〕的統計來源。這種統計除了忽視具體篇目的變動，還忽略了大量的「副文本」，《郭沫若全集》各卷均有大量的注釋，包括不同版本的刪改情況，這些字數顯然不應被統計在《沫若自傳》裏。

字數問題背後實質是郭沫若自傳創作的豐富性和複雜性。本文研究的主要目的不在「自傳文學」或傳記詩學的建構，而是在文學與史學的跨學科視域中尋求郭沫若研究的新突破。因此，本文所言之「郭沫若自傳」或《沫若自傳》是經過郭沫若本人編輯的「沫若文集版」，它除了包括《我的童年》《反正前後》《黑貓》《初出夔門》《我的學生時代》《創造十年》《創造十年續篇》《今津紀遊》《水平線下》《北伐途次》《請看今日之蔣介石》《脫離蔣介石以後》《海濤集》《歸去來》《洪波曲》《蘇聯紀行》《南京印象》外，還包括《山中雜記》（散文五篇）、《路畔的薔薇》（散文六篇）、《集外》（散文五篇）、《芍藥及其它》（散文十一篇）以及散文《雞之歸去來》《癱》《大山樸》，也包括戲劇《甘願做炮灰》。明確這一點，意在將郭沫若的「自我歷史化」作為具體歷史個案來考察，作為一位歷史意識極強，積極參與自我歷史形象建構的文化名人，郭沫若的「自傳」行為本身即具有十分重要的意義，尤其是在他一方面負面評價文學家消費自己的行為，另一方面又創作了如此數量驚人的自

〔註14〕「沫若文集版」的《沫若自傳》不包括《五十年簡譜》，而《五十年簡譜》也是郭沫若自己編寫，統計在內，可作「一百二十萬言」。

傳作品之時。

二、自傳創作的原因

　　前文說到，郭沫若的自傳創作是在其對「文學」的極度反思中進行的，他究竟是以一種怎樣的心境來從事自傳創作？其創作的出發點究竟是什麼？以往研究多以現實生存因素來回答上述問題。所依據的多是郭沫若在 1932～1935 年致葉靈鳳的信和 1931～1937 年致田中慶太郎的信。如，在 1932 年 7 月 22 日致葉靈鳳的信中，郭沫若談到《創造十年》及「後編」並《石炭王》《同志愛》的版權稿酬問題：「我的條件是：（1）要經我校閱一次才可出版，（2）出版後送書三十部，（3）後編亦要千五百元，在三個月後交稿，稿費請分月先納，（4）原稿未經作者同意，不得刪改，如有刪改版權作廢。」〔註 15〕第二天又發一信，更說

> 　　但我的條件是：（1）後編於三個月後交稿，稿費同是一千五百
> 元，以三個月內繳清。（2）須給我校閱一遍方可出版（最好將第三
> 校與原稿同時寄來，待你們作第四校時，我的校稿便可趕到，可省
> 時日）。（3）原稿如有改竄之處，必須要經作者同意，否則版權作廢。
> 　（4）書出後贈作者三十部。
>
> 　　（2）《迷娘》只能用我校閱的名義，斷不能用合譯。
>
> 　　（3）《石炭王》在樂群處原約是百分之二十，請你問張資平自
> 明。應照原議作百分之二十。
>
> 　　（4）我現在手裏有一部長篇小說《同志愛》，寫的是武漢時代
> 的一件事情，是前年寫好的。有十萬字上下。你們肯出一千五百元
> 現金購買，我可以賣給你們。〔註 16〕

　　8 月 29 日、9 月 25 日又致信葉靈鳳索要稿費、爭取版權，並就即出作品稿費討價還價。綜觀郭沫若致葉靈鳳的信件，均是關涉版權與稿費問題的，且均十分直露，沒有絲毫文人應有矜持，因而給人的印象是郭沫若為生活所迫，不得不放下身段在現代、光華、良友等書商間竭力周旋，與書商談

〔註 15〕黃淳浩編：《郭沫若書信集》（上），北京：中國社會科學出版社 1992 年版，第 380 頁。

〔註 16〕黃淳浩編：《郭沫若書信集》（上），北京：中國社會科學出版社 1992 年版，第 382 頁。

錢，這自然也可成爲其創作的動力。但是，如果考慮到民國出版界的實際以及郭沫若旅居日本的現實狀況，就不難理解這些信件的實際作用等於契約，是一種非正式的合同，因而必然是明確的。拖欠、爽約在民國出版界較爲常見，郭沫若維護自己利益只能通過信件，「我的版稅能在『每月十日彙出』最好，望勿失信」，〔註 17〕「你說每月十號務必彙二百元來，但是三月份還成了廢話。今天是四月三號，此信到你手裏當在十號以前，我將特別提醒你，請你於四月十號務必將二百元寄出。」〔註 18〕在商言商，如果郭沫若身在國內，大可前往質詢、索要（郭沫若與泰東書局之間的稿費問題即是以這種方式進行的）自然也不會留下這些文字了。故而，這些信件只能作爲一種佐證，很難眞正解釋郭沫若爲何在避難日本期間做了如此大量的自傳作品。《我的童年》（原題《我的幼年》）「前言」、「後話」落款的時間分別是「1928 年 12 月 12 日」「1929，1，12，校閱後記此」，也即 1928 年末 1929 年初《我的童年》已經寫作完成，再次印證該著寫於《離滬之前》後「三四月間在養病期中的隨時的記述」。另外，郭沫若流亡日本之初，創造社每月給他一百元的生活費，直到 1929 年二月初創造社被查封後才斷絕。換言之，在郭沫若從事自傳創作之初，其生活「雖不能算是怎樣的豐裕，但也不能夠說是怎樣的菲薄了」，〔註 19〕因此賣文之說雖非虛言，但卻不是郭沫若自傳創作最初動因。

　　根據蔡震考證「郭沫若所創作的 1937 年以前生活經歷的自傳，則有八成以上的文字寫於流亡日本的十年間。」〔註 20〕但這並不意味著只要能賣錢，郭沫若什麼文字都肯做，在致葉靈鳳的信中郭沫若也這樣說道：「施蟄存先生寫來一信，要我在《現代》上做篇創造社歷史，我的《創造十年》已經有一半在那裡了，我沒意趣再寫，請你轉告他。在時間上沒有長久性，在價值上

〔註 17〕黃淳浩編：《郭沫若書信集》（上），北京：中國社會科學出版社 1992 年版，第 386 頁。

〔註 18〕黃淳浩編：《郭沫若書信集》（上），北京：中國社會科學出版社 1992 年版，第 387 頁。

〔註 19〕《郭沫若全集・文學編》第 13 卷，北京：人民文學出版社 1992 年版，第 314 ～315 頁；又，第 367 頁《我是中國人》中稱「自成立以來便在風雨飄搖中的創造社，終於在一九二九年二月七日，便是我流亡日本後一週年光景，被封鎖。在國內的朋友們的處境比我更加困難了，我的每個月一百元的生活費，從此也就斷絕了。」

〔註 20〕蔡震：《在記憶與反思中守望文學——論流亡時期詩人郭沫若的自傳寫作與理論思考》，陝西師範大學學報（哲學社會科學版），2011 年第 1 期。

無可無不可的東西，我是沒興趣做的。」〔註21〕又如，「前蒙寄《胡與郭》書早已收到，這種投機的無聊的文字沒有理的必要。」〔註 22〕由此可以看出，郭沫若儘管生活艱苦，急需稿費養家，但在創作上仍有很強的原則性，在這點上並不屈從商業利益。實際上，生活艱苦、與書商爲利益周旋是民國文人的常態，郭沫若因避難日本，情形更甚（比如郭沫若擔心書商爽約，竟在書稿未完成的情況下要求書商預付部分稿費，方可安心創作，這顯然不是生活所迫，而是爲書商所迫），但這絕不是郭沫若創作的源動力，郭沫若自傳寫作的背後還有更爲深層的原因。

郭沫若流亡日本期間第一部自傳創作也是其第一部自傳──《我的童年》的「前言」和「後話」是理解其自傳創作深層動因的重要線索。在「前言」中郭沫若以詩的形態宣稱：

> 我的童年是封建社會向資本制度轉換的時代，
> 我現在把它從黑暗的石炭的阬底挖出土來。
> 我不是想學 Augustine 和 Rousseau 要表述甚麼懺悔，
> 我也不是想學 Goethe 和 Tolstoy 要描寫甚麼天才。
> 我寫的只是這樣的社會生出了這樣的一個人，
> 或者也可以說有過這樣的人生在這樣的時代。

1928 年 12 月 12 日〔註 23〕

這種態度首先與《離滬之前》中對「文學家」的諷刺構成呼應關係，作者聲明奧古斯丁、盧梭、歌德和托爾斯泰都不是其作品之偶像，1947 年在編輯《沫若自傳》時，這一用意又再次被強調，「我沒有什麼懺悔……恐怕也不會懺悔了」。〔註24〕這一「前言」清晰的傳達了作者創作的命意──超越中西自傳傳統，「通過自己看出一個時代」。西方自傳詩學「教皇」菲力浦・勒熱納在談到自傳與回憶錄區別時這樣說道：「除了一些斗膽把個人歷史等同於宏大歷史的天才人物外，作者不等於被言說對象。相反，在自傳中，言說內容就是個人，而不僅僅是一個私人材料和歷史材料的比例問題……兩部分分量

〔註21〕黃淳浩編：《郭沫若書信集》（上），北京：中國社會科學出版社 1992 年版，第 387 頁。

〔註22〕黃淳浩編：《郭沫若書信集》（上），北京：中國社會科學出版社 1992 年版，第 388 頁。

〔註23〕《郭沫若全集・文學編》第 11 卷，北京：人民文學出版社 1992 年版，第 7 頁。

〔註24〕《郭沫若全集・文學編》第 11 卷，北京：人民文學出版社 1992 年版，第 3 頁。

的高低只能取決於作者的根本設想。我們不僅應看到量，還應看到兩個部分的主次，即作者想寫的是他個人的歷史還是他的時代的歷史。」〔註25〕研究者在為郭沫若自傳進行文體定性和區分時即面臨這樣的尷尬，因為郭沫若顯然就屬於勒熱納所謂的「斗膽把個人歷史等同於宏大曆史的天才人物」。從郭沫若幾乎所有自傳的前言和後記看，郭沫若通過自傳想寫的都是「他的時代的歷史」，而讀其作品，卻又清晰的感知到，他所寫的其實都是「他個人的歷史」。郭沫若難道沒想過，既然已有了他的《創造十年》施蟄存為何還要他在《現代》上做「創造社歷史」的文章？他的回答很直白，「我的《創造十年》已經有一半在那裡了」。

三、「個人」與「歷史」的同構

　　蔡震在考察郭沫若流亡日本時期的自傳寫作時指出郭沫若的「自傳寫作完全不是情緒性的宣洩，而是有著理性的清晰和意識到的歷史責任感……郭沫若的自傳體作品，既是一個文學創作的過程，也是一個歷史書寫的過程。」〔註26〕這一灼見道出郭沫若自傳作品與「歷史」不同尋常的關係，但這究竟是一種怎樣的關係，彼此之間以何種形式來完成互動，蔡震並未明言。有不少研究者因此將「自傳」與「歷史」劃等號：「對於親身經歷的歷史事件，郭沫若將『自我』的人生閱歷剪裁、加工製作出來，『我』的自傳就是一部中國社會的歷史畫軸。」〔註27〕這顯然說服力有限，對郭沫若自傳作品的特殊性並未有很好的揭示。我們注意到，郭沫若在對文學的反思中開始其自傳創作，並極言其並非奧古斯丁、盧梭輩的信徒，至少在態度上呈現出「非文學重史學」的傾向。作為「中國馬克思主義史學的開拓者」，〔註28〕郭沫若與唯物史觀之間的關係已為世人熟知，但其在觸發郭沫若自傳創作，並深刻影響其後繼作品的生發機制卻長期付諸闕如。

　　郭沫若將他個人的歷史與時代的宏大曆史同構，呈現的是結論，其理論

〔註25〕法菲力浦‧勒熱納：《自傳契約》，楊國政譯，北京：北京大學出版社2013年11月版，第4頁。

〔註26〕蔡震：《在記憶與反思中守望文學——論流亡時期詩人郭沫若的自傳寫作與理論思考》，陝西師範大學學報（哲學社會科學版），2011年第1期。

〔註27〕鄧俐：《論〈沫若自傳〉對中國現代自傳的貢獻》，《小說評論》，2010年第4期。

〔註28〕林甘泉、黃烈主編：《郭沫若與中國史學》，北京：中國社會科學出版社1992年版，第19頁。

基礎和推導邏輯並未言明，只是有一點他確定無疑——之所以能完成這兩者間的轉化，絕不是所謂自負與天才，1947 年在編輯《沫若自傳》第一卷時郭沫若特別強調「自己也沒有什麼天才。大體上是一個中等的資質，並不怎麼聰明，也並不怎麼愚蠢，只是時代是一個天才的時代，讓我們這些平常人四處碰壁。我自己頗感覺著也就像大渡河裏面的水一樣，一直是在崇山峻嶺中迂迴曲折地流著。」〔註 29〕郭沫若有意識的自覺從事自傳寫作，出發點是史學的，不只是為史家做材料，而是「通過自己看出一個時代」，這其中亦蘊涵著其作為革命家的政治自覺。

在郭沫若看來，將個人歷史與時代宏大曆史同構並非狂妄，而是一種必要，其理論基礎是：

> 人們在自己生活的社會生產中發生一定的、必然的、不以他們的意志為轉移的關係，即同他們的物質生產力的一定發展階段相適合的生產關係。這些生產關係的總和構成社會的經濟結構，即有法律的和政治的上層建築暨立其上並有一定的社會意識形式與之相適應的現實基礎。物質生活的生產方式制約著整個社會生活、政治生活和精神生活的過程。不是人們的意識決定人們的存在，相反，是人們的社會存在決定人們的意識。〔註 30〕

上述唯物史觀的經典論述是馬克思歷史唯物主義的核心，即郭沫若所謂「唯物史觀公式」，其相應翻譯是：

> 人們在其生活底社會的生產沒入於種種既定的必然的不受意志支配的關係裏面，此種種關係即是生產關係，與物質的生產力之某一既定的發展階段相應。諸生產關係之總和構成社會之經濟的結構，這是真實的基礎，各種法律的和政治的上層結構建築於其上，各種既定的社會的意識形態與之相應。物質的生活之生產方式是一般社會的、政治的，及精神的生活過程底前提。不是人們的意識規定自己的存在，反是自己的社會的存在規定人們的意識。〔註 31〕

由此，個人與時代就有了同構的可能，關鍵是如何實現這種同構。這些個人歷史的材料和形式對於時代歷史究竟有怎樣的價值？這些自傳文字對於

〔註 29〕《郭沫若全集·文學編》第 11 卷，北京：人民文學出版社 1992 年版，第 3 頁。
〔註 30〕馬克思：《〈政治經濟學批判〉序言》，《馬克思恩格斯選集》第 2 卷，北京：人民出版社 1995 年版，第 32 頁。
〔註 31〕《郭沫若全集·文學編》第 13 卷，北京：人民文學出版社 1992 年版，第 276 頁。

「理想社會實現上的政治價值」有沒有貢獻？對此，郭沫若本沒有信心，在《我的童年》「後話」中，他自嘲說「這樣枯燥的文字，自己在敘述途中都已經感覺著厭倦了。在這兒是可以成一段落的，我便採取了最新式的革命的刑罰：把這個腦袋子鋸了下來。」〔註32〕「章魚自食」與「把腦袋子鋸了下來」兩種形象的比喻是郭沫若內心矛盾糾結的反映，如果說「歷史化」是一種自覺，那麼自我與時代的歷史同構顯然非一己之力所能完成，這一矛盾實際長期困擾著郭沫若。

直到收到一封「未知同志」的來信，郭沫若才信心百倍的解答了上述問題。這封信收錄在郭沫若的第二部自傳《反正前後·發端》中，郭沫若也藉此告白了自己繼續自傳創作的關鍵動因：

> 你的《童年》在我看來是有意義的作品……材料什麼都可以，形式也什麼都可以，主要的是認識！主要的是要以我們的觀點來作一切的批判！關於這一層我覺得你是多少做到了。我接受了你這部新作，也就是因為這樣的原故……你的目的是在記述中國社會由封建制度向資本制度的轉換，但這個轉換在你的童年時代其實並未完成。這個轉換在反正前後才得到它的劃時期的表現，在歐戰前後又得到它的第二步的進展，餘波一直到現在。然而，它的轉換終久沒有完成，而且注定地是永遠不能完成的。中國的資產階級要想完成它本身的革命，而他的同階級的帝國主義者卻不肯允許。這是資本主義本身中的矛盾，帝國主義者的大好地盤是不能讓中國的幼稚的資產階級起來佔領的。所以中國的幼稚的資產階級便只能做帝國主義者的買辦，而中國便永遠肩荷著一個半殖民地的命運……同志，你假如是這樣，我希望你迅速地寫下去罷！〔註33〕

鑒於 1929 年的政治環境，「未知同志」究竟是誰，郭沫若並未交待，但從郭沫若的反應來看，顯然這封信來自中共高層，郭沫若因此深受鼓舞，他不僅特別重複「材料什麼都可以，形式也什麼都可以，主要的是認識！」這「一針見血之談」，更直陳「我現在又提起我全部的勇氣來繼續這項工作了。」〔註34〕符合馬克思主義唯物史觀的正確「認識」是打通個人與時代的關鍵，

〔註32〕《郭沫若全集·文學編》第 11 卷，北京：人民文學出版社 1992 年版，第 159 頁。

〔註33〕《郭沫若全集·文學編》第 11 卷，北京：人民文學出版社 1992 年版，第 163～164 頁。

〔註34〕《郭沫若全集·文學編》第 11 卷，北京：人民文學出版社 1992 年版，第 165 頁。

是個人歷史與時代歷史同構的基石。在此「認識」之下，「以我們的觀點來作一切的批判」，〔註 35〕郭沫若的自傳寫作即被等於革命行動而接受，在「未知同志」看來，「假如是這樣」──郭沫若自傳「想敘述這些鐵石的事實」：「中國社會由封建制度向資本制度的轉換……注定的是永遠不能完成的……中國的幼稚的資產階級便只能做帝國主義者的買辦，而中國便永遠肩荷著一個半殖民地的命運」，打破這「詛咒」的是「自五卅以來，年年的事變」，〔註 36〕那麼郭沫若的寫作將被認可並被期待。來自革命同志的贊同與肯定更進一步推動了其創作，其自傳寫作與編輯延續了二十多年。考據「未知同志」究竟是誰已不可能，唯有毛澤東在 1944 年 11 月 21 日從延安寫給郭沫若的一封信作為中共高層對郭沫若自傳創作肯定的佐證，其中就這樣寫道：「最近看了《反正前後》，和我那時在湖南經歷的，幾乎一模一樣，不成熟的資產階級革命，那樣的結局是不可避免的。」〔註 37〕其出發點與結論都和「未知同志」高度一致。有學者在考察現代傳記文學創作時就明確指出，若論及自傳之「文學屬性」與「歷史屬性」，郭沫若「傾向於傳記的歷史屬性」。〔註 38〕

綜上，郭沫若之所以長時間堅持自傳創作，尤其是 1941 年作《五十年簡譜》、1942 年補寫《學生時代》、1947 年開始編輯《沫若自傳》等舉動說明，其系統性的創作實踐背後，是革命化的「歷史」企圖，其做史學教授、自傳創作和歷史研究等「入史」行為同樣是有意識的自覺實踐，以文入史的動態轉向過程在此亦得到有力的呈現。

第二節　自傳：歷史的真實與文學的虛構

有論者以郭沫若自傳反映了「中國現代社會的政治、社會歷史變動……能夠看到中國現代歷史上的許多風雲人物……記錄和反映了中國現代的文化思想史……記載了中國現代的許多文化名流」，就因此認定《沫若自傳》奠定了現代自傳的基本範式為「『自傳』與『史傳』相結合」，〔註 39〕這不

〔註 35〕《郭沫若全集・文學編》第 11 卷，北京：人民文學出版社 1992 年版，第 163 頁。
〔註 36〕《郭沫若全集・文學編》第 11 卷，北京：人民文學出版社 1992 年版，第 163〜164 頁。
〔註 37〕毛澤東：《毛澤東書信選集》，北京：人民文學出版社 1983 年版，第 241 頁。
〔註 38〕謝昭新：《論三十年代傳記文學理念與自傳寫作熱》，《中國現代文學研究叢刊》，2006 年第 5 期。
〔註 39〕鄧俐：《論〈沫若自傳〉對中國現代自傳的貢獻》，《小說評論》，2010 年第 4 期。

僅掩蓋甚至混淆了郭沫若自傳創作的出發點和史學立場，更是對現代自傳的簡化。這一認定首先需要面對的是郭沫若自傳的真實性究竟怎樣？他的記錄究竟是否準確，所謂「郭沫若引進中國傳統小說講故事的某些技巧」，其究竟加工或虛構了哪些東西，經過這些技巧修飾過的「自傳」有何種史傳性？

根據筆者對《創造十年》的考察，其中存在不少重要的「誤記」問題，〔註40〕郭沫若與魯迅的對立情緒等主觀表達也讓其真實性備受質疑。讀過《沫若自傳》的讀者有理由追問，其對「中國現代社會的政治、社會歷史變動……中國現代歷史上的許多風雲人物……中國現代的文化思想史……中國現代的許多文化名流」的記述究竟有多少可信性？本文通過對典型個案的文本分析，試圖管窺這種「真實性」，進而作考辨百餘萬言「郭沫若自傳」的「史傳性」和「文學性」的初步嘗試。

一、《北伐途次》考

《北伐途次》被認為是郭沫若自傳中史料價值較高的一部作品，不僅因為它記述的是「北伐」這一重大政治、社會歷史事件，涉及到國共兩黨眾多風雲人物，描述了賀勝橋、汀泗橋等著名戰役，還因為郭沫若在作品「小引」中特別強調真實性和客觀性：「我本也可以加些想像進去，把全部的事件客觀化起來，寫成一部小說，但那樣反會減少事實的真實性，同時是會發生出許多錯誤的。」〔註41〕另外，《北伐途次》經過縮寫，其中部分以《賓陽門外》為題作為小說的形式存在，這種互文性不是寬泛意義上「任何文本都可能構成為互文本」〔註42〕的「文本間性」，而是「重寫」或文體轉換意義上的互文性，對分析、理解郭沫若自傳的敘事策略有較高較典型的價值。

小說《賓陽門外》最初發表於上海《光明》雜誌第 1 卷第 5 號（1936 年 8 月 10 日），《北伐途次》最初連載於 1936 年 7 月至 1937 年 2 月上海《宇宙風》第 20～34 期，二者幾乎同時發表。在內容上，《賓陽門外》是《北伐途次》第十九至二十二節的「縮寫」，初發表時有小序：

> 這篇東西本來是《北伐途次》的縮寫，在為日本《改造》雜誌

〔註40〕周文：《誤記與郭沫若詩學觀》，《現代中國文化與文學》第 14 輯，廣州：花城出版社 2014 年版，第 276～288 頁。
〔註41〕《郭沫若全集・文學編》第 13 卷，北京：人民文學出版社 1992 年版，第 5 頁。
〔註42〕傑拉德・普林斯：《敘述學詞典》，喬國強、李孝悌譯，上海譯文出版社 2011 年版，第 106 頁。

用日文縮寫的《武昌城下》之前。原是應上海某雜誌的徵文寫的。
因該誌停刊，原稿留在上海友人處已歷年餘。內容是怎樣我自己已
不大記憶，但那寫法和《北伐途次》與日文的《武昌城下》都小有
不同。這在自己的作品的製作過程上，是一項頗有趣的資料。讀者
或許會嫌與《北伐途次》重複，但內容雖是一事，而結構並不全同，
我是認爲有獨立的性質的。

一九三六年七月十九日〔註43〕

這裡又關涉到「《武昌城下》」，且「寫法和《北伐途次》與日文的《武
昌城下》都小有不同」，這三者間究竟是怎樣的一種關係？《郭沫若全集》
中《北伐途次》的注釋：「最初發表時，篇首有《序白》，寫於一九三六年六
月一日，說明本篇原題《武昌城下》，曾應日本某雜誌之約用日文縮寫，發
表在該刊上。」〔註 44〕這一說明節略了大量信息，對理清三個文本間的關
係起到的負面作用，如不仔細分辨會誤以爲《北伐途次》原題《武昌城下》，
是應日本某雜誌之約用日文縮寫而成。對這三個文本關係說明最清楚的正是
《北伐途次》篇首的《序白》，而《全集》卻未收錄，現補錄於此：

北伐途次　序白

1933 年七月 12 日寫成了一部六七萬字的回憶錄，原名爲「武
昌城下」，本是應滬上某書店寫出的，因爲該書店欠我的版稅不付，
這部東西也就沒有交去刊行。去年日本的改造社請我把那精粹處提
出來，用日本文縮寫成一萬五六千字的短篇，我也照辦了。在該社
出版的「改造」雜誌五月號上所發表的「武昌城下」便是那縮寫出
來的東西。近來聽說這篇縮寫由國內的一種雜誌翻譯了出來，並宣
稱是經過我的同意和刪定的。譯者究竟是誰，譯文究竟怎樣，（此處
爲刪除文字，依稀可辨爲「因爲我連那雜誌的面孔都還沒見過」──引者注）我
都不知道，究竟經過了怎樣的「刪定」，那可出於我的想像之外了。
〔註45〕

我現在率性把這母體的「武昌城下」取了出來，改題爲「北伐

〔註43〕《郭沫若全集・文學編》第 10 卷，北京：人民文學出版社 1985 年版，第 79 頁。
〔註44〕《郭沫若全集・文學編》第 13 卷，北京：人民文學出版社 1992 年版，第 4 頁。
〔註45〕《武昌城下》1936 年 8 月 9 日上海曉明書店出版（小 32 開本，小引 4 頁，正
　　　　文 66 頁），文藝叢刊之一，見上海圖書館編《郭沫若著譯書目》，上海：上海
　　　　文藝出版社 1980 年版，第 471 頁。

途次」在本刊上分期發表。這和縮寫的日文「武昌城下」各有不同，
因爲後者是稍稍經過了一道創作過程的。

1936 年六月一日，作者識

由此可此，《北伐途次》初稿時題爲「武昌城下」，日文的《武昌城下》
是初稿「武昌城下」的縮寫，中文版《武昌城下》則係由日文版翻譯而來的
盜版，故中文版只有《北伐途次》或「武昌城下」，稱《武昌城下》是不嚴
謹的，郭沫若改題爲《北伐途次》恐怕亦是以示區別。故而，儘管《賓陽門
外》乃至在日文版《武昌城下》之前，縮寫之時尙無所謂《北伐途次》，但
郭沫若仍說《賓陽門外》是《北伐途次》的縮寫，而不是《武昌城下》的縮
寫，因爲這容易引起誤解。可見，《郭沫若全集》關於《北伐途次》注釋節
略之草率。

根據「小序」可知，《賓陽門外》發表時稿件「留在上海友人處已歷年餘」，
郭沫若對「內容」已不大記憶，卻又說與《北伐途次》「寫法」小有不同，結
構並不全通，「有獨立的性質」，那麼實際情況有如何呢？筆者通過對比閱讀，
發現兩個文本內容相似度極高，僅以敘述事件、講述故事而論確，《賓陽門外》
與《北伐途次》第十九至二十二節有重複之嫌。但在表達方式（「寫法」）和
結構上也的確有不同之處，現將兩作品主要不同處相應文本對比如下：

《賓陽門外》	《北伐途次》
四號的晚上已經有梯子絡續地送回來，堆積在南湖文科大學的南操場上，到五號的一清早便從事結紮。	五號上午已經有梯子絡續送來，堆積在南操場上，大家又來從事綁紮。
「喂！你這個傢夥！」是廣東人的聲音，「你點起那麼多燈，眞好玩啦！」	「哼，你這傢夥，點起那多亮眞好玩啦！」
「喂！鄧大主任，這位一定是你政治部的尊駕啦！」	「喂，擇生，這位尊駕一定是你政治部的寶貝吧？」一面說，一面把我指著。
「好了，和你講是講不清的，我現在很忙。」軍官說著便匆忙地向走上前頭去的人趕去了。 「那是誰？」我問擇生。 「是黃琪翔，你不知道他嗎？」擇生也匆忙地趕進去了。	那軍官沒再說什麼，匆匆跟著前面的人走進去了。擇生也跟著進去了……剛才的那一群軍官們又走出來了，擇生和鐵羅尼也在裏面。剛才責罵過我的那位年青的軍官呈著笑容走來向我拉手。他說：「剛才得罪了，我是黃琪翔。」黃在那時還是張發奎部下的團長，在軍中有美男子的稱譽，但我們還不曾見過面。我也笑著和他拉了手。

	在那時候誰都相信當晚一定會打進城的，雖然免不了是有不小的犧牲。混成隊中的士兵們有的自然也在吐著怨言，但大多數在沉默之中含蓄著必勝的勇氣。他們的路似乎只有兩條：不是死在武昌城下，便是活進武昌城內。他們每個人雖然都有金錢上的犒賞（數目我不記得的），但那不足以污損他們的英勇。因為獻身的精神，敢死的氣魄，終不是金錢可以買得來的。
不知道是從什麼地方傳來的消息，說是武昌城已經攻破了，正在城里巷戰。但攻進去的城門，其說卻紛紛不一，有的說是賓陽門，有的說是通湘門，有的說是武勝門；先攻去的軍隊也有的說是第八軍，有的說是第一軍，有的說是第四軍。政治部的電話和前方失掉了連絡，幾次打電話上前線去都打不通，從前線上也沒有電話回來。我叫宣傳大隊長的胡公冕到總司令部去探問了兩次。第一次他回來的報告是見著了參謀長白崇禧，說是有攻進了城的消息，據說是第八軍，但還沒有得到前方的確報。第二次是見著了總司令，也說有攻進了城的消息，攻進城的是第一軍。總司令正在向前方打電話探問實情。	在那時不知道是從什麼地方傳來的消息，說是我軍已經攻進了武昌，正在城里巷戰。進城的門道有的說是賓陽門，有的說是通湘門，有的又說是武勝門。先進城的軍隊有的說是第四軍，有的說是第八軍，又有的說是第一軍。消息雖然有各種的歧異，但是在已經攻進了城的一點上是一致著的。每來一次消息，大家都要狂喜一次，但一根究起那消息的來源時又多是渺茫無著的。我們希望著擇生從前線上會有什麼確實的消息送來，但是始終沒有。消息傳來得很頻繁，蓋然性也逐次地增加，我叫胡公冕到前面的總司令部去問過兩次。第一次他回來的報告是：會著了白參謀長，講那攻進了城的消息是有的，但還沒有得到前方來的確報。第二次他是見到了總司令，說他正在和前線打電話，說的確是攻進了城，是第一軍的第六團，由武勝門攻進的，大約賓陽門在現在也已經攻破了。
得到了第二次的報告時已經是清早了……我自己又向繫在正館樓上的總司令部跑去，想探問最後的虛實。剛才跑到樓梯腳下，遇著已經任命為湖北財政廳長的陳公博由樓上下來，我問他情形是怎樣，他說，消息是的確，他也要立刻進城去了。	得到了這第二次的報告，自然是再無可懷疑了……我自己又親自跑向總司令部去，正待上樓，碰著了已經任命為湖北財政廳長的陳公博由樓上下來。他先對我說，武昌的確攻破了，他也要立刻進城去。
我們走到了那快要分路的三叉口上來，那兒有三條路好走，端直走去是通通湘門，左走是通保安門，右走是向洪山，通賓陽門。在那兒又遇著了陳公博，他騎在一匹棗驪馬上正在躊躇：因為端直的那條路上是很慘淡的，不見一個人影。他是朝左手走去了，我們卻和他反對地向通賓陽門的	走到了那要分路的三岔路口上來了。那兒有三條路，向直走是通通湘門，左手是朝保安門走，右手是朝洪山走的。在那兒又遇著了陳公博，他騎在一匹包驪馬上正在躊躇。向直走自然很捷近，但那兒異常的慘淡，連一個人影也沒有。他決定朝左手走，我們是朝右手，覺得由賓陽門攻進更

洪山方面走去。因爲早就決定下了的，進城後總政治部的駐紮處是和賓陽門相近的舊省議會。	要可靠一點。
……是從抄本上撕下來的一頁 ××同志！ 　　攻城計劃又遭失敗，敵人仍頑強抵抗，我軍死傷甚眾。德甫同志於今晨正六時陣亡於賓陽門外長春觀內，至可傷悼。後事望兄從厚料理。 　　　　Yenda Den 七時十分於長春觀。	信是寫在抄本的一葉上扯下來的，那誠懇而簡單的幾行文字至今還一字不易地留在我的腦裏。 ××同志： 　　攻城計劃仍歸水泡，敵人尚在頑強抵抗。德甫同志於今晨正七時陣亡於賓陽門外長春觀內，哀痛至極。後事望兄從厚料理。 　　　　Yenda Den 七時四十分於長春觀

　　雖然這些差異並非截然相反，但已足以使讀者對其眞實性產生懷疑。「四號的晚上」究竟有沒有梯子送來呢？還是五號上午？對武昌城的進攻究竟發生在哪一天？

二、「葡萄酒」與「莧菜水」

　　據發表於 1928 年的《國民革命軍北伐戰爭之經過》記載，「及 5 日之第三次總攻擊，武昌城九門已有六門受攻，革命軍由蔣中正總司令，白崇禧參謀長往來洪山、南湖間督隊進攻，次退彼上，東馳西突，使守城者應接不暇，劉玉春雖能戰，此時亦只能招架，不能回手矣。」〔註 46〕又據陳公博回憶錄《寒風集》「北伐途中的戰役」記載：

　　　　南湖學校那時熱鬧極了，恐怕還比當日辦陸軍中學時代更要熱鬧，我和李宗仁，唐生智都同住在前樓，後樓的樓底安置了軍用電話總機，那時我只知道陳可鈺住在洪山指揮，陳銘樞、張發奎、劉峙都駐在四城分任攻城支隊司令。第一次攻城雖然沒有得手，可是我們心內終以武昌是不成問題的，因爲在東江之役，惠州可以用雲梯爬上去，爲什麼武昌不可以爬上去？雖然武昌城牆比惠州高得多，只有梯子箭長一些，武昌城樓終可以上去。抱著這個雄心和判斷，士氣非常之旺，而我們似乎有百分之百的把握。……

　　　　蔣先生親自視察過前線，親自上過洪山，於是召集了一個軍事

<hr>

〔註46〕張梓生：《國民革命軍北伐戰爭之經過》，原載《東方雜誌》二十五卷十五號（1928 年 8 月 10 日），十六號（8 月 25 日），十七號（9 月 10 日）。

會議，決定於五日早上再攻城。在會議席上決定每團挑選敢死隊一
隊，預備爬城，飛機和炮兵同時動作。梯子實在不夠而且太短，由
政治部擔任徵集並紮梯。〔註47〕

　　再據阿基莫娃《中國大革命見聞（1925～1927）——蘇聯駐華顧問團譯
員的回憶》記載：「9 月 1 日開會決定攻擊武昌……定於 9 月 3 日攻城……
決定於 9 月 5 日凌晨三時再次全線攻擊武昌」。〔註48〕綜上各當事人的回憶，
郭沫若《賓陽門外》、《北伐途次》二文中綁紮梯子當為事實，時間亦大致準
確，《賓》文顯係在縮寫時對時間進行了更正，較《北伐途次》文更為精確。
類似這種「大致準確」的情況還有很多，比如郭沫若在二文中多次提到陳公
博，並說陳當時「已經任命為湖北財政廳長」，〔註49〕陳公博在回憶時則稱
「這次湖北省政府……將省政府分為兩個委員會，一個是政務委員會，以鄧
演達為主任委員，一個是財政委員會，以我為主任委員」。〔註50〕據《郭沫
若全集》對詹大悲的注釋，詹大悲「一九二六年隨北伐軍往武漢，任湖北省
政府委員兼財政廳長。」〔註51〕雖然當時是戰時，官員體制均處於變動之
中，但核心人員的位置等級還是可以理清楚的。陳公博無論是邀請郭沫若赴
廣大還是北伐時期都是郭的上級，在即將成立的湖北省政府中的位置是與鄧
演達並駕齊驅的，〔註52〕可在郭沫若的筆下，卻只是一個「湖北財政廳長」，
這究竟是出於誤記還是一種「春秋筆法」已不可知。但在郭沫若的回憶中，
在中國最重要的官銜他往往都理不甚清楚卻是普遍現象，「湖北省政府在當
時真正是一種魚龍漫衍的模範政府。那個委員會五花八門地是什麼人品都

〔註47〕陳公博：《寒風集》，地方行政社 1945 年第四版，第 65 頁。
〔註48〕蘇維什尼亞科娃・阿基莫娃：《中國大革命見聞（1925～1927）——蘇聯駐華
　　　　顧問團譯員的回憶》，中國社會科學出版社 1985 年版，第 198 頁。
〔註49〕《郭沫若全集・文學編》第 13 卷，北京：人民文學出版社 1992 年版，80 頁。
〔註50〕陳公博：《寒風集》，地方行政社 1945 年第四版，第 68 頁。
〔註51〕《郭沫若全集・文學編》第 13 卷，北京：人民文學出版社 1992 年版，第 37
　　　　頁；又據陳文學《掬一腔熱血，鑄不朽豐碑——記著名政治活動家詹大悲》（《黨
　　　　史天地》1998 年第 8 期）記載：「北伐軍攻克武昌後，詹大悲回到了他曾經多
　　　　年戰鬥過的武漢。他先後擔任國民黨中央政治委員會武漢分會委員、湖北省
　　　　政務委員會委員兼建設科長、湖北省財政委員會委員、代理財政廳長兼湖北
　　　　官錢局產業委員會主任、國民黨漢口特別市黨部常務委員兼組織部長等職。」
〔註52〕在國民黨內，陳公博的位置比鄧演達高，北伐時期，陳在國民黨權力中樞第
　　　　二屆中央執行委員會（39 人）中位於宋慶齡之後排名第七，而鄧演達只是候
　　　　補中央執行委員（24 人）之一，見榮孟源主編《中國國民黨歷次代表大會及
　　　　中央全會資料》，光明日報出版社 1985 年版，第 172～173 頁。

有。」郭所謂「省政府的內部組織是分成四科，科長秉承委員會的意旨受各委員的指揮以執行政務」，究竟是哪個「委員會」他也沒交待清楚。郭沫若自陳「我是來革命的，不是來做官的，受你的指揮我可以，要秉承大委員們的意旨我卻辦不到」，〔註53〕言外之意他認人不認官，這種強烈的自我意識影響到其整部自傳的寫作，爲此他甚至對共產黨人李漢俊、詹大悲極盡揶揄和嘲諷。

陳公博在1936年尙不是漢奸，作爲郭沫若赴廣大的邀請人，其在郭沫若自傳中多次以「路人甲」出現，無愛無憎看似平常表述的背後是郭對其有意無意的輕視。陳公博在其回憶錄中多次表達對鄧演達的不滿和詆毀，如：

> 鄧演達拿著總司令行營主任的名義，亂發軍餉的條子。鄧演達的手筆很大，每張條子起碼便是十萬以上，而每天總有好幾張，自然他不知道籌款的困難，而且更不知道自己發過幾張條子，我氣極了，後來在武昌總部行營我們便抬起槓。
>
> 「湖北的財政情形你知道不知道？怎樣你可以亂下條子？」我氣極了說。
>
> 「我那裡亂發過條子。」演達自己辯護著。
>
> 「五天以內發過一百多萬了」，我從口袋裏取出他的條子給他看。
>
> 「這是必要的」，他依然辯護。
>
> 「難道八月十五中秋節這個軍的犒賞費十萬，那個軍的犒賞費五萬，又是必要的嗎？每個月連正當軍餉都沒錢，那裡再可以隨便犒賞？」
>
> 「這是總部的命令，不是我的」，演達還很倔強。
>
> 「那裡是總部命令，還不是鄧演達的胡鬧嗎？」我斥責的說，「這樣命令我絕不接受，我請你來接收這個財政委員會，我來幹你的行營主任。」〔註54〕

又如：

〔註53〕《郭沫若全集・文學編》第13卷，北京：人民文學出版社1992年版，第106頁。
〔註54〕陳公博：《寒風集》，地方行政社1945年第四版，第101頁。

一夜我剛跑到校外，遠見一叢人正在那邊紮梯，忽然聽了有些嘈雜聲音，原來是鄧演達在那裡指揮士兵和農民紮梯子。

「限明早五時以前都要紮起，不紮好便槍斃」，鄧演達這樣命令。

「你看梯子這樣多，人這樣少，今夜沒有法子紮好」，一個湖北口音的農民這樣申訴。

「非紮好不行，違抗命令的槍斃，」鄧演達又大聲的重生命令。

「我們不是士兵，不受誰的命令，我們是來革命的農民」。幾個農民喧雜著抗議。

我走上前去，看這臺是下不了，農民都停手不工作了。我拉著鄧演達說：「我們還有別的任務，走罷」，一面對那班農民說：「今夜一定能紮好，只要你們努力。你們要明白，武昌城能否攻下全靠你們，你們若不努力，那是你們願意北軍長住在湖北」。〔註55〕

在《北伐途次》中引得郭沫若與鄧演達鬥氣辭職的「郭聘伯」事件，背後就有「財政委員會」的影子，郭沫若對「革命的現狀」「最大的不滿意是萬事都講『策略』。」〔註56〕鄧演達解釋說「你的見解是很正確的，但是實際上是舊社會的力量太大，我們的力量太弱。我們革命軍的內部便有極大的舊勢力磅礴著，我自己是有好多說不出來的苦處的。」〔註57〕僅就「郭聘伯」事件來說，其中的一大苦處就來自陳公博主持的財政委員會。根據陳公博回憶，郭聘伯的靠山劉佐龍，即派一個營的士兵找郭沫若要人的倒戈軍閥（陳公博恭稱爲「劉先生」），實際上北伐軍在武漢的財政（軍費）來源：

可是那時財政委員會雖然叫做湖北全省的，但實際的範圍只握有漢口和漢陽兩鎮，各縣新佔領，實在談不到有錢糧……這樣財政僅留下一個法門，那就是特稅了，所謂特稅就是一種鴉片煙捐，特稅在吳佩孚治下的漢口，素不公開……財政是沒得可談，還是籌餉要緊，不管鴉片煙不鴉片煙，非把特稅拿到手上，財政是絲毫沒有辦法……但特稅和鹽稅依然支配於劉先生的人，鹽稅收入不多，倒可請他維持，至於那特稅就非設法拿過來不可……這件事情後來又

〔註55〕陳公博：《寒風集》，地方行政社1945年第四版，第67頁。
〔註56〕《郭沫若全集·文學編》第13卷，北京：人民文學出版社1992年版，第101頁。
〔註57〕《郭沫若全集·文學編》第13卷，北京：人民文學出版社1992年版，第101頁。

經過無數曲折，才決定仍有劉先生所信任的趙先生辦理，不過可以
許可我們派一個監察員，每月所收特稅可以交給我們，但我們如果
交不足十五軍的軍餉，應該在特稅照扣。〔註58〕

　　換言之，劉佐龍實際掌控著北伐軍在武漢的財政來源，郭沫若要殺郭聘
伯、劉佐龍派一個營的士兵去要人，眼見著郭沫若可能要斷送北伐軍在武漢
的錢糧，鄧演達怎能不著急呢？說郭沫若「不懂策略，辦事太幼稚……是一
位感情家」〔註59〕恐怕眞是情急之下的責備之辭，與給孫炳文的信中說「革
命的苦楚易吃，同志們的氣難受，我恨不曾在武昌城下戰死」〔註60〕一樣，
是鄧演達內心的眞實表達。郭沫若在《北伐途次》中理解鄧演達，意味著他
對鄧之苦處的深切體味，當然也意味著他對陳公博在新舊勢力間遊走、「縱橫
捭闔」的知情，但他顯然對陳的無原則地講策略持保留意見，故而郭沫若對
陳的態度，顯得冷淡，因此對郭沫若從政起過重要作用的陳公博在郭的敘述
中被有意的淡化掉了。

　　可見，郭沫若自傳中的「眞實」雖然可靠性很高，但仍是一種相對的眞
實，作爲「歷史材料」使用時需要做辯證的解析。本文追問郭沫若自傳的眞
實性，起因於其作品強烈的主觀敘述和情緒傾向，這可以說是一個有興趣的
讀者的本能反應。可這並不意味著本文欲實證式的考據「眞實」，因爲這顯然
是徒勞的，但如果放棄這種追問，將永遠不可能眞正體驗到郭沫若自傳的「眞
實」。新歷史主義理論將上述追問的歸結爲語言敘事，實際上消解了歷史眞實
的存在，是另一種形式的放棄。錢鍾書先生在對西晉《生經·舅甥經》、希羅
多德（Herodotus）《史記》、馬太奧·邦戴羅（Matteo Bandeno）的《短篇小說
集》這三部不同文體的中西著作中講同一個故事的三個文本進行比較之後，
說了這樣一句話：「虛幻的花園裏有眞實的癩蛤蟆，虛幻的癩蛤蟆在眞實的花
園裏，相反相成，才添趣味。」〔註61〕「相反相成」是在對比閱讀中獲得的，
沒有追問就沒有趣味，眞實的究竟是癩蛤蟆還是花園，恐怕永遠也不會有答
案。郭沫若在談到其自傳創作時曾說過與錢鍾書類似的話：「『葡萄酒，你不

〔註58〕陳公博：《寒風集》，地方行政社1945年第四版，第79～82頁。
〔註59〕《郭沫若全集·文學編》第13卷，北京：人民文學出版社1992年版，第98
　　　～99頁。
〔註60〕《郭沫若全集·文學編》第13卷，北京：人民文學出版社1992年版，第103頁。
〔註61〕錢鍾書：《一節歷史掌故、一個宗教寓言、一篇小說》，《文藝研究》1983年第
　　　4期。

要太濃，也不要成爲一杯莧菜水！』……我們的一句話要透過一道迷宮，然後才可以發出聲來。我們的一個字要加上一層方解石，然後才能反射出光線。」〔註62〕如果嚴格按照事情發展的經過一絲一毫的鋪敍，結果就是一杯寡淡無味的「莧菜水」，如果經過太多的修飾和醞釀，酒味太濃，將墜入醉酒的虛幻，失卻真實性，便不是自傳了。自傳真實性的獲得需要「一層方解石」——參考其它文獻進行對比閱讀，才能發射出真實的光芒。因此筆者以爲，真正的「真實性」是在探索和追問中獲得的，通過對《北伐途次》、《賓陽門外》兩文的對比閱讀及參考其它相關文獻，郭沫若自傳的真實性已經追問中獲得。

三、傳記手法與獨立性質

　　通過對《北伐途次》、《賓陽門外》二文的文本互校，發現除了用詞與語句的差異，兩文相似度極高，以上所節選之不同內容是兩文本最爲明顯的區別。那麼，郭沫若所謂「寫法」小有不同，內容雖然重複，但「結構並不全同，我是認爲有獨立的性質的」，當作如何理解呢？

　　郭沫若所謂「寫法」的小有不同，應具體指「縮寫」，即縮略掉「傳記手法」的內容，而「把全部的事實客觀化起來」。〔註63〕郭沫若在《北伐途次·小引》中的這句話歷來被認爲是其尊重事實、客觀回憶的證據，研究者卻很少注意其表述的「矛盾」——「加些想像進去」，目的居然是「把全部的事實客觀化起來，寫成一部小說」。經過《北》與《賓》的文本對比，可以發現，郭沫若這一「矛盾」的背後是其對「自傳」的獨特認知，郭在《賓》文中縮略掉大量個人主觀性的議論，而這些「議論」正是傳主在作品中出現，與讀者達成「自傳契約」〔註64〕的一種方式。以自傳形式存在的《北伐途次》在敍述上更爲周密細緻，其中尤多出不少生動活潑的議論，如上表（本節第二部分）中關於攻城「敢死隊」的議論，在《賓陽門外》文中就沒有；又如，在收斂紀德甫屍體、整理其遺物時，對「兩個銅板和兩張當票」，《北伐途次》中感慨說：「這層或者有人要懷疑，以爲我是在有意地誇張。其實這倒是不足怪的，自廣東出發以後直到武昌城下，沒有正式地發過薪水。（自然，假如有需要，是隨時可以向財政股支用的。）每天吃著公家的伙食，在行軍中誰也

〔註62〕《郭沫若全集·文學編》第 11 卷，北京：人民文學出版社 1992 年版，第 165 頁。
〔註63〕《郭沫若全集·文學編》第 13 卷，北京：人民文學出版社 1992 年版，第 5 頁。
〔註64〕〔法〕菲力浦·勒熱納：《自傳契約》，楊國政譯，北京：北京大學出版社 2013 年 11 月版，本文下一節將詳細論述。

不感覺有什麼用費，所以德甫的錢包裏也就只有那樣的一點財產。不過這也可以表示他的淡泊。我是在努力寫著實話，毫無意思做小說。假如我要做小說，在這兒也正好誇張一下，可以替他編出一部日記或者編些信箋出來。爲投滿臉騷瘡的年青的男士或女士的嗜好，或者還可以編出幾封戀愛的書信。但那是無聊到萬分的，那樣只會污辱了我們的德甫。」〔註65〕這些頗具所謂「元敘事」意味的議論在《賓陽門外》中也被縮略了。這些以傳主身份出現的主觀性議論是與讀者達成「自傳契約」的有效形式，在於使讀者相信其真實性。而在郭沫若看來，他的小說創作似乎更需要清除這些主觀議論以達到他所理解的小說的「客觀化」。如本文第一章所述，在郭氏「純文藝」觀的主觀統攝之下，小說之「客觀化」有著與一般理解不一樣的內容，在其「自敘傳小說」「身邊小說」等創作經歷中，主觀亦無處不在，「客觀化」並非我們一般理解的符合事實的非虛構，而特指作者主觀的隱匿。只有把這些傳主主觀介入的內容縮略，《賓陽門外》才能「客觀化」，成爲小說。

所謂「結構並不全同」，具體表現在聽說武昌城已被攻破，郭沫若率政治部入城的細節表述上：

《賓陽門外》	《北伐途次》
天氣是很晴朗的，自從初到武昌城下的八月三十一號的晚上下過一次暴雨，以後接連都是晴天，土面乾燥得和沙漠相彷彿。地裏種的蕃薯，因爲經過這幾天來的隊伍的踐踏，已經殘敗得不堪，在正中處形成了一條小道，踏上那地面便可以看見武昌城，在白茫茫的朝陽中橫亙著。地上有幾乘單獨的梯子，自然是因爲沒綁好，由昨夜的敢死隊們所遺棄了的。這段路，我同公冕在前兩天往前線上去視察的時候是走過的，去時因爲只有三個人，不曾遇著什麼，回來的時候適逢有一隊伕子送中飯到前線，走到那正中處，敵人從城牆上放了三次大炮來，最後的一次打開了花，打傷了一名伕子，把我們帶去的一位宣傳員也打傷了。這回我們又走到這段路上來了。我們是堂堂地整著隊伍走的，宣傳大隊的旗子打在最前頭，政治部的兩面大旗打在正中，這在武昌城上當然是很明晰地可以看出的。剛好走到正中處，突然轟窿地飛來了一聲大炮，從隊伍頭上打過，在離四五尺遠的地面上起了一陣土煙。	天氣是很晴朗的。自從在八月三十一號的晚上下過一次暴雨之後，接連著好幾天都是晴天。地面乾燥得就和沙漠一樣。武昌城遠遠地在陽炎中橫陳著，腳根是看不見的，白濛濛地好像是一座蜃氣樓。剛剛走到那段地面的正中處，我正向旁邊的德謨指點著說：「我們前天捆大炮的地點便是在這兒了。」話還沒有十分落腳，忽然地，乒的一聲，炮彈剛好落在隊伍的中間不及三尺遠的光景。

<hr>

〔註65〕《郭沫若全集·文學編》第13卷，北京：人民文學出版社1992年版，第87～88頁。

此處與一貫的縮略不同，《賓陽門外》因插敘了前天挨炮擊的經過，故要比《北伐途次》詳細生動許多，但其實這段插敘亦是經過縮略的，在《北伐途次》中的「前天」，此處描述足有兩頁之多：「仍然是我走在前頭，恩壽走在中間，公冕走在後邊。走不好遠，走到了那段全無掩蔽的地面來了。從對面有一大隊夫役挑著擔子走來，是送稀飯到前線去的。那些夫役沒有軍事上的人指揮，走得異常密接。走到那段地面的中央處和他們接了頭，轟充的一聲一個大炮打來了。這第一炮沒有打攏，離我們有八九尺遠的光景，落在了那乾燥著的小春地裏，起了一陣土煙，沒有爆發……夫役們更加忙亂起來了，我醉醺醺地向公冕叫著：『城牆上的炮手打得還不錯啦，只可惜那炮彈怕是劣貨 made in Japan 的』……夫役的一隊人把正中處走過了，我自己的尿意來了，便站在那田地中對著武昌城灑尿。尿正灑在中途的時候，又是轟充的一聲。這一炮正落在我背後的路上，爆發了；夫役的隊尾子混亂了一下。『這一炮大有進步啦，嚇！』我一面灑著尿，一面感歎著……」〔註66〕

實際上，這一結構變化並不大，故只能算是「並不全同」。的確如此，《賓陽門外》作為一篇「縮寫」在結構上幾乎完全遵循《北伐途次》，按照事情發展的先後順序漸次敘述開來，唯一處較大的不同就是此處，郭沫若將與胡公冕、周恩壽在武昌城外挨炮擊的事兒，插敘到聽聞武昌已被攻克政治部進城途中挨炮擊的描述中。那麼，郭沫若所謂「獨立的性質」又究竟何指呢？

對比兩個文本，郭沫若所謂「獨立的性質」其實並非是結構上的調整而造成的小說化，亦非因此而導致的情節虛構、敘事的跌宕起伏、引人入勝的敘事技巧，而是將《北伐途次》刪節後呈現出的「中心」──對紀德甫同志革命精神的渲染、強調和突出，在《北伐途次》中紀德甫只是眾多人物中的一員，其犧牲固然令作者深為感動，但這也只是整個北伐中的一個小小的事件而已。但在《賓陽門外》中，紀德甫顯然成為敘述的中心，其渲染的情緒及其餘韻符合郭沫若小說一貫的敘事風格。與《北伐途次》相比，其為小說，並非因其故事的虛構或者敘述手法、結構文本的小說化，而是敘述中心、表達情感的小說化。

值得注意的是，無論是「縮寫」，還是有「獨立性質的」，都是郭沫若個人的觀點和判斷，對讀者而言，對現代自傳理論而言，閱讀體驗和宏觀系統

〔註66〕《郭沫若全集・文學編》第 13 卷，北京：人民文學出版社 1992 年版，第 68～69 頁。

的理論考察後方可判斷，唯郭之觀點是從，輕言寫作範式，是難見其中真諦的。

第三節　理論與實踐的背離
——郭沫若與胡適傳記觀的比較

　　本文上述對郭沫若自傳與小說「實證」式的對比研究，結果如勒熱納對西方自傳與小說對比研究結論一樣令人沮喪：「我們不得不承認，如果只限於文本的內部分析，則沒有任何區別。自傳所使用的使我們相信敘事真實性的所有手段，小說都可以模仿，而且經常模仿。」〔註 67〕從最普遍的意義上來說，《賓陽門外》就是《北伐途次》部分內容的縮寫，其「獨立性質」及小說文體必須建立在郭沫若文學觀的基礎之上方可理解。同樣，我們也必須從普遍的意義上來理解闡釋郭沫若自傳，尤其是將其放置在 1930 年的傳記文學繁榮和自傳「寫作熱」的時代歷史場域中探討其普遍性與特殊性。

一、「傳記文學」與傳記熱

　　1930 年代是中國現代自傳發展的第一個高峰期已為學界共識。〔註 68〕這一高峰或高潮的重要標識是傳記文學理論的發展和推動，尤其是胡適對「傳記文學」的大力提倡與實踐推動，對這一文體創作的命名及「概念特徵、範圍種類、功能作用和創作原則、要求、方法等方面都作了明確精到的闡述，從而形成了一種有著鮮明個性特色的理論系統。」〔註 69〕由此，有論者稱：「經過胡適不遺餘力的宣傳，結合個性解放的社會思潮、出版業的發展等因素，中國現代自傳逐漸醞釀成熟，並在 1930 年前後大約十年間出現了『井噴』現象。受胡適影響較深的一批自由主義作家紛紛動筆，通過他們掌握的媒體發表自傳，出現了《從文自傳》（沈從文）、《女兵自傳》（謝冰瑩）等自傳經典。五四時期異軍突起的創造社作家郭沫若、郁達夫，雖然與胡適並非

〔註 67〕〔法〕菲力浦·勒熱納：《自傳契約》，楊國政譯，北京：北京大學出版社 2013
　　　　年 11 月版，第 14 頁。
〔註 68〕詳見謝昭新《論三十年代傳記文學理念與自傳寫作熱》（《中國現代文學研究
　　　　叢刊》2006 年第 5 期）梁慶標《現代自我的訴求：中國現代自傳發展述要（1919
　　　　～1937）》（《江西師範大學學報（哲學社會科學版）》2012 年第 3 期）等文。
〔註 69〕卞兆明：《論胡適的傳記文學理論及創作》，《江蘇社會科學》，2006 年第 6 期。

同道，但也以磅礴的氣勢、多樣的形式寫下大量自傳。還有一大批並不以文學創作見長的文化人，也都在時代氛圍的感應下自覺自願地從事自傳寫作。」〔註70〕更有論者認爲：「郭沫若自傳積極地回應了胡適的「『給史家作材料，給文學開路』的主張，將自傳的文學性和史學性融合在一起。」〔註71〕

　　這種「理論前置」現象對理解 1930 年代「傳記熱」造成了干擾。首先，胡適「傳記文學」理論的開拓和建構是 1930 年代「傳記熱」的一部分，是一種總結和提高，其價值與意義甚至可以和「白話文學」的提倡以及《嘗試集》相比肩，但過分強調其影響不僅容易導致將郭沫若、謝冰瑩等創作於 1920 年代末的作品如《我的童年》《女兵日記》被後置的非歷史主義的態度，更是對 1930 年代「傳記熱」的豐富性和複雜性的簡化。其次，胡適「傳記文學」理論只是當時富有影響力的一種提倡，郭沫若、魯迅、茅盾、郁達夫等對「傳記文學」都有自己不同的看法，有些觀點甚至是直接對立的；第三，理論提倡和創作實踐並不完全一致，乃至前後矛盾的現象多有發生，較爲典型的便是胡適與郭沫若。

　　胡適對傳統傳記的反思和批判以及「傳記文學」的提倡有相當的理論高度，其視野不僅有中西比較的文化批判，也有傳統視域中文史的互動分合。胡適的「傳記文學」是站在對中國傳統傳記批判的立場上，借鑒西方傳記的長處來做現代傳記的嘗試，是其以「五四」爲中心的系統文化反思的一部分。早在 1914 年，胡適在日記中就記錄其對中西傳記的對比考察：

　　　　昨與人談東西文體之異。至傳記一門，而其差異益不可掩。余以爲吾國之傳記，惟以傳其人之人格（character），而西方之傳記，則不獨傳此人格已也，又傳此人格進化之歷史（The development of a character）……東方無長篇自傳……東方短傳之佳處：

　　　　（一）只此已足見其人人格之一斑。

　　　　（二）節省讀者目力。

　　　　西方長傳之佳處：

　　　　（一）可見其人格進退之次第，及其進退之動力

　　　　（二）瑣事多而詳，讀之者如親見其人，親聆其談論。

〔註70〕徐瓊：《略論胡適的自傳理論及其實踐》，《寧波大學學報（人文科學版）》，2007 年第 6 期。

〔註71〕林藝敏：《轉型期的郭沫若自傳研究》，福建師範大學碩士論文，2010 年。

西方長傳之短處：

（一）太繁：只可供專家之研究，而不可爲恒人之觀覽，人生
能讀得幾部《約翰生傳》耶？

（二）於生平瑣事取裁無節，或失之濫。

東方短傳之短處：

（一）太略，所擇之小節數事或不足見其眞

（二）作傳太易。作者大抵率爾操觚，不深知所傳之人。史官
一人須作傳數百，安得有佳傳？

（三）所據多官本，不足徵信。

（四）傳記大抵靜而不動，何謂靜而不動？但寫其人爲誰某，
而不寫其人之何以得成誰某是也。〔註72〕

作爲一種鮮活的記敘，胡適對中西傳記的比較隸屬於「中西文體之異」
的思考，自然也是胡適「五四」新文化運動前中西文化批判的一部分。但值
得注意的是，胡適並未言及後來所謂之「傳記文學」。據卞兆明考證，胡適正
式提出「傳記文學」這一名稱是在 1930 年 6 月 28 日爲董授經《書舶庸譚》
所作的序言中。〔註73〕胡適關於「傳記文學」影響最大的是《四十自述‧自
序》：

我在這十幾年中，因爲深深的感覺中國最缺乏傳記的文學⋯⋯
我的《四十自述》，只是我的「傳記熱」的一個小小的表現⋯⋯我本
想從這四十年中挑出十來個比較有趣味的題目，用每個題目來寫一
篇小説式的文字⋯⋯這個計劃曾經得死友徐志摩的熱情的贊許，我
自己也很高興，因爲這個方法是自傳文學上的一條新路子⋯⋯我的
這部《自述》雖然至今沒寫成，幾位舊友的自傳，如郭沫若先生的，
如李季先生的，都早已出版了。自傳的風氣似乎已開了⋯⋯我們赤
裸裸的敘述我們少年時代的瑣碎生活，爲的是希望社會上做過一番
事業的人也會赤裸裸的記載他們的生活，給史家做材料，給文學開

〔註72〕曹伯言整理：《胡適日記全編》，合肥：安徽教育出版社 2001 年版，第 491～
493 頁。

〔註73〕據《胡適文集》第 5 卷（北京大學出版社 1998 年版），第 505 頁，相關內容
如下：「日記屬於傳記文學，最重在能描寫作者的性情人格，故日記愈詳細瑣
屑，愈有史料價值。」

生路。〔註74〕

　　胡適對傳記的思考儘管很早，但更多是一種中西文化的比較和借鑒，其真正成熟——即將傳記從原來的史學門類劃分到文學門下，則是在 1930 年代的「傳記熱」中，顯然對包括郭沫若在內的「幾位舊友的自傳」的觀察和思考促進了其結論的得出：「給史家做材料，給文學開生路」。「做材料」和「開生路」兩者間的權重高低是明顯的，「傳記文學」的命名也將其與傳統「史傳」區分開來。

　　胡適「傳記文學」理論最大的創新，是將部分「傳記」從傳統史傳中剝離出來納入文學的門類之中而成為「傳記文學」。這一觀點得到後人的高度贊同，朱東潤、楊正潤等學者在此基礎上又做了大量的研究工作，近年來亦有學者直言：「20 世紀中國傳記文學作為現當代文學不可分割的一部分，這是由傳記文學的本質屬性及其基本特質決定的。」〔註75〕可是，在 1930 年代以前乃至以後相當一段時間這都並非共識，梁啓超、郭沫若、魯迅等都不這麼認為。如梁啓超同樣認為傳統史傳「用最新的史學眼光去觀靠他，自然缺點甚至多，幾乎變成專門表彰一個人的工具。許多人以為中因史的最大缺點，就在此處。」〔註76〕「但是傳記體仍不失為歷史中很重要的部分，一人的專傳，如《林肯傳》、《格蘭斯頓傳》，文章都很美麗，讀起來異常動人……而且不但要留心他的大事，即小事亦當注意。大事看環境，社會，風俗，時代；小事看性格，家世，地方，嗜好，平常的言語行動，乃至小端末節，概不放鬆。最要緊的是看歷史人物為什麼有那種力量。」〔註77〕可見，梁氏在傳記之時代觀、創作之方法上與胡適多有相通之處，但梁啓超倡導的傳記，是在歷史範疇中的內容和體例上的革新，與胡適的傳記文學有一定的距離。

　　面對 1930 年代的「傳記熱」，魯迅的態度較為謹慎。首先，「回憶的記事」〔註78〕《朝花夕拾》寫作於 1920 年代且「與實際容或有些不同……文體大概

〔註74〕　《胡適文集》第 1 卷，北京：北京大學出版社 1998 年版，第 27～29 頁。

〔註75〕　陳蘭村：《20 世紀中國傳記文學的歷史位置及其基本走向》，《學術論壇》，1999年第 3 期。

〔註76〕　《中國歷史研究法（補編）》，《梁啓超全集》第 16 卷，北京：北京出版社 1999年版，第 4807 頁。

〔註77〕　《中國歷史研究法（補編）》，《梁啓超全集》第 16 卷，北京：北京出版社 1999年版，第 4808 頁。

〔註78〕　《〈自選集〉自序》，《魯迅全集》第 4 卷，北京：人民文學出版社 2005 年版，第 469 頁。

很雜亂」，其獨特性和文學史價值非「傳記文學」這一概念維度所能言明，而魯迅本人亦從未以「傳記文學」來看待這部作品，其之於「傳記文學」當從更深廣寬泛的意義上探討，這不是本文討論的重點，故不再糾纏。其次，魯迅自作之《自傳》現有三個版本，〔註79〕分別在不同時期增刪修訂，內容差別不很大，以1934年魯迅和茅盾一起編選《草鞋腳》小說集時所作之《自傳》為例，雖然用的是白話，文筆清晰的是魯迅的風骨，也頗具風味，但做傳的套路卻還是承襲史傳傳統的，用不到一千字的篇幅敘列其生平，力求客觀真實、平實克制，明顯的是史家筆法。另外，1935年在給孔另境編的《現代作家書簡》作序的時候，對於日記或書信魯迅這樣說道：「不過現在的讀文人的非文學作品，大約目不暇接的已經有些和古之人不同，是比較歐化了的：遠之，在鈎稽文壇的故實，近之，在探索作者的生平，而後者似乎要居多數。」〔註80〕顯然，與胡適不同，日記或書信包括「探索作者的生平」的傳記作品，在魯迅看來應是「非文學作品」。

胡適的「傳記文學」理論是對現代傳記創作的總結，其大膽的創新是將「傳」從史學納入文學，不過，他的朋友們未必完全贊同，而且從具體實踐來看，胡適本人也未能真正踐行其「傳記文學」理論。圍繞「傳記」，文學與史學的糾纏仍將繼續。

二、背離與歸宿

當回到歷史現場還原歷史事實並再度思考「傳記文學」，發現這一概念其實是一個模糊、折中甚至可以說迴避討巧的概念。究竟什麼才是「傳記文學」？從胡適、郁達夫到朱東潤都沒有對這一概念進行明確的界定，且有學者發現，這些「主要提倡者胡適和朱東潤對傳記文學的具體理解與把握明顯受到傳統史傳觀念的影響，這種因襲的『歷史』重負……正是中國現代傳記文學發展不能盡如人意的關鍵所在」。〔註81〕陳蘭村《中國傳記文學發展史》在對「傳

〔註79〕 三個版本的自傳分別是1925年為俄譯本《阿Q正傳》所作之「著者自敘傳略」（見《魯迅全集》第7卷，人民文學出版社2005年版，第84～86頁）、1930年《魯迅自傳》（《魯迅全集》第8卷，人民文學出版社2005年版，第342～343頁）和1934年《自傳》（《魯迅全集》第8卷，人民文學出版社2005年版，第401～402頁）。

〔註80〕 《孔另境編〈當代文人尺牘鈔〉序》，《魯迅全集》第6卷，北京：人民文學出版社2005年版，第428頁。

〔註81〕 辜也平：《論中國現代傳記文學發展進程中的「歷史」重負》，《福建師範大學

記文學」界定時引用了《中國大百科全書‧中國文學卷》中的說法：「記裁人物經歷的作品稱傳記，其中文學件較強的作品即是傳記文學。」該著認爲：「『文學性較強的』，是個模糊的說法，這是其不足。但也有好處，使『傳記文學』的概念寬泛一點，可以包存『文學性較強的』各種傳記作品。所以，我們贊成這個提法。」〔註 82〕錢仲聯等著《中國文學大辭典》對「傳記文學」的解釋是：「散文的一種，用文學手段記述知名人物事跡的紀實體作品。要求通過對眞人眞事的記述來反應人物的時代背景、社會風貌和傳主的生活經歷、精神品格，在以史實爲依據的前提下，也容許作某些想像性描寫，一些優秀的歷史傳記作品，由於其對人物記述具體形象、語言生動逼眞，往往也具有傳記文學的特點，如漢司馬遷《史記》中的紀傳。」〔註 83〕足見，「傳記文學」在文學界即是一個釐不清的概念，更遑論獲得廣泛認同了。被認爲是「目前最好的傳記通論」〔註 84〕《現代傳記學》對此要謹慎的多，據該著考察，中西方對「傳記」的認識均有一個「由史入文」的轉變，西方的轉變開始於 19 世紀，而中國經過梁啓超的「不自覺中已經把傳記向文學靠攏」，自胡適始，傳記逐漸向「傳記文學」演進，但仍然面臨很大的爭論。〔註 85〕在吸彙中西最新研究成果的基礎上，該著認爲「從更廣闊的視野考察……傳記是一種文化。」〔註 86〕即便此仍顯寬泛的認定，仍有學者表示反對。〔註 87〕爭論背後的實質是傳記的文學屬性與歷史屬性問題。

　　雖然，中西學界對傳記的文體屬性均向無定論，但並不能迴避這一問題的討論，或者簡單以「結合」來「聰明的」簡化這一分歧。正是在這一分歧的燭照下，胡適「一生寫的各類傳記將近 40 部（篇），但在明確提出『傳記文學』概念之後，自覺按照他的傳記文學理論寫的並不多，而且還存在較明顯的實踐與理論脫節的問題，眞正符合傳記文學條件、稱得上『傳記文學』

　　　　學報（哲學社會科學版）》，2007 年第 6 期。
〔註 82〕 陳蘭村主編：《中國傳記文學發展史》，北京：語文出版社 1999 年版，第 2 頁。
〔註 83〕 錢仲聯等著：《中國文學大辭典》，上海：上海辭書出版社 2000 年版，第 1894 頁。
〔註 84〕 廖卓成：《評楊正潤〈現代傳記學〉》，《現代中國文化與文學》第 11 輯，成都：
　　　　四川出版集團巴蜀書社 2012 年版，第 330～337 頁。
〔註 85〕 楊正潤：《現代傳記學》，南京：南京大學出版社 2009 年版，第 21～25 頁。
〔註 86〕 楊正潤：《現代傳記學》，南京：南京大學出版社 2009 年版，第 57 頁。
〔註 87〕 詳見李亞男《論古代傳記與現代傳記的差異——兼評楊正潤〈現代傳記學〉》
　　　　（湖北師範學院學報（哲學社會科學版）2010 年第 6 期）和《自傳與生平回
　　　　憶錄關係初論——與〈現代傳記學〉作者楊正潤教授商榷》（山西師大學報（社
　　　　會科學版）2012 年第 5 期）等文。

的作品則是屈指可數。」〔註88〕郭沫若不斷聲明「通過自己看出一個時代」史學立場，卻又「與冷靜客觀的史傳要求更是相去甚遠。他用不無誇張的筆調描摹自己傳奇般的經歷，字裏行間洋溢著過去或當下的時代激情，隱含著對親歷事件和周邊人物的個人臧否」，「明顯突破了『史傳』樊籬」，〔註89〕這二人共同存在的「實踐與理論脫節」是最中國現代傳記發展演變最好的詮釋，更是對其豐富性和複雜性最具代表性的展現。當然，前提是要面對這一似乎誰也說不清的問題。

面對上述錯綜的矛盾，新歷史主義的主張無疑是極具衝擊力：「把歷史敘事看作是語言虛構……歷史的語言虛構形式同文學上的語言虛構有許多相同的地方」，〔註90〕換言之，梁啓超、胡適、魯迅、郭沫若等人所有的文字都是出於敘事的需要，以換取讀者的信任，這些技術手法小說家可以模仿而且已經成功的模仿，他們上述表達本質上和小說虛構沒有什麼區別，自然也沒有什麼矛盾。這種理論的說服力是對現實或歷史精神以及生命熱情的消解，不管傳記作家們受到怎樣的意識形態影響、見解主張又如何不同，他們留下生命真實印跡的信念是相同的。在一個以崇尚「歷史」爲傳統的民族中，知識分子對待「歷史」宗教般的虔誠是膜拜西方理論神器者所必然要面對的。面對胡適對傳記之文學屬性與歷史屬性糾結矛盾的真實告白：「但我究竟是一個受史學訓練深於文學訓練的人曾寫完了第一篇，寫到了自己的幼年生活，就不知不覺的拋棄了小說的體裁，回到了謹嚴的歷史敘述的老路上去了。這一變頗使志摩失望，但他讀了那寫家庭和鄉村教育的一章，也曾表示贊許；還有許多朋友寫信來說這一章比前一章更動人。從此以後贊我就爽性這樣寫下去了。因爲第一章只是用小說體追寫一個傳記，其中寫那太子會頗有用想像補充的部分，雖經董人叔來信指出，我也不去更動了。但因爲傳聞究竟與我自己的親見親聞有別，所以我把這一章提出，稱爲『序幕』。」〔註91〕新歷史主義又如何來消解呢？

詩人徐志摩失望之後的贊許是耐人尋味的，周圍人的反應顯然也影響到

〔註88〕 卞兆明：《論胡適的傳記文學理論及創作》，《江蘇社會科學》，2006 年第 6 期。
〔註89〕 辜也平：《論中國現代傳記文學發展進程中的「歷史」重負》，《福建師範大學學報（哲學社會科學版）》，2007 年第 6 期。
〔註90〕 〔美〕海登・懷特《作爲文學虛構的歷史文本》，張京媛編《新歷史主義與文學批評》，北京：北京大學出版社 1993 年版，第 161 頁。
〔註91〕 《胡適文集》第 1 卷，北京：北京大學出版社 1998 年版，第 28～29 頁。

了胡適，「歷史」此時不再只是一種屬性，而成了一個有巨大影響力的場域，在這個場域之中，新歷史主義所擔心的「虛構」面臨極大的挑戰，因為有「董人叔來信」。中國人的「歷史癖」在此體現的淋漓盡致，魯迅長長的《朝花夕拾》的「後記」（對記憶的種種查證）也是這樣的一種反應。從某種意義上說，這種看似無聊的實證式的追問，不只研究者有，即便作者本人也很有興趣。郭沫若說：「我將來假如有更適當的環境，能夠搜集得豐富的材料——我希望凡是參加過一九二六和一九二七年的那次革命的人能夠提供出些材料來，就像我現在一樣寫出回想錄，便是最好的方法——我到那時候一定可以寫出那樣的一部小說或者歷史。」〔註92〕胡適自傳有「董人叔來信」，魯迅《朝花夕拾》有「常維鈞兄給我在北京搜集了許多材料」，〔註93〕看來，郭沫若的「希望」也並不是一種奢望了。足見，作者本人對其「自傳」或「回憶錄」的準確性也不能保證，反倒可能其它人有足以推翻作者的證據。從這一意義上說，「歷史」不只是一種負重，而是懸掛在傳記作者頭上的利劍，無論是所謂的「史傳」，還是現代的「傳記文學」，都不能逃避它的審判。

如果說，胡適的「傳記文學」歸宿是「文學」，卻始終受到史學傳統的規訓和審判，那麼郭沫若的「自傳」一開始便號稱是史學的，申明其自傳的偶像不是奧古斯丁、盧梭、歌德和托爾斯泰，而是要「通過自己看出一個時代」，然而，郭沫若自傳的主觀性和小說筆法等文學性要遠遠超過胡適，在現代傳記中亦幾乎難有望其項背者。郭沫若自傳創作的出發點與具體實踐之間的背離甚至比胡適還要遠。

關於文史各自的優長，錢鍾書先生曾這樣說道：「也許史料裏把一件事情敘述得比較詳細，但是詩歌裏經過一番提煉和剪裁，就把它表現得更集中、更具體、更鮮明，產生了又強烈又深永的效果。」〔註94〕在詩人郭沫若眼中，自傳是苦澀甜辣、值得品味的「葡萄酒」，而非簡單陳述史實的「莧荣水」，同樣是事情，在郭沫若的筆下，就多了幾分主觀情緒、思想導向、甚至誤記或偏見。如，在郭沫若的回憶中，蔣介石叛變革命後，「武漢政府所依賴的唯一武力，是張發奎所領率的第四方面軍這裡包含著原有的第四軍和第十一

〔註92〕《郭沫若全集·文學編》第 13 卷，北京：人民文學出版社 1992 年版，第 5 頁。
〔註93〕《魯迅全集》第 2 卷，北京：人民文學出版社 2005 年版，第 333 頁。
〔註94〕錢鍾書：《宋詩選注·序》，北京：生活·讀書·新知三聯書店 2002 年版，第 3 頁。

軍，還有賀龍的兩師人和葉挺的兩師人。」〔註95〕實際上，張發奎所率領軍隊的準確番號是「國民革命軍第二方面軍」，「八一」南昌起義時賀龍發表有《告國民革命軍第二方面軍全體官兵書》，起義後仍沿用國民革命軍第二方面軍番號，賀龍兼代方面軍總指揮，葉挺兼代方面軍前敵總指揮，劉伯承任參謀長。〔註96〕又據，張發奎回憶，賀龍任軍長的第二十軍，「由賀龍的獨立第十五師加上四分之一個團整編而成」，人員不足兩個師，而葉挺時任二十四師師長，只下轄一個師。〔註97〕綜合前文查證，郭沫若自傳中存在的誤記或不准確之處非屬個案，其流亡日本的客觀條件決定其難以對記憶細節進行查證，誤記實所難免。

記憶紕漏不等於刻意篡改史實，如，據張發奎回憶，郭沫若任第二方面軍黨代表（指國民黨代表──引者注）兼政治部主任是他根據鄧演達的提議推薦的，汪精衛沒有反對。在張的眼中郭沫若「沒有利用他的特權，這個黨代表只是名義上的職務，他沒有真正執行黨代表的職能。我從未向他下達有關政治部業務以外的命令，因為他是個文職人員，他也明白自己對軍務一無所知。我是獨斷專行的，他從未要求參閱我的任何命令，表現得十足是一個學者──有點不落俗套，有點浪漫。」〔註98〕對此，郭沫若則說「張發奎和我，本來是有些相當的友誼的……故在回武漢之後，他升為第四方面軍（第二方面軍──引者注）的前敵總指揮，也就邀請我做他的『黨代表』。但一從我做了他的『黨代表』之後，便由『志同道合』一變而為『貌合神離』。你要向他提供些意見，他一句口頭禪，便是『書生之見，紙上談兵』。於是我們的交情便進了一境，由『貌合神離』再變而為『分道揚鑣』了。」〔註99〕顯然，這是面對同一事件，當事者不同立場的回憶，在張看來，郭是一介書生不懂軍事，故未能真正履行職責；而在郭看來，張不肯聽他的書生之見，二人遂分道揚鑣。我想，所謂「葡萄酒」佳釀恐怕正是類似此種對立「滋味」造就的回味。

〔註95〕《郭沫若全集・文學編》第13卷，北京：人民文學出版社1992年版，第210頁。
〔註96〕陳廷湘主編：《中國現代史》，成都：四川大學出版社2010年版，第226頁。
〔註97〕張發奎口述，夏蓮英訪談記錄，胡志偉校注：《張發奎口述自傳──國民黨陸軍總司令回憶錄》，北京：當代中國出版社2012年版，第89頁。
〔註98〕張發奎口述，夏蓮英訪談記錄，胡志偉校注：《張發奎口述自傳──國民黨陸軍總司令回憶錄》，北京：當代中國出版社2012年版，第90頁。
〔註99〕《郭沫若全集・文學編》第13卷，北京：人民文學出版社1992年版，第212頁。

　　文學家的回憶雖然不如軍事家準確，但其對細節描繪和還原則使它獲得另一種魅力。「八一」南昌起義後，張發奎稱他「解散了第二方面軍政治部。郭沫若和我談了一次話。我對他說：共產黨人對我們不好，但我們從來未曾虧待過他們，現在他們必須從我部撤離。雖然我知道事態已經無可挽回，但還是安排他乘坐一輛守車前往南昌。」〔註100〕張發奎這簡單的幾句話，相應之處，郭沫若作了頗為生動的描述：

　　　　張發奎和我商量的就是解決政治部的事情。他主張解散，我也同意了。這是一種革命的邏輯，在當時一般認為：凡是干政治工作的都是共產黨。八一革命是共產黨發動的，所有的政工人員自然也應該共同進退了。

　　　　四方面軍政治部雖然成立不久，但它是跟著我一道從總政治部分化出來的，它卻集中了人力物力的精華，單是騾馬我們就有四五十匹。這在二十年前，不要說一個政治部，就是一個師部或軍部都還沒有這樣的豪華。那些東西，我們既然拿不走，也就樂得慷慨，全部移交了。但是我們的結論是：人員一律以禮遣散，不作留難。

　　　　……當我們在同意之下，決議解散政工組織之後，他卻關心到我個人的進退上來。他問我打算怎麼樣，我回答他打算到南昌去。他卻希望我能夠跟著他走。他說，他個人打算乘日本船偷偷到上海，再由上海到日本去，部隊交給黃琪翔和朱暉日帶回廣東，希望我能夠幫他的忙。他自然是看上了我是日本留學生，懂日本話，夠做他的私人秘書，但我謝絕了。

　　　　不過在這兒我倒也應該感謝他，我雖然堅持要到南昌去，他也沒有阻攔我，而且還幫了我一點小忙。

　　　　他說：「要到南昌去，至遲今晚上就要動身。我們回頭就要下戒嚴令，今晚上的口令和特別口令可以照發，明天就不能保險了。」

　　　　還有，也是他說的，要到南昌去，最希望為他傳達一點意見：

　　　　「第一，我希望他們盡速退出南昌，因為我的部隊也要到南昌去，免致發生衝突。

　　　　第二，我聽說他們要回廣東，我希望他們走東江，不要走贛南，

〔註100〕張發奎口述，夏蓮英訪談記錄，胡志偉校注：《張發奎口述自傳——國民黨陸軍總司令回憶錄》，北京：當代中國出版社2012年版，第97頁。

因爲我的部隊要走贛南回廣東，免致發生衝突。

　　第三，河水不犯井水，我們彼此不相干犯，我希望革命委員會以後不要再用我張發奎的名義，做傀儡我不來。

　　第四，我對政工人員一律以禮遣散，希望他們不要傷負了我的人。」

　　這些話我請他筆記下來，他很勉強地用鉛筆來在隨便一張紙頭上寫出了，但不肯簽名。不過，儘管不簽名，儘管用鉛筆，這總算是他自己的親筆文件了。〔註101〕

在此處，郭沫若解釋了，他當時公開的身份是國民黨駐軍代表並非共產黨（實際當時亦未加入共產黨）而張發奎卻要遣散以他爲主導的政治部的原因，更對政治部的財產、張發奎私下的願意以及談話的細節作了描述，這些細節詳細得如同諜戰小說，令人印象深刻。

有些史實是可以查證的，如「第二方面軍」還是「第四方面軍」？張發奎是否禮送郭沫若？而有些細節則是難以查證的，如郭沫若任第二方面軍「黨代表」政治部主任期間與張發奎之間究竟如何共事，是否履行職責等等。張發奎希望郭沫若傳達給南昌方面的「意見」，現場即是勉強用筆寫出且不肯簽字，那麼事後的真假，恐怕只能成爲懸案了。

嚴格從史家的立場上來說，記憶不准確理當查證，無法查證者當謹愼入筆。這就是胡適在《四十自述》中坦言「史學訓練深於文學訓練的」他「不知不覺的拋棄了小說的體裁，回到了謹嚴的歷史敘述的老路上去了。」從相反的意義上說，郭沫若顯然屬於「文學訓練深於史學訓練」的人，他的謹愼較之史家的要求相去甚遠。雖說客觀條件不允許他查證，但即便是客觀條件允許，秉持史家立場的他，仍會如胡適一般不知不覺回到文學敘述的老路上去。

郭沫若對史家「春秋筆法」的演繹幾乎完全是文學化的，典型如蔣介石的常用語氣詞「唵」，在郭沫若筆下活靈活現，每次郭沫若敘及見蔣談話，總少不了「唵」的出現：

　　「唵，唵，你去調查一下好啦」《請看今日之蔣介石》

　　「唵，你看，唵，要多少錢才夠用？」《洪波曲・保衛大武漢》

〔註101〕《郭沫若全集・文學編》第13卷，北京：人民文學出版社1992年版，第212～213頁。

「公務人員啦，不好在，唵，有色彩的報上，發表文章。這是不好的，唵，這不好。要發表文章，唵，最好，唵，是在《大公報》，唵唵，那樣中間性的報紙。唵，唵？」《洪波曲‧反推進》

「唵，你們，唵，替國際青年捧場，唵唵，爲什麼不替我們的三青團捧捧場呢？三青團啦，唵，宣傳的事，唵，要仰仗你啦，唵唵？」《洪波曲‧反推進》

據筆者初步統計，郭沫若記述次數不多的蔣介石談話中（大約四五次），用了近五十次語氣詞「唵」，頻率相當之高。根據本章第二節文本對比，《北伐途次》與《賓陽門外》，關於黃琪翔的對話，雖然均用了「雙引號」，但文本卻略有不同，這種先例說明，關於郭沫若所引蔣介石談話的內容，不能視爲現場記錄，而只是郭沫若回憶的再現，是經過加工的文本，或者說經過文學的修飾。

本文繁瑣舉證意在說明，郭沫若自傳出發點與作品文本的背離，與胡適「傳記文學」理論與實踐的背離，是相向而行——胡適由史入文，卻畫地爲牢，終歸史傳；郭沫若以文入史，卻難出窠臼，文學之樹常青。而這也正是二三十年代文化語境中文學與史學互動分合的眞實反映，這種語境是理解郭沫若有意識的、自覺的以文入史行爲的前提和基礎。歷史或者文學，在 1930年代自傳創作「井噴」的豐富和複雜中，它不是一個文體屬性問題，而是一種參與現實方式的選擇問題。文學的個人和歷史的大眾在這裡彙集，生活之瑣事與時代之大勢在這裡體現，「春秋筆法」與歷史訓練在這裡撞擊，究竟哪個才是「傳記文學」之正途？

郭沫若自傳創作始於「大革命」失敗之後的 1928 年，郭沫若將其作爲區別於「自敘傳小說」（或「身邊小說」）的文體形式獨立出來，其用意絕不僅僅是「傳記文學」，其眞實意圖在「以文入史」，正是從這個意義上說，「自傳」行爲是其「轉向」的深刻延續。

第五章 以文入史：「轉向」的生成與實踐

　　以文入史作為郭沫若「轉向」的生成機制，成為其有意識的系統實踐——賦予傳統文化新生命、做史學教授、長期堅持自傳創作和蜚聲中外的史學研究，這是由中國傳統文化特質、「五四」之後中國革命實際等重要因素所決定，因此這一動態的持續行為，不是歷史的驚鴻一瞥，而有著深刻的內在聯繫。

　　以文入史是動態的「轉向」過程，更是一種導向或趨向而非結果（郭沫若能否「入史」，為史學界真正接納，是另外一個問題），考察前期郭沫若的思想與行為，其在文史互動的張力場域中尋找社會改造的動力並非僅始於文藝事業的落寞，文學的無力感只是加劇或推動了這種探尋。正如「轉向」作為一種姿態或宣言「憑空」出現，「入史」行為也是一種有意的強調，這符合郭沫若一貫片面而深刻的行為風格。「史」在郭沫若的思想與創作中由隱性存在（或言為文學遮蔽）轉為顯性存在的方式，即是以文入史的「轉向」，其超越文學、改造社會的雄心賦予郭沫若新的力量，促成作為文化符號的「郭沫若」真正確立。然而，不得不說，「郭沫若」仍處在文史互動的巨大場域之中，其並未卸下多重裝束，成為一名真正的歷史學者，此是為其成就亦為其局限。

第一節 詩人的「歷史癖」

　　郭沫若首先是以詩人的身份登上文壇的，考察其「轉向」，闡明「以文入史」的機制，郭沫若的詩歌，尤其是大量的「詠史詩」（包括所謂「懷古詩」）

〔註1〕對理解如何「以文入史」無疑大有裨益。自周代形成「史官文化」以來，「歷史」便一直是整個社會文化的中心話語，詩歌領域自然也不例外。「詠史詩」在古典詩歌中的位置十分突出，以題材類型論，其與山水詩並駕齊驅成為中國詩歌中鮮明的獨特存在。早在《詩經》中就有《生民》《黃矣》《公劉》等以歷史為題材的詩史，經班固、左思、陶淵明、陳子昂、李白、杜甫等歷代文人的不斷努力，「詠史詩」成為中國古典詩歌的傳統，這一傳統不僅體現在詩歌的內容和形式等文字層面，更深刻影響到士人的生活學習方式。

一、郭沫若與「詠史詩」

　　同樣，郭沫若受到中國「詠史詩」傳統的深刻影響，不只因其創作了大量以歷史為題材的詩歌，如《女神》中的《巨炮之教訓》《電火光中》，同時期的佚詩《箱崎弔古》《弔朱舜水墓》，《星空》中的《月下的司芬克司》，《前茅》中的《暴虎辭》《哀時古調》，《我想起了陳涉吳廣》等等，更因其深刻體認並踐行這一詩歌傳統。

　　據郭沫若回憶，在 1905 年科舉初廢後，在報考高等小學的「考試期中我們時常去遊城內的高標山」，那一年郭沫若十四歲，應是郭沫若較早較為完整的接受或者說體驗「詠史」傳統。為什麼這麼說呢？與一般的遊記不同，郭沫若並未對高標山、大渡河、府河等美麗壯闊的自然景物作過多描寫，對樂山大佛、漢墓蠻洞等古跡也沒有十分細緻的描繪，而特別對有鄉賢詩作的青衣江、蘇東坡詩作的凌雲山格外感興趣：

　　　　　青衣江上水溶溶，隔岸遙聞戒夜鐘。

　　　　　閒借竹床聽梵放，月華初到第三峰。

　　　　這首怕就是在高標山上做的，在空氣很清澄的時候，凌雲山上

　　　　大佛寺的暮鼓晨鐘，不消說可以聽見，就是木魚的聲音也隱隱地可

〔註1〕在不少文學史論著中，「詠史詩」和「懷古詩」多分開論述，關於這兩者之間的關係也多有爭論。一般認為「詠史詩是有感於某一歷史事實，懷古詩是有感於某一歷史遺跡」（《施蟄存文集・唐詩百話》華東師大出版社 1996 年版，第 251 頁）但真正分清「詠史詩」和「懷古詩」在實際操作中面臨重重困難，「詠史」與「懷古」往往你中有我，我中有你，典型的例子如李涉《懷古》：「尼父未適魯，屢屢倦迷津。徒懷教化心，紆鬱不能伸。一遇知己言，萬方始喧喧。至今百王則，孰挹其源。」雖然題為「懷古」，但嚴格說來卻是「詠史」。這一概念分歧對本文的論述不構成干擾，因古迹亦屬於歷史，為行文的方便，故簡而合稱為「詠史詩」。

以傳來。

> 林竹斑斑日上遲，鳥啼花暝暮春時。
> 青衣不是蒼梧野，卻有峨眉望九嶷。

　　這首大約又是在淩雲山上做的了……這兩首詩真可算道盡了
嘉定城周圍的那種氛圍氣。〔註2〕

　　在郭沫若看來，最能達到描寫刻畫景物的是詩，而他似乎是在發現或闡
釋詩中景物，而不只是在現實中觀察實景。在一片竹林後見到「一個週年不
斷的滴泉彙成一個小小的清池」，郭沫若猜測「這或者就是蘇東坡的詩上所說
的『龍潱』罷？」緊接著，便引述蘇軾的詩：

　　蘇東坡有一首詩好像就是在這淩雲山上做的，我只東鱗西爪地記得幾節
是：

> 生不願封萬戶侯，亦不願識韓荊州。
> 但願身為漢嘉守，載酒時作淩雲遊。
>
> 虛名無用今白首，夢中卻到龍潱口。
> 浮雲軒冕何足言，惟有江山難入手。
>
> 峨眉山月半輪秋，影入平羌江水流。
> 謫仙此語誰解道，請君看月時登樓。〔註3〕

　　柄谷行人在「風景之發現」的論述中這樣說過：「風景不過是語言，是過
去的文學……所謂風景乃是一種認識性的裝置」。〔註4〕這恐怕不只是日本現
代文學的「發現」，這一認識裝置在中國詩歌中運行了幾千年，並深刻影響到
一代又一代的中國文人士子。筆者以為，這是孔子「詩教」得以實現的一種
具體的實踐形式，是「興觀群怨」的「詩言志」傳統得以有強大生命力的一
種形式保障。遊覽名勝、踏遍山水、詠懷古跡、追慕先賢……並得賦詩題詞，
這可以說是一整套的文化實踐傳統，能否體驗並實踐這一傳統，是在古典教

〔註2〕《郭沫若全集・文學編》第 11 卷，北京：人民文學出版社 1992 年版，第 67
　　　～68 頁。

〔註3〕《郭沫若全集・文學編》第 11 卷，北京：人民文學出版社 1992 年版，第 68
　　　～69 頁。

〔註4〕柄谷行人：《日本現代文學的起源》，趙京華譯，北京：生活・讀書・新知三
　　　聯書店 2003 年版，第 11～12 頁。

育體系中，衡量一名士子是否合格的標準之一。超越眼前具體實在的山水景物，而體驗到詩歌傳達的形而上的精神內容，得悟中華文化的精神核心，這並非人人都能做到。與十四歲的郭沫若同時應考高等小學的「三四十歲以上的」大有人在，且競爭不過諸如郭這樣的孩童，不能不說，有無這種體悟和實踐是其中的一個重要原因。

郭沫若在多年之後，花大量筆墨來回憶這一體驗，可見這一體驗對其影響至深，同樣，這更證明其有成為一名詩人的潛質。郭沫若的回憶是出於一種自覺，還是一種無深意的敘述，還有待進一步考證。不過，在留學日本期間，郭沫若對遊覽名勝、爬山、弔古仍有強烈的興趣。極端的例子是，郭沫若從日本第一高等學校預科畢業後，聽說一高校園裏有明朱舜水的遺墓，便「巴巴地到一高履行憑弔朱舜水的墓址」，「不過因為只有一次，所以他的方位我現在也想不起來了。」換言之，郭沫若對墓地景致已經不記得了，「但是當時我為他吟著的一首詩還遺留在我的記憶裏呢」，

　　　　一碣立孤家　　楓林照眼新
　　　　千秋遺恨在　　七日空哭素〔註5〕

此外，類是的情況還有很多，比如獲得官費後到北條海浴有《鏡浦》組詩三首，在「月夜我獨自徘徊於東山的山陰」有《晚眺》與《新月》二絕，在六高登操山，有詩《登操山》一首。這一點不僅在《自然底追懷》中記述，在其家書中也得到印證：「天高日暖，時登操山而嘯西風焉。操山崎立校內，山木青蔥可愛，驟望之頗似峨眉也……」〔註6〕在《自然底追懷》一文中，郭沫若回憶了大量在日本遊玩的詩作，由於該文郭沫若全集未收，且詩作多為舊體詩，因此很多詩作以往多不為人所知。

郭沫若不僅自己體驗踐行「詠史」詩歌傳統，更極力鼓勵家人參與，尤其對其「元弟」更是充滿了期待：「濟蒼弟鑒：……登山一事最於鍛鍊體魄為宜，閒居可率侄輩遠出，時事跋陟。暑中伴二老登峨眉為最宜。峨眉天下秀。吾輩弟兄生長峨眉山下，未曾登過一次，真是笑人事。憶前歲夢中登臨，得句云：『俯瞰群山小，天空我獨高』。吾弟試為我一往，看光景究竟如何也。」

<hr>

〔註5〕郭沫若：《自然底追懷》，王錦厚、伍加倫、蕭斌如等編《郭沫若佚文集》（上冊），成都：四川大學出版社 1988 版第 228 頁。
〔註6〕郭平英、秦川編注：《敝帚集與游學家書》，北京：中國社會科學出版社 2012 年版，第 235 頁。

〔註7〕值得一提的是，郭沫若每提到旅遊、登山，總有詩句緊隨其後，夢中還不忘賦詩一首，並讓其弟「試爲我一往，看光景究竟如何也」，足見其用心至深。暗含著期待其弟也能體悟到這一層意思，往這個方向用心。郭沫若寫這封家書時是 1917 年 1 月 19 日，農曆十二月廿六，尚在春節期間。到同年 6 月 23 日，郭沫若不忘登臨峨眉之事，專寫一封家信，再次催促懇請峨眉之遊：

> 今年二老峨眉之遊能成行否？暑中總請萬要上山一次，或攜帶
> 元弟、少成伴隨，可令弟侄增長無限志氣也。孔子登東山而小魯，
> 等太山而小天下。李太白詩：「登高壯觀天地間，大江茫茫去不還。」
> 讀古人登高之作，皆浩浩然，靈氣充溢，神爲之移，況身臨其境，
> 不知更當作何豪想耶！……**吾國古時，凡登高能賦者皆可爲大**
> **夫**……〔註8〕

不過是一次旅遊，如何能增長無限志氣呢？孔子眞的就是看見東山就覺得魯國小了嗎？登泰山了就能小天下嗎？「登高能賦者皆可爲大夫」，郭沫若對李白詩歌的讚頌，即是對這一領悟的體現。超越眼前的實體，激活發現裝置，體悟文化精神才是登高的目的所在，唯此方能有博大的胸懷，宏闊的視野而「小天下」。在這個過程中，發揮中介或激活作用的，正是詩歌。

然而，同樣不得不承認的是，其「元弟」未能眞正體會郭沫若的用意，「峨眉之遊，適今歲世亂年荒，竟不能成行，殊歉然也。」〔註9〕從這個意義上說，詠史與懷古不簡單的是中國古典詩歌的一種傳統，而是一種文化實踐形式，一整套的文化激活方案；不只是中國文人的一種志趣，而是一種深入骨髓的信仰和膜拜。唯此，我們才能眞正理解爲何「『五四』的新文化人，幾乎無一不是反傳統的。然而他們又無一不是傳統的負載者。」〔註10〕

二、從懷舊到信念──「史」的擴張

如果說「懷舊」是以個人記憶爲基礎，那麼「懷古」或「詠史」則是建

〔註7〕 郭平英、秦川編注：《敝帚集與游學家書》，北京：中國社會科學出版社 2012 年版，第 240 頁。

〔註8〕 郭平英、秦川編注：《敝帚集與游學家書》，北京：中國社會科學出版社 2012 年版，第 240 頁。

〔註9〕 郭平英、秦川編注：《敝帚集與游學家書》，北京：中國社會科學出版社 2012 年版，第 248 頁。

〔註10〕 魏建：《郭沫若：一個複雜的存在》，海口：南海出版公司 1993 年版，第 37 頁。

立在對歷史的信念之上。在人類文明的早期，詩與歷史的關係，在西方體現為大型史詩如《伊利亞特》、《奧德賽》，它和戲劇、抒情詩並列是西方早期文學的主要類型；在中國由於「史官文化」的確立，記載敘事的功能被史書所承載，神話傳說亦被歷史化，逐漸成為信史，這自然沒有長篇敘事史成長的土壤，因此漢民族沒有長篇史詩。但史書無法完美承載世人對歷史的信念和情感，故用不恰當的橫向類比來說，西方史詩中承載的對歷史的抒情，在中國成為一種獨立的存在──「詠史詩」和「懷古詩」。這無疑是對歷史抒情的一種強化。「史官文化」的主導帶來另一個重要影響是中國存有大量的歷史題材詩歌，但卻多以「詠史」「詠懷」「懷古」「弔古」等來稱之，而不稱「史詩」，〔註 11〕唯有杜甫一人的詩被稱頌為「詩史」，但卻飽受爭議，〔註 12〕錢鍾書先生也認為「詩史」的概念是「一偏之見」，他曾這樣評價歷史題材詩歌說：「詩是有血有肉的活東西，史誠然是它的骨幹，然而假如單憑內容是否在史書上信而有徵這一點來判斷詩歌的價值，那就彷彿要從愛克司光透視裏來鑒定圖畫家和雕刻家所選擇的人體美了。」〔註 13〕足見，在中國傳統文化中，詩與史的結合，在「言志」「詠懷」的抒情層面是順理成章的，但一旦關涉歷史敘事，哪怕是「詩聖」，倘若把「詩」放在「史」的前面，也是難以服眾的。在這個問題上，連折中主義的把戲也玩不得，「史」的權威是不容置疑的，而「詩」韻味或超越時空的美感也不容「史」在其中坐大。

故而，在傳統文論中，對「詠史詩」有「論體」和「傳體」之說，〔註 14〕但以創作和評價而論，在數量和質量上，「傳體」不如「論體」。班固的《詠史詩》被認為是「質木無文」，〔註 15〕原因恐怕在於，「傳體」詠史詩敘述過

〔註 11〕「史詩」作為一個文體概念，實際是從西方借鑒得來，英語作「epic」，希臘文作「epos」，中國傳統文論中沒有這一概念。關於「中國古代有無史詩」是一公案，詳見程相占《中國古代無史詩公案求解》（《文史哲》1996 年第 5 期）一文。

〔註 12〕孟修祥：《杜甫「詩史」說考辨》，《殷都學刊》，1996 年第 1 期。

〔註 13〕錢鍾書：《宋詩選注·序》，北京：生活·讀書·新知三聯書店 2002 年版，第 3 頁。

〔註 14〕劉熙載在《藝概·詩概》中說：「左太沖『詠史』似論體，顏延年『五君詠』似傳體」，把以左思《詠史》為代表的稱為「論體」詠史詩，把以顏延之《五君詠》為代表的稱為「傳體」詠史詩。不過，學界一般認為「傳體」詠史詩的代表應為班固的《詠史詩》。

〔註 15〕鍾嶸在《詩品·總序》中說：「東京二百載中，惟有班固《詠史》，質木無文」，王叔岷解釋說：「此謂東京二百載中，雖有班固《詠史詩》，而質木無文采。

多，因而被鍾嶸列爲「下品」，說「孟堅才流，而老於掌故。觀其《詠史》，有感歎之詞」。〔註16〕足見，詠史詩的關鍵在於抒懷，其核心牢牢內嵌於「詩言志」的範疇。郭沫若大量的詠史詩，基本都屬於「論體」，如《紀事雜詩》之五：

> 欲上崆峒訪廣成，欲上長城弔始皇。
>
> 寸心騁逐時空外，人生到底爲誰忙？

郭沫若雖名爲「紀事雜詩」，但卻並不講述故事，而是借「廣成」（老子別號）和「始皇」兩位歷史人物來抒發自己的胸懷，是專心問道、隱逸世事，還是如秦始皇一般不擇手段、建功立業？其中關於老子和秦始皇二人的典故敘事作爲文化背景而隱逸存在，無需亦不能過多陳述，這二者的對比，表達的是郭沫若跨越時空對人生的感歎與思考，是「廟堂——江湖」的文人意識〔註17〕另一種表達，是較爲典型的「論體」詠史詩。

如果說，郭沫若舊體詠史詩沿襲了古典詩歌傳統，那麼其詠史新詩，無論是形態還是寫作範式都處在新舊對立的前沿，所以在現代白話新詩中顯得意味深長。白話新詩初創以來，抒情與敘事之間的關係，發生了極爲微妙的變化。〔註18〕在早期，白話新詩除了用白話寫詩外，其區別舊體詩的另一重要緯度是「作詩如作文」，〔註19〕有學者這樣描述新詩嘗試期敘事的崛起：「過去，只有小說能夠做到想寫什麼事就寫什麼事、想寫多細緻就寫多細緻，如今詩歌也有了這種可能性；『詩』與『事』的關係，發生了本質性的改觀。」〔註20〕那麼，詠史詩當如何駕馭敘事？是向西方的史詩學習？還是繼續傳統的抒情詠懷？郭沫若的創作給出了答案。

非謂東京二百載中，僅有質木之班固之《詠史詩》也……史重才，詩重情。班固短於詩……」見王叔岷著《鍾嶸詩品箋證稿》，北京：中華書局 2007 年版，第 54～58 頁。

〔註16〕 王叔岷：《鍾嶸詩品箋證稿》，北京：中華書局 2007 年版，第 319 頁。

〔註17〕 魏建：《論郭沫若「言志」文學品格的文化意蘊》，《山東社會科學》，1988 年第 2 期。

〔註18〕 高永年、何永康在《論百年中國新詩之敘事因素》一文中認爲：「中國新詩百年經受了時代之『事』的多方面磨礪與滋養，其敘事因素變得更爲充實，更有詩力。認眞審視中國新詩敘事因素的崛起與建構，總結其經驗，有助於中國當代詩壇大風再起。」（《文學評論》2011 年第 1 期）

〔註19〕 胡適：《逼上梁山》，《胡適文集》第 1 卷，北京：北京大學出版社 1998 年版，第 144 頁。

〔註20〕 高永年、何永康：《論百年中國新詩之敘事因素》，《文學評論》，2011 年第 1 期。

　　《巨炮之教訓》是《女神》中較爲典型的現代詠史（懷古）詩，不過其憑弔的古跡不是中華文明的燦爛遺留，而是「博多灣的海岸上／十里松原的林邊／有兩尊俄羅斯的巨炮」。在這首近八百字的新詩中，讀者並未得知這兩尊巨炮更多的細節，它們爲何留在這裡？怎樣留在這裡？哪次戰爭導致它們的失落？更或者俄羅斯的大炮怎麼到了日本？是俄羅斯人侵入日本，還是日俄戰爭中，日本運回的戰利品？但這首詩，卻又是有情節的——「我」與這兩尊巨炮「談天」，隨後在海風的吹拂下進入夢鄉，又與托爾斯泰和列寧展開了長長的對話。這首以談天對話爲主體的詩，似乎無處不在「敘事」，但根底裏卻是在抒情——通過這兩尊巨炮，在對戰爭的反思中，郭沫若開始了與托爾斯泰的對話，內容是托爾斯泰的人道主義與中國墨老思想混合雜糅而成的帶有濃厚無政府主義和民粹色彩的世界主義：「我主張樸素，慈愛的生涯／我主張克己，無抗的信條／也不要法庭／也不要囚牢／也不要軍人／也不要外交／一切的人能如農民一樣最好！」「我」對此的反應是「哦，你的意見眞是好！」，接著一小節對反對者的挖苦和嘲諷後，列寧「爲階級消滅而戰喲！／爲民族解放而戰喲！／爲社會改造而戰喲！至高的理想只在農勞！／最終的勝利總在吾曹！」的「霹靂」聲把「我」驚醒了。

　　《巨炮之教訓》的詩意只有放置於中國詠史詩的長河中去涵泳，才能體味其眞正內涵。其或哀或愁，或怨或怒，矛盾迷茫卻心有不甘的複雜情緒，猶如孟浩然登臨峴山，面對羊祜「墮淚碑」時的感概：

　　　　人事有代謝，往來成古今。江山留勝蹟，我輩復登臨。

　　　　水落魚梁淺，天寒夢澤深。羊公碑字在，讀罷淚沾襟。〔註21〕

　　著名「隱士」孟浩然，其實始終並未放棄成就一番事業的雄心，否則他不會對著羊祜的「功德碑」淚滿襟。以詩抒發「懷才不遇」之情是歷代文人的傳統，可因爲寫得太好而斷送了入仕的前程，恐怕只有孟浩然一人。登臨峴山，看著生茲長茲念茲的土地，人生浮短，「羊公碑」便是使男兒流淚的催化劑，因此這不是事實的呈現，而是情感的復活，這種觸發機制有著十分悠久的歷史，形成了固定不移的傳統，因而其凝固於歷史古跡上的情感是深刻的公共性的「同情」。

　　詠史詩中，歷史人物、事件或古跡都只不過是激發詩人情感的語言或現

〔註21〕鄧安生、孫佩君譯注：《孟浩然詩選譯》，成都：巴蜀書社 1990 年版，第 101頁。

實的符號，其本身的故事內涵多以背景而存在，有時哪怕是假的，也不對詩作本身構成致命的影響，典型如蘇軾的《念奴嬌·赤壁懷古》，地點的誤判並不影響人們對這首名作的認同。問題的關鍵在於，詩中的「史」能否完成個人經驗向公共經驗的轉化，如果郭沫若不能做到這一點，即便下筆千萬言來詳細介紹這兩尊巨炮的來歷和背後的故事，也是一首失敗的詠史詩，它們無法激活公共經驗而令讀者與作者共鳴。《巨炮之教訓》詩的開始，「我」與兩尊巨炮的談天，其用意即在此處，「幽囚」、「思歸」、「怨恨」、「懺悔」、「羞」、「怒」、「闖進了你們的門庭大肆屠剼」……短短幾句詩可以說濃縮了當時中國知識分子，尤其是留日知識分子由日俄戰爭而帶來的複雜生命體驗（如魯迅的棄醫從文）。那麼，戰爭的「教訓」何在呢？這時有「兩個奇異的人形前來相見」！如果說「巨炮」帶來了日俄戰爭給中國人的複雜體驗，那麼托爾斯泰、列寧兩位俄羅斯思想巨人，也給中國知識分子帶來了形式各異卻又糾纏不清的「教訓」——各種主義：人道主義、無政府主義、民粹主義、馬克思主義……這些主義，哪個才是有利於中華民族復興的苦口良藥？由此，我們不妨說，「巨炮之教訓」，乃是這些「主義」的象徵或代名詞。從詩美、詩藝的角度來說，《巨炮之教訓》是一首典型的現代詠史新詩。這首詩作於 1920 年 4 月間，可以說，托爾斯泰和列寧的出現以及對話十分形象的展示了當時郭沫若思想中的矛盾和迷茫，而這正是詠史詩「言志」傳統的現代體現。

三、敘事如何復活抒情？

多年之後，郭沫若還這樣形容成仿吾《詩之防禦戰》在當時詩壇的轟動效應，「仿吾異常的猛勇，在《周報》第一期上便投出了《詩之防禦戰》的那個爆擊彈，把當時築在閘北的中國的所謂詩壇，爆擊得比今年的閘北怕還要厲害。」〔註22〕這是不是一種自我標榜或自我誇張的說法？其實不然，《詩之防禦戰》在新詩批評和理論上的重要性尚未真正凸顯。這一「爆擊彈」雖然言辭過於激烈甚至偏激，過火的話說得太多，但針對當時新詩的弊病卻是切中肯綮的，有些言辭對當前詩壇「口水詩」「廢話體」等種種亂象亦有借鑒意義。

新詩在白話之後，在「作詩如作文」之後，如何提高詩意，或言新詩的

〔註22〕《郭沫若全集·文學編》第 12 卷，北京：人民文學出版社 1992 年版，第 169 頁。

本質究竟是什麼，是一個直到今天仍值得思考的問題。創造社諸君堅信「文學是直訴於我們的感情，而不是刺激我們的理智的創造……文學始終是以情感爲生命的，情感便是他的始終……不僅詩的全體要以他所傳達的情緒之深淺決定他的優劣，而且一字一句亦必以情感的貧富爲選擇的標準。」對於當時的新詩壇，成仿吾這樣形容道：「一座腐敗了的王宮，是我們把他推倒了，幾年來正在重新建造。然而現在呀，王宮內外遍地都生了野草了，可悲的王宮啊！可痛的王宮！」〔註23〕其所謂「野草」的代表正是新詩壇的翹楚胡適、康白情、俞平伯、周作人等人的新詩。我們的新文學史一直將成仿吾的批評視爲一種「青春的躁動」或「宗派主義」的作怪，而缺少對新詩缺點不足的真正反思。比如，儘管郭沫若「敏銳地發現了中國新詩先天的不足」，〔註24〕而其《女神》被認爲是「中國舊詩與新詩分野的真正的界碑」〔註25〕，但成仿吾的批評同樣適用於他的詩作。

通過前文《巨炮之教訓》與《與諸子登峴山》的對比，郭沫若繼承了詠史詩核心的「言志」傳統，但具體如何「言志」，又言怎樣的「志」，卻不可能再延續借景抒情、景情交融、借物詠懷來抒發「懷才不遇」「王朝興衰」「人生無常」「遁隱山林」的古典詩歌千古不變的老路。他必須正視在古典詩歌中幾近被閹割的「敘事」，更必須在抒情的具體內容上與時俱進，做到能夠激發同時代讀書人深切的同情，可資借鑒的亦是當時的潮流是向西方詩歌學習。郭沫若付出了很多努力，但筆者以爲仍然不夠成功──當然，筆者是將其與西方最優秀的詩人相比，如其《金字塔》與普希金《銅騎士》（穆旦譯爲《青銅騎士》）的「序曲」：

《金字塔》	《銅騎士‧序曲》
一個，兩個，三個，三個金字塔的尖端 排列在尼羅河畔──是否是尼羅河畔？── 一個高，一個低，一個最低， 塔下的河岸刀截斷了一樣地整齊， 哦，河中流瀉著的漣漪喲！塔後洶湧著的雲霞喲！	百年過去了，年輕的城市 它是北國的精華和奇跡 從黑暗的森林、從沼澤地、 華麗地傲然地高高聳起…… 壯麗的宮殿、矗立的高樓 屹立著，從世界的每個角落，

〔註23〕成仿吾：《詩之防禦戰》，《創造周報》第 1 號，1923 年 5 月 13 日。
〔註24〕魏建、呂周聚主編：《中國現代文學新編》高等教育出版社 2012 年版，第 96 頁。
〔註25〕魏建、房福賢主編：《中國現當代作家作品研究》，山東人民出版社 2001 年版，第 41 頁。

雲霞中隱約地一團白光，恐怕是將要西下的太陽。

太陽遊歷了地球東半，又要去遊歷地球西半，

地球上的天工人美怕全盤都已被你看完！

否，否，不然！是地球在自轉，公轉，

就好像一個跳舞著的女郎將就你看。

太陽喲！太陽的象徵喲！金字塔喲！

我恨不能飛隨你去喲！飛向你去喲！

其二

左右蓊鬱著兩列森林，

中間流瀉著一個反寫的「之」字，

流向那晚霞重疊的金字塔底。

偉大的寂寥喲，死的沉默喲，

我凝視著，傾聽著……

三個金字塔的尖端

好像同時有宏朗的聲音在吐：

創造喲！創造喲！努力創造喲！

人們創造力的權威可與神祇比伍！

不信請看我，看我這雄偉的巨製吧！

便是天上的太陽也在向我低頭呀！

哦哦，淵默的雷聲！我感謝你現身的說教！

我心海中的情濤也已流成了個河流流向你了！

森林中流瀉著的「之」江可不是我嗎？

〔註26〕

一批一批的大船都向著

這富麗豪華的碼頭停泊；

涅瓦河披上花崗石外衣；

　　長橋在河水波濤上高懸；……

我愛你，這彼得的傑作啊，

我愛你整潔嚴肅的容顏、

涅瓦河洶湧澎湃的浪濤、

它兩岸上的花崗石堤堰、

　　你鐵柵欄上精美的花紋、……

我愛你那嚴寒的冬天的

　　凝靜的大氣，白色的冰霜……

我愛你那個瑪斯校場上的

青年軍人的英武的氣概……

彼得的城，願你光輝燦爛，

像俄羅斯似地屹立不動，

自然的不可抗拒的力量，

願它在你面前百依百順；

讓芬蘭灣的海波忘掉了

自己往昔的奴役與仇恨，

而不要挑起無用的敵意

來攪亂彼得的永恒的夢！〔註27〕

　　　在作這首詩時，郭沫若沒有到過埃及親臨觀賞金字塔，但他卻已多次在詩中表達他對「金字塔」的崇拜，如《晨安》（晨安！尼羅河畔的金字塔呀！）《我是個偶像崇拜者》（我崇拜蘇彝士、巴拿馬、萬里長城、金字塔）等。這首詩緣起於宗白華自歐洲寄「金字塔畫片」兩張給郭沫若，激發了其詩興「賦此二詩以示鳴謝」。「金字塔」之於郭沫若，是一個偶像，一種「天工人美」，是創造力的象徵，詩中主體意識和泛神論思想澎湃彌散，從「志」上來說，他與普希金對彼得大帝武功的謳歌、對聖彼得堡的讚頌相比要更具普

〔註26〕《郭沫若全集・文學編》第 1 卷，北京：人民文學出版社 1982 年版，第 106～107 頁。

〔註27〕普希金：《銅騎士・序曲》，《普希金全集》第 3 卷，余振、谷羽譯，南京：江蘇文藝出版社 1997 年版，第 464～468 頁。

世性。然而，或許是沒有切身體驗之故，郭沫若的表達散漫，內在的敘事抒情理路混亂失措，以至於他不得不在詩後注解道：「金字塔本是太陽底象徵。埃及藝術多取幾何學的直線美，其表現渾圓的太陽竟用四面方錐體表現，正其美術之特點。蓋取象太陽四方普照之意。」這樣注腳本身即是失敗的證明，換言之，在對詩歌「敘事」的駕馭上，郭沫若比胡適等人高明不到哪裏去。

　　與西方優秀的詩人相比，郭沫若和孟浩然一樣，仍以「句」取勝，而非整詩見長。以「句」取勝是中國古典詩歌一個微妙的傳統，似乎「人事有代謝，往來成古今」「相看兩不厭，唯有敬亭山」就已代表了《與諸子登峴山》《獨坐敬亭山》的神韻，其它詩句都只成為點綴。同樣是寫「秋」，杜甫「無邊落木蕭蕭下，不盡長江滾滾來」堪稱典範，脫口而出，似乎可以脫離原詩而獨立存在。而里爾克的《秋》：「落葉了，彷彿從那遙遠的空中，／好似天國裏的花園都已凋萎，／枯葉擺著手，不情願地往下落。／在一個個夜裏，沉重的地球／也離開了星群，落進了寂寞。／我們大家都在墜落。這隻手／也在墜落。瞧：所有人全在墜落。／可是有一位，他用自己的雙手／無限溫柔地將這一切的墜落把握。」〔註 28〕最後一句、最後一節，無論哪一句詩，脫離了全詩都不過是一句普通的言語而已。這自然是中西各有優劣的詩歌傳統，但對中國現代新詩而言，其是否以句取勝姑且不論，但詩整體的敘事抒情邏輯應是一體化的，而不能再過分糾結於句的造就，畢竟「你站在橋上看風景，／看風景的人在樓上看你」這樣的「斷章」不會太多。成仿吾在《詩之防禦戰》中之所以反對周作人「所謂哲理詩」，原因之一是「難免不陷於極端的剎那主義 Momentalismus」，而「剎那主義與點畫的結果，最易陷於輕浮」。〔註 29〕現代詩意的複雜性和深刻性需要在一個有機的整體中來呈現其意蘊，即意義生成的無限可能性，而不是一句話的小聰明。

　　郭沫若的新詩在對「敘事」的駕馭上並未有根本性的突破，但一些有意的嘗試，還是值得肯定的，他對惠特曼式抒情的學習和傚仿，對彌補其在敘事上的不足起到積極作用：

〔註 28〕里爾克：《秋》，《里爾克抒情詩選》，楊武能譯，成都：四川文藝出版社 1988 年版，第 21 頁。

〔註 29〕成仿吾：《詩之防禦戰》，《創造周報》第 1 號，1923 年 5 月 13 日。

《箱崎弔古》之二	《華盛頓紀念碑，1885 年 2 月》
（二） 風！橫暴的風！ 你吹！你拼命的吹！ 你縱把地球吹得出軌道外去， 你總把我吹不出地球外去！ 我在風中跑，我在十里松原中跑， 十里松原中無數的古松替我鼓奏著行軍的調兒， 我跑到了——我跑到博多灣的海岸了！ 四千支的樓船——啊啊！還在海上翻！ 驚砂撲面來，我看見范文虎與蔡松坡指揮著十萬多的同胞戰——同怪風戰，狂濤戰，怒了的自然戰，宇宙間一切的惡魔戰…… 我的同胞喲！我奮勇的同胞喲！ 永劫的榮光早在我頭上照臨， 我在替你們唱著凱旋歌， 我們努力，奮邁，戰！戰！戰喲！ 〔註30〕	啊，不是這大理石，又僵又冷； 從底座和柱身遠遠擴展開去——圍著環形的地區轉，包容眾多， 你，華盛頓，屬於整個世界，屬於所有大陸——不只是你的，美利堅的， 也屬於歐洲，屬於各個地方，貴族的城堡或工人的小屋， 或結冰的北方，或悶熱的南方——是非洲人的——是帳篷裏阿拉伯人的， 古老的亞細亞在那裡莊嚴地微笑著，坐在她的度墟中， （古代的會歡迎新的英雄嗎？從來都一樣——那合法的繼承人，永遠延續下去， 那一往無前的心與臂——證明是一脈相承的， 勇敢、機警、耐心、忠誠，也一樣——即使在失敗時也並未失敗，也一樣；） 只要哪裏有船隻在航駛，或在陸地上建起房屋，不論晝夜， 經過擁擠的城市街道，室內或戶外，工廠或農莊， 現在，將來或過去——只要是愛國的意志曾經或仍然存在的地方， 只要自由受寬容的支持，法律能統治的無論什麼地方， 就會樹立或高聳起你那真正的豐碑。〔註31〕

　　郭沫若對「華夏力量」的謳歌與惠特曼對「美國精神」的讚頌一樣，在抒情與敘事的交融中體現出一種渾整性，通過激昂、澎湃的意象塑造，實現對歷史信念和精神的傳達，非常具有感染力。同時，情感的強烈填補了詩意敘事跳躍留下的縫隙，從而更有情緒的張力。在我看來，《巨炮之教訓》和《箱崎弔古》是郭沫若早期詠史新詩的代表，從個人的角度而言，郭沫若初步實現了詠史詩由古典向現代的轉化。然而，在中西交匯的文化語境中，將這種「轉化」定格爲一種新詩傳統或詩美規範，郭沫若還有很長的路要走。

〔註30〕蔡震編：《〈女神〉及佚詩》，北京：人民文學出版社 2008 年版，第 157 頁。
〔註31〕惠特曼：《草葉集》，趙蘿蕤譯，上海：上海譯文出版社 1991 年版，第 912～913 頁。

四、劇變的「金字塔」

郭沫若早期的詠史詩以直抒胸臆的情感宣泄爲主，有非常明顯的「意志化」傾向，〔註 32〕刻意表現純粹自我、抽象意念，試圖完成一種主體對客觀世界的介入和干預，超越一切而直達永恒的精神世界。典型如「金字塔」意象，郭沫若曾試圖用西方詩歌的表達方式將其塑造成一種新文化的「偶像」，成爲本我、創造力、美和太陽的象徵，然而「金字塔」終究沒能像「天狗」那樣深入人心，直到在 1941 年，它成爲「罪惡」的象徵，「金字塔」在中國文化語境中的特殊含義才被世人所認同。

如果說創作於 1920 年的《金字塔》是一篇失敗的作品，那麼 1941 年郭沫若自稱「這首印象的東西」——《罪惡的金字塔》則堪稱傑作，即便年少輕狂曾將郭沫若詩作視爲「連篇累牘的分行散文」的陳明遠也認爲，《罪惡的金字塔》是好詩。〔註 33〕不過，筆者在初讀這首詩時，就曾產生疑惑：爲何曾經的「偶像」會成爲罪惡的象徵呢？

在「轉向」的過程中，隨著對政治、社會學理論瞭解的深入和史學研究的推進，郭沫若對古代社會的認知發生了巨大的變化，由對歷史精神的嚮往和崇拜，轉爲理論的批判。在對墨子思想的批判中，郭沫若這樣說道：「利用人民的愚昧，便把由奴隸造成的人世的金字塔，化而成爲由神鬼造成的天界的金字塔。人王之下有百官眾庶，上帝之下有百神群鬼。」〔註 34〕馬克思曾對中國「天界的金字塔」的穩定性這樣說道，「亞洲各國不斷瓦解、不斷重建和經常改朝換代，與之截然相反，亞洲的社會卻沒有變化。這種社會的基本經濟要素的結構，不爲政治領域中的風暴所觸動。」〔註 35〕對中國超然存在幾千年的「天界的金字塔」——由經濟基礎決定的深層的社會文化制度，李大釗、梁漱溟、費孝通等學者均有相關研究，〔註 36〕可以說是當時文化界的一種共識。那麼，爲何由日軍的轟炸導致的災難，不批判日寇，而憤怒的將

〔註 32〕 李怡：《中國現代新詩與古典詩歌傳統》（增訂版），北京大學出版社 2008 年版，第 51～54 頁。

〔註 33〕 方舟、章益編：《中國現代名人珍聞軼事》，北京：中國華僑出版社 1989 年版，第 27 頁。

〔註 34〕 《郭沫若全集·歷史編》第 2 卷，北京：人民出版社 1982 年版，第 108 頁。

〔註 35〕 馬克思：《資本論》第 1 卷，北京：人民出版社 2004 年版，第 415 頁。

〔註 36〕 李大釗《由經濟上解釋中國近代思想變動的原因》（《李大釗全集》第 3 卷，人民出版社 2006 年版）；《梁漱溟全集》第 2 卷（山東人民出版社 1989 年版）；費孝通《鄉土中國·生育制度》（北京大學出版社 1998 年版）等著。

矛頭指向「重慶」呢？

　　查閱當時的報刊，郭沫若親臨現場的「大隧道慘禍」，日敵機只有三架，造成上萬民眾死亡的原因，並非炸彈，而是窒息。而且，這不是個案，對此當時社會一片追討之聲。1941 年《時論分析》雜誌中一篇《重慶隧道大慘案》的評論文章就直接指出，慘禍的發生「問題在設備不周管理欠妥」，沉痛地說：「這些市民不死於敵彈，而死於窒息，眞是可痛！……公共防空洞的空氣問題，本已不是新問題，前年六月十一日中山公園下大隧道曾發生窒息之事，去年八月十二日左營街大隧道也曾發生了窒息慘劇，而現在又發生了這種不幸！……蔣委員長並曾親至大隧道視察，對防控事務有所指示，然而……」，當時輿論界的普遍意見是，慘禍的發生是因「機構龐雜、管理不良」，「隧道慘案也是整個行政效率問題」，必須「徹底嚴懲、振肅綱紀」。〔註 37〕最高當局免去了劉峙防空司令的職務，處分了胡伯翰、吳國楨，但仍難息眾怒。該慘劇引發社會文化界對重慶政治效率、政治文化制度的深刻反思。

　　《罪惡的金字塔》是郭沫若親往洞口看運屍體後寫出的，他憤恨的寫道「心都跛了腳／你們知道嗎？／只有憤怒，沒有悲哀，／只有火，沒有水。／連長江和嘉陵江都變成了火的洪流，／這火／難道不會燒毀那罪惡砌成的金字塔嗎？」〔註 38〕心跛腳、水化作火與金字塔的隱喻共同構成虛指的意象群，象徵意味十分明顯。封建制度有「水能載舟亦能覆舟」的箴言，但如果「水」由憤怒化作「火」呢？

　　「水成岩」一般稱作「沉積岩」，「水成岩都鼓暴著眼睛」一句是前文水化作火意象的接續，其用詞之妙在於，它將隱喻的批判聚焦於「水城」重慶：水能載舟亦能覆舟，在這一意義上，封建制度也是「水成」，無論怎樣堅硬的岩石砌就的都城，都建立在人民之「水」上；「水城」的另一面是「霧都」，「千層萬層的霧」是封建制度的瞞和騙，爲掩蓋眞相而釋放的重重濃霧「令人不能透息」，然而，「霧期早過了。／是的，炎熱的太陽在山城上燃燒，／水成岩都鼓暴著眼睛」，蔣政府肆意的欺瞞行爲不僅會把「水」的憤怒激化成「火」，更將喚醒「億萬年前」的亡靈──那些「水成岩」中在歷代的封建壓迫下積澱的人民。儘管「霧從千萬個孔穴中湧出，更有千萬雙黑色的手，掩蓋著自

〔註37〕夏孟輝：《重慶隧道大慘案》，《時論分析》1941 年第 35 期。

〔註38〕《郭沫若全集·文學編》第 2 卷，北京：人民文學出版社 1982 年版，第 54～55 頁。

己的眼睛」，然而在「灼熱的白晝」中，「那金字塔，罪惡砌成的，顯現得十分清晰。」〔註39〕將霧期過後的重慶，比作金字塔是十分形象生動的，黃侯興先生對此曾分析說，「詩人在《重慶值得留戀》一文中說過：『是的，這霧眞是可惡！不過，恐怕還是精神上的霧罩得我們更屬害些，因而增加了我們對於霧重慶的憎恨吧』」「重慶的夏天，沒有霧，只是一個火熱的地獄。詩人用含蓄的手法去披露事件的眞相，透過千層萬層的霧去揭示地下千萬雙死者的手，這就使金字塔的罪惡顯得更加分明了。」〔註40〕用「霧」來瞞和騙，來掩蓋「金字塔」罪惡的固有伎倆在中華民族生死存亡的危難關頭——在霧期過後的重慶，「朦朧嗎？／不，分明是灼熱的白晝。／那金字塔，罪惡砌成的，／顯現得十分清晰。」因此，無論從抒情、敘事，還是渾整性，抑或現實關懷、言志傳統，《罪惡的金字塔》都堪稱郭詩詠史的典範。

由此可見，郭沫若現代詠史詩眞正的超越完成於「轉向」之後。一方面，郭沫若完成了對古典詠史詩「興」的超越。在郭詩中，歷史或古跡不再單純只是以物起情、隨物宛轉中的機械載體，其本身具備敘事的功能，且可能是抽象的概念體系。它不再只是單純的「由頭」，而內嵌於詩歌的有機整體之中，具備意義的生成性，很好的彌補了古體詩由於敘事不足而造成的詩歌表達的貧乏；另一方面，較爲明顯的是，郭沫若克服了對純粹主體與抽象意念的迷戀，不再模仿西方詩歌的表達方式，「金字塔」這一象徵意象被恰如其分的物態化，〔註41〕從而成爲「言志」的完美載體。

「金字塔」這一意象，可以視作郭沫若現代「詠史詩」的象徵，其內涵的不斷轉變正是郭沫若現代詠史詩探索的縮影。然而，「金字塔」究竟是本我、創造力、美和太陽的象徵，還是封建制度的精準描述，這一理解的差異並不能評定一首詩歌的好壞優劣。問題的關鍵在於「史」在詠史詩中的地位和作用，郭沫若早期的詠史詩，「史」的主要作用仍然是「興」，只不過表達方式和內容從牢騷或明志變爲主體意念或主義之爭罷了。而在「轉向」之後，在其「以文入史」精神架構中，「史」成爲一種具備主宰性的存在，他對整首詩的意義生成有統攝作用，《罪惡的金字塔》全詩彌散著歷史的氣息，「金

〔註39〕《郭沫若全集・文學編》第 2 卷，北京：人民文學出版社 1982 年版，第 54～55 頁。

〔註40〕黃侯興著：《郭沫若》，北京：中國華僑出版社 1998 年版，第 130～131 頁。

〔註41〕李怡：《中國現代新詩與古典詩歌傳統》（增訂版），北京大學出版社 2008 年版，第 42～49 頁。

字塔」本身即是一種歷史的總結和概括，而「水成岩」、「億萬年」及對千萬
亡靈的召喚則把思緒拉得更加久遠，至爲關鍵的是，全詩站在歷史長河的高
度對現實的洞悉，使得火一般的憤怒具有理性的光輝，在此強烈的情感表達
中，一種必然性應運而生。

　　「以文入史」對郭沫若文學創作的影響在其詠史詩中有諸多表現，而詠
史詩正是郭沫若後期詩歌創作中不可多見的佳作。

第二節　「歷史」與「速寫」

　　前文（第三章第四節）說到，有學者認爲郭沫若的歷史小說「好像是爲了追
尋魯迅的這些作品之蹤而寫」的，然而這恰恰證明郭沫若與魯迅在歷史小說
創作上存在一定的「共識」，或者從文化的角度言之，這種「追尋」正是「五
四」新文化運動後文壇轉向的一種表徵。

一、歷史的共識

　　首先，這種「共識」並不只表現於郭沫若與魯迅，成仿吾、郁達夫在歷
史題材創作的理論和實踐方面均與魯迅存在一定程度的「共識」。魯迅《補天》
的文體試驗和創作突破，在今天看來似乎難以察覺，但在當時的新文學界卻
是有著強烈共鳴的。且看成仿吾對《補天》的批評，

　　　　《不周山》又是全集中極可注意的一篇作品。作者由這一篇可
　　　謂表示了他不甘拘守著寫實的門戶。他要進而入純文藝的宮庭。這
　　　種有意識的轉變，是我爲作者最欣喜的一件事。這篇雖然也還有不
　　　能令人滿足的地方，總是全集中第一篇傑作。〔註42〕

　　在成氏看來，《補天》最值得稱道的是「不甘拘守著寫實的門戶」，即歷
史小說放棄演義歷史事實而進行寫虛的創造。值得注意的是，成仿吾認爲這
是魯迅「有意識的轉變」，魯迅是否是「有意識的」暫且不論，可以肯定，
成仿吾的確是「有意識的」，創造社諸君對歷史小說創作顯然是有過深度思
考的。這一點從郁達夫《歷史小說論》（1926）也可得以證明。郁達夫對「歷
史小說」的界定被認爲是「最經典的、也是迄今爲止爲多數學者認同了的一
個概念。」〔註43〕郁達夫首先強調「歷史小說」的「歷史」不是廣義的「過

〔註42〕成仿吾：《成仿吾文集》，濟南：山東大學出版社1985年版，第151頁。
〔註43〕吳秀明：《當代歷史文學生產體制和歷史觀問題研究》，北京：中國社會科學出版社2011

去的事實」，「現在所說的歷史小說，是指由我們一般所承認的歷史中取出題材來，以歷史上著名的事件和人物爲骨子，而配以歷史的背景的一類小說而言。」同時，郁達夫更直言歷史小說家「可以以古人的生活，來製造出他的現代的生活體驗來了。」〔註 44〕郁達夫這種表述不禁讓人想起 1921 年魯迅在翻譯芥川龍之介《羅生門》附記中「取古代的事實，注進新的生命去，便與現代人生出干係來」的說法。然而，值得注意的是，魯迅對這種小說的命名是「歷史的小說」，且特意用括號注明不是「歷史小說」〔註 45〕。這兩者又有何區別呢？

　　從當前「歷史小說」命名現狀來看，儘管諸說紛呈，古今中西各不相同，但名爲「歷史小說史」的專著多是從秦漢敘寫到清末，如歐陽健《歷史小說史》〔註 46〕、侯忠義《歷史小說簡史》〔註 47〕均是如此，而現當代領域相關理論著作則更願意用「歷史文學」來命名，如吳秀明《當代歷史文學生產體制和歷史觀問題研究》便是如此，而且魯迅《故事新編》是不是「歷史小說」，學術界並無定論。綜合《中國小說史略》、《故事新編》序言和《〈羅生門〉譯者附記》來看，魯迅所認可的「歷史小說」實際是《中國小說史略》中的「講史小說」，也即《故事新編》序言中的「教授小說」，而《羅生門》、《故事新編》等「不免油滑」的作品則被魯迅稱之爲「歷史的小說」，其內涵與當前「歷史文學」相當，歷史劇（如《起死》）、歷史散文等均在其範圍之內。在傳統文論話語內〔註 48〕，我們不妨說，魯迅「歷史的小說」概念的核心內涵是古典「子部小說」〔註 49〕。所謂「子部小說」，言下之意，小說創作的主體性、個人性得到強調和保障，而在傳統「講史小說」規範下，創作主體必須盡力

　　　　　年版，第 2 頁。
〔註44〕　郁達夫：《歷史小說論》，《創造月刊》1926 年 4 月第 1 卷第 2 期。
〔註45〕　魯迅：《〈羅生門〉譯者附記》，《魯迅全集》第 10 卷，北京：人民文學出版社
　　　　　2005 年版，第 252 頁。
〔註46〕　歐陽健：《歷史小說史》，杭州：浙江古籍出版社 2003 年版。
〔註47〕　侯忠義：《歷史小說簡史》，太原：山西人民出版社 2005 年版。
〔註48〕　「經、史、子、集」的傳統文類劃分今天已不再使用，但它對魯迅、郭沫若
　　　　　等受過傳統教育的現代知識分子還是有很大的影響，有些西方文藝理論難以
　　　　　解釋的問題，在傳統文論的話語體系內卻能得到很好的說明。
〔註49〕　「子部小說」與筆記小說多有吻合處，但這一名稱比筆記小說更能揭示其文
　　　　　體內涵，陳文新《「小說」與子、史——論「子部小說」共識的形成及其理論
　　　　　蘊涵》（《文藝研究》2012 年第 6 期）一文將《世說新語》《酉陽雜俎》《閱微
　　　　　草堂筆記》歸爲「子部小說」，筆者深以爲然，並認爲《故事新編》《豕蹄》
　　　　　是現代「子部小說」的代表。

隱藏以示眞實客觀，是否符合「史」的標準是小說成敗的關鍵。而「子部小說」可以「齊諧」、「依託」、「油滑」甚至「迂誕淺薄」，這對強調「人的覺醒」、以文學救世爲志的魯迅來說其表達張力是極爲可觀的。因爲，「子部小說」除個人化的特徵之外，還有一個重要特徵，是重「載道」而輕情節。這裡的「載道」，在傳統小說早期可以說是「依託」附會聖人帝王或代聖人立言，之後又借助陰陽兩界、生死輪迴、神鬼之道以作道德教化，在魯迅這裡則表現爲用現代醫學、心理學等西方理論做思想文化批判，是魯迅「社會批評」「文明批評」一部分。

　　成仿吾對《補天》的稱讚、郭沫若「追尋」魯迅作《鴆雛》、郁達夫在幾乎與魯迅相同的時間創作《採石磯》（1922 年 11 月 20 日）並於 1926 年作《歷史小說論》進行理論總結和反思。創造社三巨頭都盯上了歷史小說創作，這種現象絕非偶然。當時（1923 年），郭、郁、成三人正在上海民厚南里過「籠城生活」，同吃同住同創作同編刊物，傾心於「純文藝事業」，而胡適倡導的「整理國故」已在知識界廣受關注，創造社諸君對此卻有所保留，魯迅小說《補天》開創的歷史題材創作新方向引起了郭、郁、成等強烈的「認同」，卻自信他們比魯迅做得更出色。因此，成仿吾在《〈吶喊〉的評論》「掄板斧」將《吶喊》前九篇與後六篇「砍殺」爲二，並毫不客氣地批評前九篇是「再現的」「自然主義的」作品，推崇後六篇「表現的」作品中《不周山》是「全集第一篇傑作」卻認爲《吶喊》其它作品「結構極壞」「庸俗」「拙劣」，與「我的幾個朋友」相比較，「《白光》一篇使我聯想到達夫的《銀灰色之死》，可惜表現實在不足，薄弱的很」。儘管成仿吾的「評論」很「冒險」，但其中的一句話卻很能代表這幾位自負青年的共同看法，「然而有一件事是無可多疑的，那便是我們的作者原來與我的幾個朋友是在一樣的境遇之下，受著大約相同的影響，根本上本有相同之可能的」〔註 50〕。這種自以爲是的態度令魯迅十分不滿，多次回應，在《故事新編》序言中說：

　　　　這時我們的批評家成仿吾先生正在創造社門口的「靈魂的冒險」的旗子底下掄板斧。他以「庸俗」的罪名，幾斧砍殺了《吶喊》，只推《不周山》爲佳作，——自然也仍有不好的地方。坦白的說罷，這就是使我不但不能心服，而輕視了這位勇士的原因。我是不薄「庸俗」，也自甘「庸俗」的；對於歷史小說，則以爲博考文獻，言必有

〔註 50〕成仿吾：《成仿吾文集》，濟南：山東大學出版社 1985 年出版，第 150 頁。

據者，縱使有人譏爲「教授小說」，其實是很難組織之作，至於只取
一點因由，隨意點染，鋪成一篇，倒無需怎樣的手腕；況且「如魚
飲水，冷暖自知」，用庸俗的話來說，就是「自家有病自家知」罷：
《不周山》的後半是很草率的，決不能稱爲佳作。倘使讀者相信了
這冒險家的話，一定自誤，而我也成了誤人，於是當《吶喊》印行
第二版時，即將這一篇刪除；向這位「魂靈」回敬了當頭一棒——
我的集子裏，只剩著「庸俗」在跋扈了。〔註51〕

　　《故事新編》序言寫於 1935 年 12 月 26 日，是魯迅對十三年間歷史小說
創作的思考和總結，自然也包括對成仿吾等（郭沫若亦在其中）的批評和認
同的反思。顯然魯迅很不滿，《不周山》的改名和編選都刻意規避了「相同之
可能」。這一方面起因於成仿吾批評的態度，但問題的關鍵似乎更是一種創作
方式的分歧。

　　那麼，成仿吾所言「有相同之可能的」究竟指什麼？他們爲什麼會對魯
迅《補天》另眼相看？他們認同魯迅的又是什麼？魯迅在歷史小說創作上又
開創了怎樣的新局面新方向呢？如果要用一個詞來說明成仿吾贊同《補天》
的究竟是什麼，魯迅在序言中再三提到的「油滑」應該是合適的。從某種意
義上來說，正是創造社諸君的加入，魯迅才選用了「油滑」這樣一個帶有貶
義色彩的詞彙來形容他所開創的歷史小說創作新路。理解「油滑」是解答問
題的關鍵，那麼所謂「油滑」究竟指的是什麼呢？

二、眞實與油滑

　　《故事新編》序言中關於《補天》的創作，魯迅有「從認眞陷入油滑」
的說法，需要說明的是，這裡「認眞」和「油滑」並不是異質相對的。魯迅
說，「那時的意見，是想從古代和現代都採取題材，來做短篇小說」，從創作
態度上，魯迅是「很認眞的」，而實際創作中所採用的方法「手腕」卻和這種
認眞的態度並不十分吻合，所以魯迅說「首先，是很認眞的」，然後又馬上轉
折說「雖然也不過取了菏羅特說……」。「認眞」是創作態度，「油滑」是創作
手法，雖然二者並不一致，但卻不是非此即彼的對立關係。「油滑」作爲創作
手法具體指處理歷史題材的藝術手段。這一帶有貶義色彩的詞彙開創了怎樣
的歷史小說創作新局面，又有怎樣的限度，只有將其放置在中國小說發展的

整體背景之中，才能理解其眞正內涵。魯迅先生的《中國小說史略》正是古典小說研究的開山之作，他對小說的認識和理解就體現在這部著作中，這爲我們從理論上認識理解「油滑」提供了可能。

眾所周知，文史不分家，我國古典小說從最寬泛的意義上講很大一部分都可歸爲歷史小說，「小說」這一概念也向來與「史傳」糾纏不清。魯迅《中國小說史略》第一篇「史家對於小說之著錄及論述」實際是在梳理傳統「小說」概念的歷史流變，魯迅對「小說」的理解和看法正寓含其中。在魯迅看來，古人認爲小說「寓言異記，不本經傳，背於儒術」「其語淺薄」「迂誕依託」實際並未脫離小說本質與特徵範疇，但魯迅對將小說歸於「史部雜傳」並不認同。根據魯迅的考證，「小說故隸於子」，隋唐前後，小說由「子」入「史」，徵史「來論斷藝文，本亦史官之職也」，這種觀念導致大量小說作品被「史」的標準擋在典籍之外而散佚殆盡。據魯迅判斷，此後「小說之志怪類中又雜入本非依託之史，而史部遂不容多含傳說之書」，世人對小說的偏見由此愈加峇嚴，用「史」的標準來衡量小說創作的觀念也在文人士子心中紮根。著名的「三歷史七分虛構」與「七分歷史三分虛構」的論辯也正是發生在這樣的思想基礎之上，其分歧不在是否用「史」的標準來衡量歷史小說，而在歷史、虛構這對立的兩者所佔分量的多寡，這種論爭在今天也時有發生。故而魯迅在篇末說道，「史家成見，自漢迄今蓋略同：目錄亦史之支流，固難有超其分際者矣。」可見，在魯迅看來，中國小說創作欲有所突破，必須超越這種「成見」，才能獲得小說應有之獨立品格。

這種偏見在新文化運動之後雖有所改變，但文藝一旦關涉歷史，傳統的「史家成見」便會浮出水面，態度堅決、言之鑿鑿，其理論制高點不外是千年因襲的「歷史眞實」。即使在今天，我們也很難說，用「歷史眞實」來評判歷史題材創作不對，但作家分明能感受到這一標準無形中對想像力、創造力的壓抑和束縛，況且作爲創造主體，作家的經驗、情感、態度等主觀因素也不可能被擋在作品之外，至於「三七」、「七三」等量的把握更是仁者見仁智者見智，沒有公論。對此，魯迅的策略是態度上的認眞和創作上的「油滑」。在魯迅看來，「油滑」正是小說本體的回歸。有學者在談到《中國小說史略》第一篇「史家對於小說之著錄及論述」時，對魯迅遺漏了唐劉知幾的《史通》表示遺憾，認爲《史通》「首次對小說這一概念予以比較系統的總結。在小說發展史上，其重要性不言而喻」，「魯迅有此疏漏，對理解或闡述中國小說史，

特別是中國小說觀念的演變是不完整的。」〔註 52〕《中國小說史略》是個人研究著述，與現在大兵團規模化史著活動相比，又有時代限制，其疏漏恐怕難免，但換個角度看，有些「疏漏」未免不是態度的表達。梳理說到底是一種選擇，選擇就有價值判斷。綜觀《史略》，魯迅對非史傳化、個人化小說的偏好是明顯的，不僅開篇明言「史家成見」，在小說分類上選擇胡應麟、紀昀，在具體作品上也突出非史傳類小說，以所佔篇幅最多的元明小說為例，共計八篇，魯迅大談《西遊記》《封神傳》《金瓶梅》《玉嬌梨》《好逑傳》「三言二拍」等神魔小說、人情小說、市人小說，而對著名的《三國志演義》卻所述不多，在講史小說中所佔篇幅也不及《水滸傳》。這種態度從魯迅的創作中也可得到印證，《補天》所沿襲的也是《伊尹說》《封禪方說》《穆天子傳》《山海經》《搜神記》《世說新語》《聊齋誌異》《閱微草堂筆記》這些被「史傳」所棄而為讀書人所好的古典小說傳統，這類小說一貫被認為是「街談巷語」「志怪之作」「齊諧」「迂誕依託」，用魯迅的話來說就是「不免油滑」。「油滑」作為創作方法，與魯迅對小說性質、特性的理解密切相關，「油滑」一詞不僅在語體色彩上與上述小說觀念相承接，更有魯迅對「史部雜傳」小說理念的質疑和解構。他之所以強調「小說故隸於子」即意在擺脫「史」對小說的壓抑和束縛，還小說以本來面目。

魯迅對將傳統小說歸為「史部雜傳」的質疑承接梁啓超「小說界革命」的倡導，在確立小說自身獨立價值上又前進了一大步。將小說從傳統「史部雜傳」中解放出來，還小說應有之獨立品格，才算是「小說界革命」的真正完成。但實際上，真正完成的過程卻是極為漫長的，深層的傳統觀念不是一兩句口號就能急速改變的。考察二十年代的小說創作，不難發現，小說之獨立價值在新小說、白話小說、通俗小說以及文學革命後大量新文學創作上漸漸被認可，而在與古典小說相近的歷史小說創作上卻始終根深蒂固，用「歷史真實」來衡量評判歷史小說是在理論和創作上都未曾突破的禁區。換言之，對小說獨立價值之認識只在於掙脫傳統「史家成見」，從史部掙脫出來而以虛構之名重回「小道」，雖曰「開啓民智」，但仍難登大雅之堂。正是在這樣的背景之下，魯迅《補天》在中國小說史上的價值和意義理應受到格外的重視。

〔註 52〕張兵、轟付生：《中國小說史略疏識》，上海：復旦大學出版社 2012 年版，第 9 頁。

三、再現與表現

正是在歷史題材創作（具體爲歷史小說）從「史部雜傳」回歸文學的意義上成仿吾等才與魯迅有「有相同之可能」，創作方法當以「表現」爲主，而不是「再現」歷史。不過，對此魯迅卻用了「油滑」一詞來做概括，頗有深意。

如何才是「表現」呢？郭沫若《豕蹄》序言的標題是《從典型說起》，再次討論了成仿吾在《〈吶喊〉的評論》一文中所言及的「典型」問題，對魯迅《故事新編》序言進行了回應。郭沫若在《豕蹄》序言中關於「典型創造」作如此描述：「以客觀的典型人物爲核心，而加以作家的藝術淘汰，於平常的部分加以控制，與特徵的部分加以誇張，結果便可以造出比客觀所有的典型人物更爲典型的人物」。〔註53〕在創造社諸君看來，歷史題材文學創造爲避免走枯燥繁瑣的復述再現歷史的套路，應著力於經過作家主觀選擇、淘汰並浸透正確理性認識而「表現」出來的典型，郭沫若的歷史文學創作，用他自己的話來說，是用「關於人物之生理、心理的與社會的、職業的各種特徵之抽出與綜合」等近世科學的「明燈照耀著去掘發而積聚人性的寶藏。」〔註54〕不過，這種側重於「典型」之點的聚焦和照耀，在魯迅看來，不過是「只取一點因由，隨意點染，鋪成一篇」的創作「手腕」。

然而，魯迅的這種態度並不是對「油滑」的徹底否定，《采薇》《起死》等作品細節的「油滑」與整體的嚴肅相映成趣，這一「油滑」和郭沫若「失事求似」在對待歷史題材的創作態度上是一致的。

關於「油滑」的產生，魯迅曾這樣回憶，「中途停了筆，去看日報了，不幸正看見了誰——現在忘記了名字——的對於汪靜之君的《蕙的風》的批評，他說要含淚哀求，請青年不要再寫這樣的文字。這可憐的陰險使我感到滑稽，當再寫小說時，就無論如何，止不住有一個古衣冠的小丈夫，在女媧的兩腿之間出現了。」〔註55〕郭沫若也有多次類似經歷的表述，他直言「我並不是故意要把他們漫畫化或者胡亂地在他們臉上塗些白粉」「時代錯誤的巧妙的玩弄可以收到不同的效果，便是滑稽」〔註56〕。關於原有計劃因寫作進行而改

〔註53〕《郭沫若全集・文學編》第16卷，北京：人民文學出版社1989年版，第195頁。

〔註54〕《郭沫若全集・文學編》第16卷，北京：人民文學出版社1989年版，第196頁。

〔註55〕《魯迅全集》第2卷，北京：人民文學出版社2005年版，第353頁。

〔註56〕《郭沫若全集・文學編》第16卷，北京：人民文學出版社1989年版，第197～198頁。

變，郭沫若多次詳盡記載。從《我怎樣寫〈棠棣之花〉》可以看到，郭沫若的
寫作多次中輟，五卅慘案的觸發、廣州血花劇社的演出甚至陷於孤島不便外
出等外在因素亦總讓作者產生「並未前定的偶然生出的著想，眞眞是一個意
外的收穫。」〔註57〕在談到《屈原》的創作時，郭沫若也說：

> 目前的《屈原》眞可以說意想外的收穫。各幕及各項情節差
> 不多完全是在寫作中逐漸湧出來的。不僅在寫第一幕時還沒有第
> 二幕，就是第一幕如何結束，都沒有完整的預念。實在也奇怪，
> 自己的腦識就像水池開了閘一樣，只是不斷地湧出，湧到平靜爲
> 止。〔註58〕

魯迅的「止不住」與郭沫若的「意想外」是在歷史題材創作中作家都必
須面對的問題，即創作主體對材料的超越，文學創作不是寫歷史研究論文，
不是演義「歷史眞實」而是創造「藝術眞實」。這兩者間的矛盾在魯迅那裡多
以克制、審愼來表現，而在郭沫若那裡則表現爲「一邊倒」。郭沫若著名的歷
史劇一般都有「後記」，裡面羅列大量的原始文獻材料，但實際上郭沫若並沒
有遵守，其之所以寫出就是爲了顯示：

> 劇作家的任務是在把握歷史的精神而不必爲歷史的事實所束
> 縛，劇作家有他創作上的自由，他可以推翻歷史的成案，對於既成
> 事實加以新的解釋，新的闡發，而具體地把眞實的古代翻譯到現代。
> 歷史劇作家不必一定是考古學家，古代的事物愈古是愈難於考證
> 的。絕對的寫實，不僅是不可能的，而且也是不合理的，假使以絕
> 對的寫實爲理想，則藝術部門中的繪畫雕塑早就該毀滅，因爲已經
> 有照相術發明了。〔註59〕

如果說魯迅用「油滑」這一貶義詞來告誡和提醒歷史題材創作中藝術虛
構的限度，那麼郭沫若則發明了「失事求似」來爲擺脫「史家成見」的藝術
創造正名；魯迅態度的審愼和認眞使得其歷史小說成爲內涵豐富、極富闡釋
張力的寓言小說，郭沫若的大膽推進則進一步拓寬了歷史題材創作，其歷史
小說與歷史劇創作針砭時弊紅極一時，爲推動文藝發展進行思想文化批判立
下汗馬功勞，但時過境遷之後，其技術的粗糙和慣於說教的弊端也暴露在世

〔註57〕《郭沫若全集・文學編》第 6 卷，北京：人民文學出版社 1986 年版，第 272
　　　　～274 頁。
〔註58〕《郭沫若全集・文學編》第 6 卷，北京：人民文學出版社 1986 年版，第 399 頁。
〔註59〕《郭沫若全集・文學編》第 6 卷，北京：人民文學出版社 1986 年版，第 277 頁。

人面前，值得後人深思。

四、歷史「速寫」

魯迅在《故事新編》序言中說「後來雖然偶而得到一點題材，作一段速寫，卻一向不加整理」，說《故事新編》「其中也還是速寫居多」。郭沫若《豕蹄》序言也說《豕蹄》「只是被火迫出來的『速寫』，目的注重在史料的解釋和對現世的諷喻，努力是很不夠的。」郭文一共五次用到「速寫」，全部打有引號。「速寫」本是繪畫術語，後來被引作「新聞速寫」即英文「sketch」的中國版，但在 1930 年代中國文學界，「速寫」是當時頗為盛行的一種文體。茅盾 1934 年在《一年的回顧》中說：

> 這就是一年來特盛的所謂「速寫」……由於社會現象的迅速地多變，所謂「速寫」這一體也就應了時代的要求很快地成長起來。它是文藝部門中短小精悍的一格，它能夠很快地把現實在文藝上反映，它在中型的定期刊內將成為中堅，它在狹小的每天的報紙副刊上活躍，它使得生活忙功課忙的青年戰士不愁沒有時間完篇；而它在新進入陣地的生力軍的手裏，就好像是一時來不及架大炮，就用白刃，用手榴彈應戰。〔註60〕

胡風 1935 年也在《論速寫》認為，「『速寫』是雜文的姊妹……是一種文藝性紀事……由形象的側面來傳達或暗示對於社會現象的批判」，同時胡風還給出了「速寫」的特徵：

> 一、它不寫虛構的故事和綜合的典型。它的主人公是現實的人物，它的事件是實在的事件。
>
> 二、它的主人公不是古寺，不是山水，不是花和月，而是社會現象的中心的人。
>
> 三、不描寫世間的細節而攫取能夠表現本質的要點。〔註61〕

在茅盾、胡風看來，「速寫」與雜文一樣，現實性、戰鬥性極強，代表作品有茅盾的《大旱》《桑樹》《阿四的故事》、吳組緗的《一千八百擔》、沙汀的《某鎮紀事》、葉聖陶的《某城紀事》《某鎮紀事》等等。這類「速寫」主要側重現實進行社會文化批判，將「速寫」這一「新文體」延伸至歷史題材創作，

〔註60〕茅盾：《茅盾文藝雜論集》，上海：上海文藝出版社 1981 年版，第 488～489 頁。
〔註61〕胡風：《胡風評論集》（上），北京：人民文學出版社 1984 年版，第 68 頁。

當推魯迅、郭沫若的《故事新編》、《豕蹄》。

如果將以《故事新編》和《豕蹄》爲代表的現代歷史文學創作稱之爲「歷史速寫」的話，那麼它至少包含兩層意思：一、篇幅短小，相對於講史演義小說等傳統歷史文學而言，它對歷史的依附性要弱許多，藝術手段現代化多樣化，主體性個人化特徵突出；二、現實性強，重諷喻重「載道」，歷史題材、文理知識乃至「齊諧」、「依託」、「油滑」、「失事求似」等藝術手段的最終目的是思想文化批判。「歷史速寫」是三十年代速寫文體向歷史題材領域的延伸，在淵源上它上承「子部小說」，下啓新歷史主義小說，是周作人、胡適、郁達夫等人的理論闡述和魯迅、郭沫若、茅盾、施蟄存等人的文學創作共同努力的結晶，是現代文學（小說）內在獨立性的重要組成部分。它偏離傳統講史演義的軌道而向著非史化、重虛構的方向發展，無論是「似歷史又非歷史」、「油滑」，還是「失事求似」，都意在表明它對歷史的依附已盡可能的降低。

「歷史速寫」一方面與固有歷史敘述保持距離，另一方面通過「注進新的生命去」重新闡釋、翻譯歷史精神，從而達到干預現實參與建構新歷史的目的。換言之，「歷史速寫」通過顛覆、還原、復活已有歷史來建構屬於自己的歷史。以《起死》和《漆園吏遊梁》爲例，魯迅塑造的「莊子」和郭沫若塑造的「莊子」都是現代的莊子，是以現代人的體驗來重新闡釋莊子。郭沫若的莊子叫喊「饑渴著人的滋味」，在哲理深思和理想狂熱狀態下嚼草鞋麻屑、吻著提著骷髏，飄飄然往大梁找「唯一的知己」惠施，碰壁後又將骷髏「向白雲流蕩著的青天擲去」，憤憤地喊道「人的滋味就是這麼樣！」郭沫若筆下的莊子庶幾就是尼采筆下已經發瘋了的「超人」。作爲郭沫若最早的「歷史速寫」，《漆園吏遊梁》（《鶡雛》）和郁達夫《採石磯》一樣，表達著懷才不遇、飽經人情冷暖的生存體驗，其主體的情感投射和個人化的表白透露出鮮明的創造社諸君早年闖蕩上海文化界的情感經歷；而魯迅的莊子則是一個圓滑、無聊的道士，「莊周夢蝶」「是亦彼也，彼亦是也。彼亦一是非，此亦一是非」等哲學思辨被解構爲世俗的圓滑和簡單的相對主義。顯然，魯迅故意將莊子庸俗化、漫畫化來表達他對道家的拒絕。〔註62〕

值得注意的是「骷髏」這一兩篇小說共有的核心意象。《漆園吏遊梁》中

〔註62〕高遠東：《現代如何「拿來」——魯迅的思想與文學論集》，上海：復旦大學
　　　出版社 2009 年版，第 37～56 頁。

莊子「翻」「抱」「吻」「提」「舉」「擲」骷髏，這一連串的動作與人物的心理變化緊密聯繫，對「人」的渴望而吻骷髏，對「人」的失望而擲骷髏，作者用這些極端的詞彙來表達其情感的強烈。《起死》中莊子將骷髏復活爲人顯然與「鐵屋子」的比喻有著相同的隱喻內涵，啓蒙者與被啓蒙者在文中都被不同程度質疑與解構。骷髏被復活後並未感激莊子，只向莊子索要衣物，其被「叫醒」後的尷尬讓莊子的圓滑、淺薄、無聊暴露無遺。同樣有學醫背景、同樣棄醫從文的郭沫若、魯迅在前後相隔 13 年裏先後用骷髏來表達其對「人」的失望，此時，我們再回到成仿吾「在一樣的境遇之下，受著大約相同的影響，根本上本有相同之可能」的論斷，就不難理解其言外之意了。

五、文史互動

　　魯迅、郭沫若、郁達夫、成仿吾等人在歷史題材文學理論與創作上長達十幾年的互動，絕不只是意氣之爭，1923 年與 1935 年兩次集中創作和中間長時間的停頓都與當時文化界有著深刻的聯繫。1923 年，胡適倡導的「整理國故」運動在文化界擁蠆無數，1935 年由殷墟發掘、史語所與「社會史論戰」等推動的史學熱漸入佳境，「歷史」本身成爲顯性話語，文學與歷史互動形成的巨大張力亦由此而彰顯。

　　如，有學者考證，「《孔夫子吃飯》與《在現代中國的孔夫子》有著明顯的對話、呼應關係：二者均是對孔夫子聖人形象的解構，其鋒芒所向，都是國民黨的尊孔讀經運動。」〔註 63〕《在現代中國的孔夫子》不能算作歷史小說，卻是一篇現實感極強的「速寫」，魯迅直言：「孔夫子之在中國，是權勢者們捧起來的，是那些權勢者或想做權勢者們的聖人，和一般的民眾並無什麼關係。」〔註 64〕一向「比較推崇孔子和孟軻」，認爲孔孟「是比較富於人民本位的色彩」〔註 65〕的郭沫若則批判作爲「聖人」的孔子，而對作爲「人」的孔子，他實際是讚揚的。顏回解圍並帶回食物，孔子便在心裏說「這人是在我之上」，在「存心試驗」顏回的「虛僞」被證明是誤解後，他更「趕快搶著說，『好的，好的，回呀，你實在是一位聖者，連我都是趕不上你的。』」他

〔註63〕楊華麗：《論郭沫若兩篇歷史小說與新生活運動的關係》，《現代中文學刊》2012 年第 5 期。

〔註64〕魯迅：《在現代中國的孔夫子》，《魯迅全集》第 6 卷，北京：人民文學出版社 2005 年版，第 327 頁。

〔註65〕《郭沫若全集‧歷史編》第 2 卷，北京：人民出版社 1982 年版，第 482 頁。

說了這話，又對著弟子們把自己的一片疑心和對於顏回的試驗，和盤告白了一遍。」〔註66〕這是一個常人對自我「下意識的安慰」，是「見賢思齊」的坦誠，理應受到尊敬而不能簡化爲只是對統治者的諷刺。關於孔子，魯迅在《在現代中國的孔夫子》中這樣評價到，「固然不免略有欠穩重和呆頭呆腦的地方，倒是可愛的好人物」「聖人也是人，本是可以原諒的」，這幾句用來形容《孔夫子吃飯》中的孔子是十分精準恰當的。郭沫若塑造的「孔夫子」是一個徹底的人，一個值得尊敬的「囧」老頭（其中甚至不乏郭沫若自己的影子），郭沫若對現實的諷喻正建立在這樣親切可感的形象之上。

從「史部雜傳」到「稗官野史」，再到新歷史主義小說，乃至今天的各種「戲說」與「穿越」，中國的歷史題材創作經歷一個深刻的轉變，在史學與文學壁壘日漸森嚴的當下，這一轉變用由「史」入「文」來概括當不失眞，而這一轉變過程中一個關鍵的臨界點，是以《故事新編》和《豕蹄》爲代表的現代歷史文學創作，即「歷史速寫」。

值得強調的是，從魯、郭「歷史速寫」兩次創作高峰可以看出，儘管掙脫「史學」束縛，刻意規避甚至顛覆傳統套路是他們的自覺實踐，然而外部的史學熱以及文化界對「歷史」的普遍關注是其文學創作生命力的保證，正如「民國熱」與「諜戰」類型劇的繁盛，無論是哪種歷史題材創作，虛構與眞實的限度有何霄壤之別，其生命力均暗藏於文學與歷史互動的張力之中。郭沫若「轉向」的深刻性和豐富性，以及其在現代文化史上的典型意義，亦理應在這一張力結構中尋求。

第三節　轉換的能力

在翻譯河上肇《社會組織與社會革命》以前，郭沫若、郁達夫、成仿吾等已經意識到要「轉換方向」，卻因爲沒有轉換的能力而被迫離散。那麼，究竟什麼是所謂「轉換的能力」？其背後又有著怎樣的實踐嘗試，與郭沫若的「轉向」及廣大聘其擔任文科學長又有怎樣的關係？關於郭沫若「轉向」之後，以往多直接過渡到「北伐」，對《孤鴻》編輯發表後到參加北伐前郭沫若思想的發展關注不夠，上述問題的解答對理解「轉向」的動態生成機制至關重要。

〔註66〕《郭沫若全集・文學編》第 10 卷，北京：人民文學出版社 1985 年版，第 173 ～174 頁。

一、「轉向」的早期嘗試

　　從郭沫若與巴金的論爭及與「孤軍派」複雜的關係可以看出，儘管1924年郭沫若即在致成仿吾的信中稱自己已把方向「轉換」，但「轉換」由一種願望變爲現實卻絕非易事。其實，早在翻譯河上肇《社會組織與社會革命》之前，「《創造日》停刊後……《創造周報》已成了強弩之末，失掉了它從前的刺激性。《季刊》出到第五期以後便很難以繼續。」〔註67〕此時，郭沫若等人已經意識到政治問題「成爲一般社會人的意識的焦點」，這種「社會的要求不再容許我們籠在假充象牙的宮殿裏面談純文藝了」，成仿吾的大哥成邵武，「**也勸說**」他們「把方向轉換到政治方面」，郭沫若「自己也感覺著有這種必要，但沒有轉換的能力。」已往北京倚靠「哥哥」〔註68〕的郁達夫更是直接撮合創造社與太平洋社合作，把《創造周報》改爲「前半政治，後半文藝」，郭沫若亦覺得「這個求婚」是「極投時好的」，但卻因爲他和成仿吾的「潔癖誤了事。」這一「潔癖」是什麼呢？郭沫若解釋了兩點：其一，「太平洋社的那些從英國回來的學者，我們總覺得他們是太紳士了，說壞些便是官僚氣味太重，一時好像合作不來。」〔註69〕當時的「太平洋社」包括李劍農、楊端六、周鯁生、王世杰等人，他們除了留學西方的背景外，更主要的是其專業多是政治經濟學，且時在民國的政壇上已有相當名望，〔註70〕郭沫若所謂「太紳士

〔註67〕《郭沫若全集・文學編》第12卷，北京：人民文學出版社1992年版，第182頁。
〔註68〕郁達夫：《創造社出版部的第一週年──〈新消息〉代發刊詞》，《青春與感傷──創造社與主情文學文獻史料輯》，北京：人民出版社2013年版，第263頁。
〔註69〕《郭沫若全集・文學編》第12卷，北京：人民文學出版社1992年版，第183頁。
〔註70〕如李劍農（1880～1963），1910年留學日本早稻田大學，1913年到1916年在美國留學，著有《最近三十年中國政治史》、《政治學概論》、《先秦西漢經濟史稿》、《魏晉南北朝隋唐經濟史稿》、《宋元朝經濟史稿》。（摘引自史仲文等主編《中華文化人物辭海》，中國國際廣播出版社1998年版，第495頁。）楊端六（1885～1966），1916年赴英國留學，著作有《貨幣淺說》、《貨幣與銀行》、《現代會計學》、《清代貨幣金融史稿》，與人合著《六十五年來中國國際貿易統計》等。（摘引自史仲文等主編《中華文化人物辭海》，中國國際廣播出版社1998年版，第506頁。）周鯁生（1889～1971），1913年，先後赴英國和法國學習，獲英國愛丁堡大學碩士學位和法國巴黎大學法學博士學位；1939年赴美，先後任太平洋學會年會中國代表和任舊金山聯合國組織會議中國代表團顧問。著有《國際法》、《近代歐洲外交史》和《不平等條約十講》等。（摘引自史仲文等主編《中華文化人物辭海》，中國國際廣播出版社1998年版，第514頁。）王世杰（1891～1981），1913年赴英國留學，入倫敦大學政治經濟學院，1917年畢業獲政治經濟學士學位。後轉赴法國，入巴黎大學，1920年獲法學博士學位。著有《比較憲法》、《中國奴婢制度》。（摘引自徐友春

了」、「官僚氣味太重」，直白些說就是，與這些人一起「談政治」雖然不好說
是班門弄斧，但恐怕也只有做綠葉的份兒。因此，郭、成才想出了「由兩社
的人輪流編輯，一期政治，一期文藝」這種不是辦法的辦法。其二、「用文藝
來做政論的附屬品，是我們出馬時所最反對的辦法，雖然時勢變了，也覺得
不好立地拋棄。」〔註 71〕這便是，本文第一章多次言及的「純文藝事業」的
問題，雖然「五四」的落潮，社會焦點的轉變，讓異軍突起的創造社步履維
艱，但此時的他們出於年輕人特有的矜持和執拗，不肯識時務做俊傑，還是
不肯放棄「純文藝事業」。

　　不肯識時務，又沒有「紳士」的背景，創造社最終還是暫時離散了。郭
沫若為何要翻譯河上肇《社會組織與社會革命》？為何非要用誇張的姿態來
表明自己的「轉向」？要適應當時的社會，要獲得繼續參與社會的能力，郭
沫若必須補課，至少相關話語系統不能陌生，有必要的知識儲備，那麼搞明
白曾經朦朧的呼喊過的「從前在意識邊沿上的馬克思、列寧」〔註 72〕各種主
義學說的真正內涵就成了當務之急。況且，早在郭沫若為成立創造社而奔波
的時候，就曾被同學、「京大經濟科，要算是河上肇的弟子」的李閃亭勸誘去
讀河上肇的雜誌。因而，翻譯河上肇《社會組織與社會革命》是欲「轉向」
的郭沫若順承之舉。當翻譯完成、能力獲得之後，郭沫若信心倍增，興奮在
所難免，而在給成仿吾的私信中明確而誇張的表示，實際是一種對矜持心理、
對「純文藝事業」的捨棄，重新獲得力量的郭沫若再面對「太平洋社」「現代
評論派」「醒獅派」「孤軍派」時，就不再膽怯，而勇於應戰了。

　　郭沫若在翻譯完《社會組織與社會革命》後，曾致信何公敢說道：「弟於
社會經濟諸科素無深到研究，惟對馬克思主義有一種信心，近譯《社會組織
與社會革命》一書完後，此信心益見堅固了。」〔註 73〕這種能力的獲取使得
郭沫若獲得新的騰飛，但其過程也意味著郭沫若的局限，是郭沫若的「阿喀
琉斯之踵」。郭沫若的聰明使得他能夠從河上肇的著作中很快體悟到馬克思列
寧學說的精髓，這種理解的基礎是個人體驗，表達方式也是半文學化的，這
帶給郭沫若的好處是他的馬克思列寧主義十分貼近當時的中國現實，能夠有
效回應社會問題，靈活多變生動活潑，絕不會教條化；但弊端也同樣突出，

　　　　　主編《民國人物大辭典》，河北人民出版社 1991 年版，第 45 頁。）
〔註 71〕《郭沫若全集・文學編》第 12 卷，北京：人民文學出版社 1992 年版，第 183 頁。
〔註 72〕《郭沫若全集・文學編》第 12 卷，北京：人民文學出版社 1992 年版，第 184 頁。
〔註 73〕《郭沫若全集・文學編》第 18 卷，北京：人民文學出版社 1992 年版，第 45 頁。

沒有經過政治經濟學的訓練，使得郭沫若對相關概念的掌握往往是具體的，使用時現實指涉亦是明確的，對概念的形而上把握和歷史演變等繁瑣複雜的問題，他均無形中迴避了，這使得他不能眞正進入政治經濟學理論化的邏輯論辯中去，這些紙面上的纏繞在面對現實問題時雖顯無力，但對相關領域的知識分子而言，卻是衡量和評價的重要標準。郭沫若這一「能力」的優勢和不足，均在其「轉向」過程中有所體現，其優勢在與「孤軍派」林靈光的辯論中得到淋漓盡致的發揮，而在 1930 年代的中國社會性質論戰中，其弊端也不斷顯現。

二、「能力」的顯現

前文提到，「孤軍派」對中共、對國民黨國民革命「聯俄容共」政策的質疑和批判，從理論上講或超脫歷史語境以純邏輯的眼光來看，似乎更合情理。有哪個理論家能證明「專政」和武力革命的先進與優越呢？「大同」和「共產」作爲理想尙可，但從學理和實踐上來證明其正確的唯一辦法似乎只能是顚覆整個人類私有制文明，而這卻需要一個漫長的過程，短期內難以實現；幾千年的中華農耕文明，對北方始終充滿警惕，引狼入室的悲劇曾不斷重演，這讓聯俄容共備受質疑。面對諸多類似歷史化的現實問題，「左翼」革命理論家所熟練掌握的政治經濟學話語系統往往難以回應，對種種責問和質疑疲於應對。

郭沫若對上述問題的回答從理論邏輯上來說卑之無甚高論。《窮漢的窮談》首先肯定「共產」即「反對私產」的進步性與合理性，並解釋說「共產主義的革命，決不是說今天革命了馬上就要把社會上的財產來共的。共產的社會自然是共產主義者的目標，就跟大同世界是孔子的目標一樣。不過要達到這個目標，決不是一步就可以跳到的，在這裡有一定的步驟。」〔註 74〕在這一點上，他甚至和其批判對象林靈光有著潛在的一致——「共產」在可見的未來不能實現。然而，與林從不可能出發的否定不同，郭在此基礎上肯定了這種追求和理想的合理性，並說「能受共產的美名眩惑的當然只有不得志的，而且是十分不得志的窮漢了」，世故很深的老人自然不會被眩惑，「受眩惑的當然是只有青年了」。〔註 75〕郭沫若自稱「窮漢」而堅持「天下爲公」，

〔註 74〕《郭沫若全集・文學編》第 18 卷，北京：人民文學出版社 1992 年版，第 24 頁。
〔註 75〕《郭沫若全集・文學編》第 18 卷，北京：人民文學出版社 1992 年版，23 頁。

這不僅符合傳統儒家鐵肩擔道義的入世精神，更有點「君子固窮，小人窮斯
濫矣」〔註 76〕的味道了。眾所周知，中国共產黨和中國青年黨都是從「少年
中國學會」分化出來的，他們都認為「青年」是革命的未來，因此當時兩派
勢力對青年的爭奪十分激烈，具體表現是對「學權」「社團」的爭奪，〔註77〕
郭沫若回憶學藝大學只有三十個學生，卻「至少是分成了三派」，除了混沌的
「無所謂派」，主要對立的「一派是國家主義者，崇拜聖人曾琦」，「一派是非
國家主義者」，〔註78〕足見當時爭奪之激烈。郭沫若《窮漢的窮談》與眾不同
之處是，他不是坐而論道，闡發幽理，而是在現實和精神的深處與青年相通，
從而高揚理想和熱情，自然對青年學生有很強的吸引力，也可以說當時在論
辯雙方中是獨樹一幟的，這一點從蔣光慈讀到該文後的反應就可見一斑。

在《窮漢的窮談》發表（1925 年 11 月 1 日）三天後的 11 月 4 日，看到
該文的蔣光慈給郭沫若寫信，說「我覺著這個題目很新鮮，於是未出該書店
的門口，就坐著一股氣讀了。我讀了之後，發生一種不可言喻的快感！由此
我更相信你是我們所需要的作家；你的見解與眾不同；你深明瞭社會的真象；
你向窮漢們──我也是其中一個──表示很深切的同情。」「我想，你我既都
是窮漢，窮漢一定懂得窮漢的心理，我的話當然沒有什麼為你所不明白的；
你那一篇文章的說話，的確我句句都為之首肯。」〔註 79〕正因為這篇文章的
發表，郭沫若才開始和中共有了直接的聯繫，足見該文影響之深遠。這是郭
沫若「主情」文藝觀在社科領域的一次暢快淋漓地發揮，亦是其「以文入史」
典型的表達方式，即便是最嚴肅，甚至乏味的學術研究，郭沫若也以情感驅
動並用包含深情的方式表達。

《窮漢的窮談》發表後不久，即被中國共產主義青年團中央委員會的機
關刊物《中國青年》「轉錄」，文後附有署名「F・M」〔註80〕的說明：「郭沫

〔註 76〕 《論語・衛靈公》：「子曰：『君子固窮，小人窮斯濫矣。』」

〔註 77〕 可參見王雪超《民國政治中的中國青年黨（1923～1949）》（南開大學博士論
　　　　文，2013）第二章第二節「誰有青年，誰有將來──與國共的組織發展之爭」。

〔註 78〕 《郭沫若全集・文學編》第 12 卷，北京：人民文學出版社 1992 年版，第 258
　　　　～259 頁。

〔註 79〕 蔣光赤：《讀了〈窮漢的窮談〉之閒話──致郭沫若先生的一封信》，《中國現
　　　　代文藝資料叢刊》（第 8 輯），上海文藝出版社 1984 年版，第 42～43 頁。

〔註 80〕 據小谷一郎在《郭沫若與二十年代中國的「國家主義」、「孤軍派」》（王風、日
　　　　白井重範編：《左翼文學的時代──日本「中國三十年代文學研究會」論文選》，
　　　　北京大學出版社 2011 年版）一文中猜測「FM 很有可能就是惲代英」（第 234 頁），
　　　　筆者查朱寶樑編著《20 世紀中文著作者筆名錄》（廣西師範大學出版社 2002

若君此文頗痛快，所以轉錄以饗閱者。郭君謂俄國現行的是國家資本主義，這是不錯的；不過還要知道俄國是用無產階級專政來實現國家資本主義，凡丟掉無產階級專政而高談國家資本主義的人，是不會能爲實現馬克主義而奮鬥的。郭沫若君完全瞭解俄國共產黨是依照馬克思主義做事的，至於中国共產黨呢，我們在此地用不著多說，自然有事實可以證明給大家看。」〔註81〕這種讚賞的背後，隱約可見，惲代英對郭沫若還有一種期待，那就是對「無產階級專政」的肯定和提倡，而這恰恰是郭沫若在整個論戰中都予以迴避的問題，他信仰馬克思主義，承認階級差別，主張暴力革命和國家資本主義，但在 1949 年以前，郭沫若很少言及「無產階級專政」。〔註82〕郭沫若較早提到類似「無產階級專政」的詞彙是在《到宜興去》這篇小說中，而該文正是連載於《孤軍》第 3 卷第 3 至 5 期。郭沫若認爲歐美的「生產力已經發展到前頭去了，他們所剩著的一條路便是『無產者的專擅的執權』……但是在我們物質的後進的國家……只剩著一條比較捷近的路：便是及早舉行『社會主義的政治革命』以施行國家資本主義」，郭沫若力圖對「無產者的專擅的執權」做一種精神上的解讀，他說「我們現在所爭的便在這種精神的贊成不贊成……馬克斯所說的『無產者的革命的執權』作爲精神上的解釋也可，即使改正爲『主義者之革命的執權』似乎亦無不可……」，〔註83〕上文所引「無產者的專擅的執權」、「無產者的革命的執權」在《郭沫若全集》中均改爲「無產階級專政」，而「主義者之革命的執權」則改爲「共產主義者專政」。〔註84〕足見，當時郭

版）第 1682 頁「惲代英」的確曾使用筆名「FM」。又據甘惜分主編《新聞學大辭典》（河南人民出版社 1993 年版）《中國青年》詞條：「1923 年 10 月 20 日在上海創刊。三十二開本，周刊。惲代英主編。1926 年 5 月遷廣州，改由李求實主編。蕭楚女、鄧中夏、張太雷、林育南、任弼時等是主要編撰人。1927 年 5 月移武漢出版。10 月遷返上海，出至第 8 卷第 3 期後停刊。」（第 326 頁）可知，此時《中國青年》主編爲惲代英，因此「FM」當可確認爲惲代英無疑。

〔註81〕F‧M：《窮漢的窮談‧轉錄說明》，《中國青年》第 102 期，1925 年 11 月 20 日。

〔註82〕查《郭沫若全集》（文學編）較早提到「無產專政」的是《黃河與揚子江對話》一詩，「你們非如俄羅斯無產專政一樣，／把一切的陳根舊蒂和盤推翻，／另外在人類史上吐放一片新光；／人們喲，中華大陸的人們喲！／你們是永遠沒有翻身的希望！」（《郭沫若全集‧文學編》第 1 卷，北京：人民文學出版社 1982 年版，第 314 頁），但這是經過修改後的詩句，最初發表時爲「你們非如俄羅斯產業大革命一樣，／把一切的陳根舊蒂和盤推翻，／另外在人類史上吐放一片新光；／人們喲，中華大陸的人們喲！／你們是永莫有翻身的希望！」（《孤軍》第一卷第四期）。

〔註83〕沫若：《到宜興去》，《孤軍》第 3 卷第 3 期，1925 年 8 月。

〔註84〕《郭沫若全集‧文學編》第 12 卷，北京：人民文學出版社 1992 年版，第 333

沫若對「無產專政」的理解頗爲模糊甚至有些游離，而主張「階級鬥爭」和「無產階級專政」恰恰正是中共區別於國民黨、青年黨的關鍵所在，郭沫若的「轉向」顯然沒有那麼大的跨度，誠如小谷一郎所言「對郭沫若而言，同『孤軍派』的論戰，是將自己模糊不清的主張逐一加以明確的過程。」〔註85〕作爲一介「窮文士」，郭沫若在此之前與中共並無聯繫，而是成長於以「反共」爲主的知識分子群體之中，其與「國家主義派」論戰決裂時，才爲中共所注意，並經由蔣光慈引介與瞿秋白相識，但這種革命的「同情」能否轉化的「同志」，尚待觀察，惲代英的「附白」即說明了這一問題。

由此可見，儘管郭沫若的「轉向」力度之深、影響之大都堪稱文人「革命者」的典範，但以革命成功後之「中共黨員標準」觀之，仍有相當的距離，故而以建國後各種漸趨模式化的概念來闡釋郭沫若的「轉向」總難以熨貼而顧此失彼。在此次論戰中，郭沫若展現的不是一種標準的立場或鮮明的態度，而是一種能力──一種文人重新介入現實革命的能力，更具體些說，是「文學」再次深入「革命」的能力，「文學」甚至「文化」在新文化運動後的 1920 年代前期遭遇頓挫，面對新的現實問題和淘湧而入的各種「主義」，文學漸趨式微。然而，研究系、安福系、政學系包括郭沫若能直接接觸的「醒獅派」「孤軍派」等政治經濟法學的專業者多側重從自己的專業角度觀察中國社會，這些多出身「縉紳之家」的知識分子缺少底層生活經驗，多是坐而論道，在紙面上進行非專業者不知所云的爭論，具體主張對解決現實問題同樣孱弱無力。郭沫若在翻譯《社會組織與社會革命》之後獲得「話語」入場券、參與戰後調查及其底層生活經驗使得其見解趨于堅定和清晰，而《窮漢的窮談》顯示了文學家郭沫若與眾不同的表達闡釋能力，從蔣光慈和以惲代英爲代表的《中國青年》的反應就可以看出，長久以來的理論糾纏，遠不如一詞「窮漢的窮談」深入人心，而這正是文學家的能力。

不僅蔣光慈、惲代英等對《窮漢的窮談》印象深刻，論戰的對象林靈光也承認「吃了一個苦頭」。〔註86〕針對林靈光《獨立黨出現的要求》一文，郭沫若先後寫了《窮漢的窮談》《共產與共管》兩篇文章批駁，兩文前後僅相隔

　　　　～335 頁。

〔註85〕小谷一郎：《郭沫若與二十年代中國的「國家主義」、「孤軍派」》，《左翼文學的時代──日本「中國三十年代文學研究會」論文選》，北京大學出版社 2011年版，第 238 頁。

〔註86〕靈光：《讀了〈窮漢的窮談〉並〈共產與共管〉以後質沫若先生，並質共產黨人》，《獨立青年》1926 年第 1 卷第 1 期。

三天。前者側重回應「共產」，後者重在回答所謂「共管」問題。郭沫若認為，「我們受外國人的共管，其實已經不消等共產黨來革命，已經有了好多年辰了……我們現在不是怕共管的時候，我們現在是應該想想，怎樣才能夠從這既成的經濟的國際共管之下脫離的時候呀」，並進一步強調「厲行國家資本主義既是反抗共管的唯一的武器」。〔註87〕林靈光在《讀了〈窮漢的窮談〉並〈共產與共管〉以後質沫若先生，並質共產黨人》（以下簡稱《讀了〈窮漢的窮談〉以後》）一文中說郭沫若「只抓住了我文中一兩句句子，而把我全文的文意置諸不問」「老實說他所抓住的我的句子不是有語病便是我全文中最無關緊要最沒意思的句子，在我文中有它沒有，絲毫沒有關係」「我作文章，從來對於字句不甚注意，只是求達大意，固此往往留下沒有意思的句子，或是有語病的句子，這是我的大毛病，我實在不能不向讀者道歉，這一次吃了一個苦頭，以後作文應該會比前注意一點罷！」並「希望大家不要以辭害意」。〔註88〕

　　林靈光的態度從另一個側面再次證明了郭沫若的「能力」——郭沫若的這種能力，是其被廣東革命政府看中並邀請其擔任廣大文科學長的重要原因之一，其在北伐中亦有十分突出的表現，關於這一點後文詳述。在此值得強調的是，這種「能力」是一把雙刃劍，郭沫若的特長是以現實和情感做到以情動人，而不是在學理和邏輯的層面以理服人，林靈光對郭文即表示不服，在態度認真坦誠的梳理重複郭沫若觀點之後，接著便提出五個問題：「A、在主義上中國得不得有中國的主義？〔註89〕B、在政治上無產階級專政是否可能，一黨專政是否可以？C、在經濟上，中國應採何等經濟政策——沫若先生的國家資本主義是甚麼一種的經濟政策？D、在外交上共產黨的共產革命，會不會引起共管？E、中國的當務之急是什麼？……打倒軍閥、恢復國權……對內先謀國民的獨立，對外先謀國家的獨立」〔註90〕對郭沫若在《窮漢的窮談》

〔註87〕　《郭沫若全集‧文學編》第18卷，北京：人民文學出版社1992年版，26～31頁。

〔註88〕　靈光：《讀了〈窮漢的窮談〉並〈共產與共管〉以後質沫若先生，並質共產黨人》，《獨立青年》1926年第1卷第1期。

〔註89〕　林將社會主義分為「民主的共產主義、無政府的集產主義、無政府的共產主義」等派別，認為「法國有法國的社會主義，英國有英國的社會主義，德國有德國的社會主義，俄國有俄國的社會主義。同是馬克思主義，又有本斯泰因的修正派，與考茨基的中央派，即列寧一派亦有自稱為馬克思主義的……中國共產黨所信奉的當然也是列寧派的共產主義了。……以我之見，各國有各國的主義是因為各國有各國的國情……所以我要問中國得不得有中國的主義」。

〔註90〕　靈光：《讀了〈窮漢的窮談〉並〈共產與共管〉以後質沫若先生，並質共產黨

中談到的馬克思所謂革命的步驟，林表示「馬克思的革命步驟又只是他的政策，那麼我們爲甚麼不因時因地因事而加以修改，而先做一個預備呢！以我之見，我們只需採取社會主義的社會政策而不變更現經濟制度，已可達到共產的目的，且可免除時機未熟之社會革命的危險了。」最後，林再次聲明「我是不贊成共產革命的人而不是反對共產主義的人，不外步驟不同罷了。」林靈光的這篇文章很長，郭沫若的回覆《社會革命的危機》同樣很長，但只選擇回答了林的最後一個提問，認爲「時機尚早的社會革命，只要企圖得法，不見得便是定要失敗的事情……而失敗了的……從人道上講來也不能說不是成功。」〔註 91〕其實，林靈光等人的疑慮不是沒有道理，尤其是「採取社會主義的社會政策而不變更現經濟制度」正是西方資本主義社會在二戰後所取的態度，因而從學理上眞正破解林靈光提出的疑問是整個革命理論界所共同面對的問題，而郭沫若的回答在當時論辯場域中究竟起到怎樣的作用是另外一個課題，本文在此強調的是，郭沫若的優勢自不必再贅言，其潛在隱患應不可小覷。從近處說，郭沫若的跨界行爲，必然帶來更多的迷茫，從《星空》到《離滬之前》，這種自我定位的迷失長期困擾著郭沫若，他時而咒罵「文學家」，時而又欲與魯迅復活《創造周報》；從深遠處說，「話語」能力的掌握畢竟只是入場券，對於眞正的系統建構而言，專業知識仍是基石，郭沫若說到底只是一個外行，其在政治的場域之中，獲得眞正的「自我」任重而道遠。從宣傳或贏得青年的角度來說，郭沫若成就顯著，但面對林靈光坦誠而認眞的發問，郭沫若未能有效解答。

第四節　以文入史的效用與局限

在追求所謂「文學性」、回歸「文學本質」的時代，在「去政治化」的文化氛圍之中，論及郭沫若改變其「純文藝」的初衷，標榜「轉向」，鼓吹「從『不當一個留聲機器』轉換到『當一個留聲機器』」，不少論者表示不屑，有甚者對其人格產生懷疑。以文入史的轉向之於郭沫若究竟是一個怎樣的選擇？回歸歷史現場，在歷史的情境中評估以文入史轉向的合理性抑或其效用與局限，才能避免偏見，理解和認識眞實的郭沫若及其「轉向」的生成機制。

人》，《獨立青年》1926 年第 1 卷第 1 期。
〔註91〕《郭沫若全集・文學編》第 18 卷，北京：人民文學出版社 1992 年版，第 52～53 頁。

一、宣傳：革命的能力

　　從詠史詩到歷史速寫，郭沫若遊走於文史互動的張力結構之中，其獲得的「能力」亦遠遠超出單一學科緯度的預想之外。尤其是當他參與革命實踐時，這一「能力」更被彰顯，使得他能夠超克一般書生的「無用」與面對現實時的無力感，而爲一班職業革命家所重視。關於這一點，同處革命隊伍的其它知識分子未必能夠理解，才華橫溢的托派理論骨幹朱其華〔註 92〕就曾在其回憶錄《一九二七年底回憶》中這樣抱怨到：

> 人材的缺乏，是革命委員會一個普遍的現象，尤其是外交人材，簡直沒有。……革命委員會在潮州發表了一道帶有滑稽意味的命令：「任命郭沫若爲汕頭交涉委員兼汕頭海關監督」……新任汕頭交涉員兼海關監督的郭沫若，又新增加了一種任務，他被任命爲革命日報的主筆了。革命日報是革命委員會在汕頭新刊行的機關報。在革命委員會之下，郭沫若竟成了這樣紅的一位人物，這實在是不可解的事，究竟他有什麼才能？〔註93〕

　　的確，郭沫若究竟有什麼「才能」呢？從鄧演達到周恩來、蔣介石、陳誠、張發奎等這些國共兩黨的職業革命家，究竟看中了詩人出身的郭沫若什麼才能，恐怕只能是仁者見仁智者見智了。在張發奎眼中，所謂郭沫若不是共產黨，是宣傳的「煙幕」，郭「的思想，言論，行動都左傾偏激。鄧演達把他介紹給我，同時還介紹了惲代英和高語罕」，〔註94〕因此，他堅信郭沫若是

〔註92〕朱其華，常用筆名朱佩我、朱新繁、李昂、柳寧、亦明等，本名朱雅林，浙江海寧人，1921 年加入中国共產黨，曾是中共一大代表（僅見其自傳）。第一次國共合作期間，受命參加國民黨，任廣東革命政府俄國高等顧問鮑羅廷翻譯，並被派於黃埔軍校政治部工作。1926 年參加北伐，任第四軍政治部宣傳科長。次年寧漢分裂後，調任中共中央政治局秘書，受命起草《八一宣傳革命大綱》。嗣後參加了「八‧七會議」。廣州起義失敗後轉赴港、滬。1928 年受命赴蘇出席中共第六次代表大會，到達伊爾庫次克後因故折回上海。1929 年被任命爲紅十四軍司令（以江蘇南通爲基地），未就，返滬，從此脫離共產黨（被列爲「十個主要托派分子」之一，十人中朱其華、柳寧實爲一人）。郭沫若在《洪波曲‧反推進‧五、利用托派》中點名稱「朱其繁化名的柳寧，在西安主編《抗戰文化》。這刊物的目的是很中聽的，而內容則期期反共，句句破壞『抗戰』，毀滅『文化』」。（《郭沫若全集‧文學編》第 14 卷，北京：人民文學出版社 1992 年版，第 136 頁）1941 年被指控有通共嫌疑而被捕下獄。1945 年被放火燒死（一說槍決）。

〔註93〕朱其華：《一九二七年底回憶》，上海新新出版社 1933 年版，第 340～346 頁。

〔註94〕張發奎口述，夏蓮英訪談記錄，胡志偉校注：《張發奎口述自傳——國民黨陸

共產黨，但卻願意和郭沫若交往，因爲郭「表現得十足是一個學者──有點不落俗套，有點浪漫。他工作並不勤奮，不像廖仲愷；他作風懶散，卻很健談。」〔註95〕「我也見過田漢，他是性情中人，我覺得他和郭都不適合做共產黨員。」〔註96〕在皖南事變後的「反共」氛圍中，張「繼續看望常來四戰區訪問的郭沫若和田漢。他們富於文人氣質，不落俗套。」〔註97〕可見，郭沫若在革命家圈子中受歡迎並非因其標榜革命，清算了文人氣質而被職業革命家同化，恰恰相反，他以濃鬱的「書生氣」在革命家圈子中特立獨行。

從宣傳科長到政治部副主任，再到國民革命軍第二方面軍黨代表、政治部主任，「八一」南昌起義時被任命爲宣傳委員會主席、總政治部主任，爲起義時公佈的「革命委員會委員」（位列第9）和「革命委員會主席團」成員（位列第6），〔註98〕再到起義南下途中爲朱其華所嫉妒的各種臨時任命，曾經「百無一用」的書生郭沫若爲何又成了香餑餑呢？這些重用郭沫若的職業革命家，與郭既非同鄉亦非同學，更無任何血緣親屬關係，革命家不會只出於個人的偏好而獨獨重用某人，革命的現實需求，要求「人盡其用」，那麼，郭沫若對於革命究竟有何獨特價值呢？

「北伐」區別於中國近代以往歷次國內戰爭或「革命」的重要特徵是廣泛的群眾動員，因此「宣傳」的重要性被極大的強調和彰顯。當時的報刊評論說，國民黨「攻打湖北，一半靠兵力，一半靠宣傳」〔註99〕，《現代評論》則稱北伐軍「槍與筆聯合起來，所以到處如入無人之境。」〔註100〕北伐一開始，就組建了一支多達 620 人的龐大宣傳隊，分別跟隨各軍進行宣傳，其聲勢和效果都給時人留下了極爲深刻的印象──張君勱 1926 年 10 月底到武昌考察時，其感受「**最觸**目之點有二：其一，青天白日滿地紅旗按戶懸掛……其二，政治口號之多，超於國內各香煙公司廣告之上……武昌全城，幾成一

軍總司令回憶錄》，北京：當代中國出版社 2012 年版，第 74 頁。
〔註95〕張發奎口述，夏蓮英訪談記錄，胡志偉校注：《張發奎口述自傳──國民黨陸軍總司令回憶錄》，北京：當代中國出版社 2012 年版，第 90 頁。
〔註96〕張發奎口述，夏蓮英訪談記錄，胡志偉校注：《張發奎口述自傳──國民黨陸軍總司令回憶錄》，北京：當代中國出版社 2012 年版，第 178 頁。
〔註97〕張發奎口述，夏蓮英訪談記錄，胡志偉校注：《張發奎口述自傳──國民黨陸軍總司令回憶錄》，北京：當代中國出版社 2012 年版，第 234 頁。
〔註98〕中國社會科學現代革命史研究室編:《南昌起義資料》，人民出版社 1979 年版，第 48～58 頁。
〔註99〕《編輯餘談》，天津《大公報》，1926 年 9 月 4 日。
〔註100〕無名:《從南北到東西》，《現代評論》第 6 卷第 131 期，1927 年 6 月 11 日。

口號世界矣」〔註101〕1927年2月，天津《大公報》記者考察武漢時，亦有同樣的感受：「**最觸**目者為宣傳品。宣傳品種類很多，大別之為文字與圖畫兩種。文字有印刷在牆壁者，以孫中山遺囑和建國大綱並國民黨兩次代表大會議決案最多，藍底白字，鮮艷奪目，比什麼廣生行雙妹牌香水，或仁丹鬍子牌的廣告還要好看。……聽說單這項宣傳，花去五千塊錢。此外各黨部、各軍政治部、各團體，宣傳品滿街都是……他們拿這些標語簡單地普遍到民眾方面，不知不覺大家都受這些空氣籠罩起來，所以什麼『打倒軍閥』，『打倒帝國主義』，『打倒資本家』，舉凡東洋車夫以及幾歲小孩子都可以叫得出來。〔註102〕《大公報》有論者甚至認定「國民黨人習聞宣傳之法，稍稍用之，頗奏奇效……北伐順利，此亦一因。」〔註103〕「黨軍自粵而湘而鄂而贛，師行所至，相傳人民樂為之助，說者以為宣傳之效，於是各方始致力於此。」〔註104〕作為北伐的對象，軍閥孫傳芳也感歎說：「黨軍作戰，巧為宣傳，所到之處有老百姓為之幫忙，直有防不勝防之勢，本人此次，受虧不少。」〔註105〕

北伐的盛況，一半來源於軍事，一半則靠政治部的宣傳，實不為過，而這後一半則正是由鄧演達、郭沫若等為中心的政治部創造的。蔣介石與鄧演達決裂後，對郭的拉攏和器重，乃至私下的收買，只有在這種時代語境中方能理解，這一象徵資本郭沫若長久受益。抗戰時期，在遭受日機轟炸的武漢，郭由於未遵循防空警報，私上騎樓觀望，遭到防護團的盤問險些被捕，而當同行人員打出「國民革命軍總司令部總政治部郭副主任」時，這「舊官銜」卻使得「他們起了一個一百八十度的角度轉變，開始向我道歉起來了。」〔註106〕以這樣的象徵資本就任「三廳」廳長，人事上是一種「委屈」，郭沫若在回憶中雖然迴避了人事名分，唯周恩來明白其中的玄妙，勸解說「但我們可不要把宣傳工作太看菲薄了。宣傳應該把重點放在教育方面去看，我倒寧肯做第三廳廳長，讓你做副部長啦。不過他們是不肯答應的。老實說，有你做第三廳廳長，我才可考慮接受他們的副部長，不然那是毫無意義的。」〔註107〕周恩來理解了郭的

〔註101〕張君勱：《武漢見聞》，國立政治大學1926年版，第9～10頁。
〔註102〕冷觀：《南行視察記》，天津《大公報》，1927年3月6日。
〔註103〕《宣傳與革命》，天津《大公報》，1927年6月13日。
〔註104〕《書紅槍會宣言後》，天津《大公報》1927年2月25日。
〔註105〕《堅壁清野》，天津《大公報》，1926年11月26日。
〔註106〕《郭沫若全集·文學編》第14卷，北京：人民文學出版社1992年版，第22～23頁。
〔註107〕《郭沫若全集·文學編》第14卷，北京：人民文學出版社1992年版，第27頁。

私心，以「宣傳工作」的重要性來勸解郭。不過，這道坎郭起初並未輕鬆邁過，在「傀儡的試探」中，郭說「宣傳工作，在一般人看來，好像很輕鬆，但其實並不是那麼一回事。從對象來說，有軍隊宣傳，有國際宣傳，有對敵宣傳。從方法上來說，有筆舌宣傳，有藝術宣傳，而筆舌上有各種各樣的語言文字，藝術上有各種各樣的藝術部門。這裡須得有不少的專家來參加，決不是做廳長副廳長的一二個人便能夠了事的⋯⋯還有重要的一點：今天不忙說要物色這樣多的專門人才是困難的事，而尤其困難的是這樣的專門人才大體上都不是國民黨黨員。假設我們要拿著『一個主義』的尺度來衡量人才，那我就敬謝不敏，實在連一打也找不到。」〔註108〕郭沫若的意思，現場的陳誠、康澤、賀衷寒心中明鏡一般的明白：宣傳工作重要且專業，爾等幹不了，廳長、副廳長的頭銜也根本駕馭不了。

郭沫若避辭三廳廳長，表面上看是人事，裏子卻是「宣傳工作」的強調，其內心的深處，已將自身與革命的宣傳等同。郭沫若在抗戰宣傳中傑出的表現，其在自傳中多有陳述，在伊文思 1938 年拍攝的紀錄片《四萬萬人民》中，也留下抗戰中郭沫若振臂高呼的珍貴影像，本文不再贅述。

郭沫若對「宣傳」的自覺與其「轉向」密切相關，在《孤鴻》中郭沫若即意識到「現在是宣傳的時期，文藝是宣傳的利器，」在大革命失敗後的 1928 年，郭更在《留聲機器的回音──文藝青年應取的態度的考察》宣稱其「方向轉換的過程」包括「獲得了新的觀念，便向新思想、新文藝的實踐方面出發去了」「他這個轉換的過程就是：從『不當一個留聲機器』轉換到『當一個留聲機器』！！！」〔註109〕可見，將「轉向」與革命宣傳聯繫在一起，不是本文的打撈，而是郭沫若的自覺，那麼相應的一個問題是，以文入史的轉向機制在革命「宣傳」中如何發揮的作用呢？

二、革命理想與歷史信仰──從北伐中的一副漫畫說起

宣傳的有效性，不僅與宣傳的形式多樣性、豐富性及資金投入有關，很大程度上還取決於其針對性，有研究者就認為，「一言以蔽之，正是南北之

〔註108〕《郭沫若全集・文學編》第 14 卷，北京：人民文學出版社 1992 年版，第 32 頁。

〔註109〕《郭沫若全集・文學編》第 16 卷，北京：人民文學出版社 1989 年版，第 66 頁。

分的地緣文化觀念，而不是政治宣傳，使北伐軍一路順風打到南京、上海。」
〔註110〕筆者認爲，這一觀點有意顛覆既有結論，但卻並未消解北伐宣傳的
重要性，其眞正的啓示是對宣傳針對性的強調，換言之，「文化觀念」之偉
力，得益於恰針時弊的宣傳。

　　據郭沫若回憶，他們進入湖北南部某一村莊時，村民非常熱情的歡迎他
們，「村裏人就像自己打了勝仗的一樣，非常高興。他們都稱我們是『南軍』，
有的還在『南軍』上加上『我們』兩個字。他們說：『我們南軍怕有好幾百萬
人馬啦。』……說也奇怪，我們也並沒有向他們宣傳，事前也不會有人向他
們宣傳過，他們總口口聲聲地說：『南軍是搭救我們老百姓的，南軍勝利了，
我們老百姓就有出路了。』受著老百姓這樣期待的『南軍』自然會打勝仗；
但是打了勝仗後的老百姓的出路呢？」〔註111〕郭沫若的這段回憶被王奇生先
生作爲「南北之分」的佐證，〔註112〕不過筆者以爲，郭沫若回憶本身，亦是
一種宣傳，誠如羅志田先生所言：北伐前後南北雙方均意識到現實中存在嚴
重的「南北之分」，但卻均否認這一事實——蔣介石任北伐軍總司令就職宣言
中說「決無南北畛域之見，更無新舊恩仇之分」，張作霖就任安國軍總司令時
也宣稱「絕無南北新舊之見」。雙方宣稱的「無」實是既存的「有」……雙方
均覺有必要且實際上力圖掩飾這一區分的存在。〔註113〕郭沫若作爲北伐政治
部的核心成員，其言論尤其是事後回憶，其政治和宣傳的考量不僅有蔣、張
的政治策略，更有文化上的「大一統觀念」。郭沫若的回憶，恰恰說明北伐宣
傳在「南北之分」上的言行不一，不然何以鄂南一個小村莊的村民會將北伐
軍視爲自己人呢？顯然，不是政治主義的宣傳，「南軍」的稱謂即說明，村民
信任的並非含義不明的「三民主義」，而是「南軍」是南方人自己的軍隊，來
此目的是爲趕走盤踞在此的北方軍閥這一現實眞理。

　　宣傳，並非只是呼喊、張貼「主義」口號，只是花錢打廣告、插錦旗，
這種虛張聲勢的宣傳，北洋軍閥也會，眞正的宣傳，能實現偉力的宣傳，其
核心必是超越形式，有極強現實針對性及意義生成性的內容。朱其華回憶，

〔註110〕羅志田：《亂世潛流：民族主義與民國政治》，上海：上海古籍出版社2001
　　　　年版，第200頁。
〔註111〕《郭沫若全集・文學編》第13卷，北京：人民文學出版社1992年版，第44頁。
〔註112〕王奇生：《國共合作與國共革命》，張海鵬主編《中國近代通史》第7卷，南
　　　　京：江蘇人民出版社2005年版，第283頁。
〔註113〕羅志田：《亂世潛流：民族主義與民國政治》，上海：上海古籍出版社2001
　　　　年版，第194頁。

他從南雄至南安，路過大庾嶺下的一個村莊，在農民協會的辦公室裏看到了一副很有趣的譏諷畫：

> 一個畫著一個「世界公園」，世界公園裏陳列了三個座位，中間是馬克思的像，左邊是列寧的像，右邊的座位空著。另一面畫著一個孔廟；在世界公園與孔廟的中間，一個穿著中山裝的男子背了孫中山的像往孔廟中走去。旁邊寫著「孫中山應該陳列於革命的世界公園中，但戴××一定要把他背到孔廟裏去」。嚴格的說起來，這副畫的意義是錯誤的，因爲誰應該陳列於世界公園，誰應該擺在孔廟裏，這只是他本人的行爲才能決定，決不是別人所能強姦。但無論如何，這是一副值得一看的圖畫。〔註114〕

這是一副十分重要的漫畫，它是馬克思主義中國化及當時中國知識界思想動態的一個重要反映。它甚至對解答諸如爲何三十年代中國青年知識分子普遍左轉等重要問題有啓示價值：知識界對「世界主義」的擔心，孫中山等對「民族主義」的強調，其要義在中國要強大且獨立，以世界大國屹立世界民族之林，不淪爲他國的附庸。共產主義在中國、馬克思主義在中國能夠得到廣泛的認可必須面對這一問題（這一問題實際長期存在，建國後毛澤東訪蘇，是「父子黨」還是「兄弟黨」，及所謂蘇共老子黨、大國沙文主義等都是這一問題的顯露〔註115〕），這幅漫畫至少給出了一個答案，即國民革命的領袖孫中山，在未來「世界公園」裏，與馬克思、列寧並肩，不是追隨者，而是領導者之一。這種對未來世界的描繪無疑是符合中國人的想像和期待的，更符合中國的歷史傳統和文化思維——中國很早就接受佛教，後來亦有大量伊斯蘭教、基督教的信徒，然而教皇、聖地在中國的影響力都收到極大的限制，中國之爲中國，文化觀念的核心位置是不容動搖的。

這幅漫畫的文化指向和現實針對性，朱其華並未用心去領悟，他僅在糾結「誰應該陳列於世界公園，誰應該擺在孔廟裏，這只是他本人的行爲才能決定，決不是別人所能強姦。」但是，郭沫若對此卻有著十分清醒的認識，在談到從事古史研究的因由時，郭沫若這樣說道：「要使這種新思想眞正地得到廣泛的接受，必須熟練地善於使用這種方法，而使它中國化。使得一般的、

〔註114〕朱其華：《一九二七年底回憶》，上海新新出版社 1933 年版，第 45 頁。
〔註115〕參閱孫其明：《中蘇關係始末》，上海：上海人民出版社 2002 年版；劉啓明：《毛澤東對蘇外交中堅持獨立自主原則探析（1949～1965）》，湖南師範大學碩士學位論文，2005 等。

尤其有成見的中國人，要感覺著這並不是外來的異物，而是泛應曲當的眞理，在中國的傳統思想中已經有著它的根蒂，中國歷史的發展也正是循著那樣的規律而來。因而我的工作便主要地傾向到歷史唯物論這一部門來了。」〔註116〕由「世界主義」的革命到「中國化」的眞理，這才是中國革命的前途和未來，這兩者的融合與互動才是革命宣傳的眞諦，朱其華缺少這種認識並非其不夠聰明或學識、文化不如郭沫若，而在於他缺少此種「歷史意識」。

　　雖然朱其華認爲漫畫的「意義是錯誤的」，不過，他似乎深爲之觸動，坦陳「無論如何，這是一副值得一看的圖畫。」這幅漫畫對受過高等教育的朱其華尙能有如此觸動，那麼對普通民眾的影響力就可想而知了，由此也正印證了郭沫若的「中國化」的判斷。那麼，其影響力的根源何在呢？

　　這幅漫畫，很容易聯想至郭沫若的歷史小說《馬克思進文廟》。郭沫若的這篇作品創作之初便備受質疑，與發生陶其情「孔馬異同」的論辯，郭沫若被打了翻天印。不要說，在「孔家店」剛剛被打倒的後「五四」時代，讓馬克思和孔子互稱同志、一起吃豬頭肉不能被理解，即便在建國後，這種「穿越」戲謔模式也與馬克思主義的意識形態化相違。故，這篇作品長期評價不高，重視也不夠，然而將這篇作品連同上述漫畫，一起置於馬克思主義中國化及中國革命的宣傳實踐中去，其價值和意義卻是十分重大的。

　　馬克思主義在中國被信仰必須被中國化，即所謂「中國特色」，欲中國化就必然與以孔子爲代表的儒家進行對話，那麼形象的說，馬克思進文廟是早晚的事情；儘管郭沫若在創作《馬克思進文廟》時，其對馬克思主義的認識尙未清晰，甚至糾纏、朦朧乃至模糊，然而他的問題意識——對中國革命現實外來支持與傳統文化資源的整合，是十分明確的。郭沫若「當初原想做一篇論文，叫著《馬克斯學說與孔門思想》」，眾所周知這種比較研究很難成功，或兩張皮，或淪爲牽強、附庸之論——論文失敗之後，郭沫若作了這篇「帶有幾分遊戲性質」的小說，〔註117〕並在《洪水》雜誌上要求公開討論。這種提出問題的意圖是十分明顯的。

　　「世界公園」的漫畫與《馬克思進文廟》的小說影響力之根源，一方面得益於其極強的現實針對性，國民黨、蘇俄、中共之間的複雜關係，「國民革命」與孫中山「聯俄容共」政策的實際內涵和內部分歧均有反映和揭示；另

〔註116〕《郭沫若全集・文學編》第13卷，北京：人民文學出版社1992年版，第330～331頁。
〔註117〕郭沫若：《討論「馬克思進文廟」》，《洪水》第1卷第9期，1926年1月16日。

一方面得益於其以文入史的表達方式——用文學的方式將共產主義的理想與中國傳統「三代盛世」〔註118〕的歷史信仰共同建構的烏托邦形象地表達出來，「託古改制」是王安石、康有為等歷代變革者都曾遵循的傳統，革命的理想與這種「史」的信仰結合，迸發出的力量是驚人的。這賦予「以文入史」的革命宣傳以橫跨歐亞、超越古今的影響力和闡釋力，其意義生成亦是生動、深刻和豐富多彩的。當然，這種革命神話與歷史烏托邦的創造也是危險的，其結果將導致歷史的意識形態化。

三、「神秘」：史學研究與革命神話

郭沫若的史學研究與傳統樸學和學院派史學研究一個顯著的區別即是以文入史，這明顯表現在他的表達方式或行文脈絡上。傳統樸學講求「博綜典籍、會通文獻」，現代史學主張「大膽假設、小心求證」，證據不充分，胡適還要求「展緩判斷（Suspension of judgement）」，〔註119〕二者均主張在結論上應仔細斟酌、小心翼翼。而郭沫若似乎根本沒把這些章法放在眼裏，其《中國古代社會研究》第一篇「《周易》時代的社會生活」開篇就這樣寫道：

> 《周易》是一座神秘的殿堂。
>
> 因為它自己是一些神秘的磚塊——八卦——所砌成，同時又加以後人的三聖四聖的幾尊偶像的塑造，於是這座殿堂一直到二十世紀的現代都還發著神秘的幽光。
>
> 神秘作為神秘而盲目地贊仰或規避都是所以神秘其神秘。
>
> 神秘最怕太陽，神秘最怕覿面。
>
> 把金字塔打開，你可以看見那裡只是一些泰古時代的木乃伊的屍骸。〔註120〕

這種幾乎以「詩」開篇的表達方式在學術著作中是極為罕見的，而且據

〔註118〕「在清末把西方社會同中國三代盛世相比附說和西學源出中國說是兩種類似的流行看法……王韜『三代以上，君與民近而世治，三代以下，君與民日遠而道遂不古若』……堯舜禹湯文武周公之道……這種意識起源於春秋時代的儒家，孔子恢復周禮的不倦努力奠定了中國文化的這一基調。」見王果明《清末對西方社會與中國三代盛世的比附》，華南師範大學學報(社會科學版)1988年第2期。

〔註119〕胡適：《評論近人考據老子年代的方法》，《古史辨》第六冊，上海：上海古籍出版社1982年版，387～410頁。

〔註120〕《郭沫若全集·歷史編》第1卷，北京：人民出版社1982年版，第32頁。

筆者初步統計，在開始不到 700 字的行文中，郭沫若連續用了 13 個「神秘」和 4 個「秘密」，接著又聲稱「後人要使儒教增加神秘性，要使儒教的典籍增加神秘性，要使典籍中已經夠神秘的《易經》更增加神秘性，所以不能不更抬些偶像來裝飾。」〔註121〕在足夠的渲染之後，郭沫若直陳其觀點說，《易經》不過是「古代卜筮的底本」，「神祠佛寺的靈籤符咒一樣」，從其中可以得到「當時的一個社會生活的狀況和一切精神生產的模型」。〔註122〕結論先行通告之後，郭沫若才從「生活的基礎」、「社會的結構」、「精神的生產」來論述第一章「《周易》時代的社會生活」。這種論述方式不僅與傳統樸學相違，亦完全不符合「大膽假設、小心求證」路徑。比如，在「商旅（交通）」一節，郭沫若徵引了一些關於「涉」的內容，他發現沒有提到「涉」所用之工具，相反，「涉」有「包荒，用馮河」、「過涉，滅頂，凶」、「曳其輪，濡其尾」、「濡其首，厲」等說法，由此郭沫若就下論斷：「這是證明涉不用舟楫，好像是全憑游泳，或用葫蘆（包荒）或用牛車。由此我們可以揣想到舟楫在當時尚未發明──至少是尚未發達──所以涉川的事才看得那麼重要。」〔註123〕沒有提到「舟楫」就是不用或者尚未發明嗎？這個結論下的太大膽，且不能被證偽，顯然不科學。

郭沫若對《易經》經文的解釋更加大膽而充滿文學想像色彩，「女承筐，無實。士刲羊，無血。」（《歸妹》上六），郭沫若解釋說：「這是牧場上一對年青的牧羊人夫婦在剪羊毛的情形，刲字怕是剪剔之類的意思，所以才會無血。（古人訓作刺字，實在講不通。）剪下的羊毛，女人用竹筐來承受著，是虛鬆的，所以才說無實。我想我這種解釋是合乎正軌的。那麼我們看，這是多麼一幅優美的圖畫呢？假使你畫出一片碧綠的草原，草原上你畫出一群雪白的羊，在那前景的一端你畫出一對原始人的年青夫婦，很和睦地一位剪著羊毛，一位承著籃子。這怕會比米勒的「牧羊少女」還要有風致罷？這首詩雖然很簡單，但就是這樣一個白描的世界。」〔註124〕顯然，郭沫若將歸妹卦第六爻之爻辭當作詩歌來理解，對其詩情畫意進行生動的闡釋，可是郭沫若所引之爻辭並不完整，還差最後一句「無攸利」，〔註125〕這又當如何解釋呢？

〔註121〕《郭沫若全集‧歷史編》第 1 卷，北京：人民出版社 1982 年版，第 35 頁。

〔註122〕《郭沫若全集‧歷史編》第 1 卷，北京：人民出版社 1982 年版，第 37～38 頁。

〔註123〕《郭沫若全集‧歷史編》第 1 卷，北京：人民出版社 1982 年版，第 41 頁。

〔註124〕《郭沫若全集‧歷史編》第 1 卷，北京：人民出版社 1982 年版，第 62～63 頁。

〔註125〕《周易正義》，李學勤主編《十三經注疏》（標點本）卷一，北京：北京大學

郭沫若並未說明。

郭沫若的《周易》研究，用意十分明確，即破除其「神秘性」，用文學的闡釋法和表達方式，將《周易》「歷史化」，這是以文入史的一種典型方式。「歸妹上六」之爻辭在《周易正義》中解釋為「女之為行，以上有承順之美；士之為功，以下有應命為貴。上六處卦之窮，仰則無所承受，故為女成筐，則虛而無實。又下無其應，下命則無應之者，故為『士刲羊』則乾而『無血』，故曰『女承筐，無實。士刲羊，無血。』則進退莫與，故無所利。」〔註126〕牽強附會，古人似乎跑的更遠，爻辭正義先宣講女承順、男有下應的封建倫理道德，然後在卦數中敷衍吉凶禍福，「羊」被解釋為「三」，在工具書中亦未見先例，〔註127〕應為臆測。

比較而言，郭沫若的文學化闡釋較之古人的封建倫理迷信要進步不少，達到了其破除神秘，將《周易》「歷史化」的目的。《〈周易〉時代的社會生活》〔註128〕寫於 1927 年 8 月 7 日，郭沫若在《跨著東海》談到創作的緣起時說「我主要是想運用辯證唯物論來研究中國思想的發展，中國社會的發展，自然也就是中國歷史的發展。反過來說，我也正是想就中國的思想，中國的社會，中國的歷史，來考驗辯證唯物論的適應度……離開祖國已經快半年，我的寫作的欲望動了……我感覺著那（指《易經》——引者注）所包含的宇宙觀是符合於辯證式的與唯物論的。」〔註129〕以往研究，多據此認定，郭沫若由此登上中國史壇，成為「中國馬克思主義史學的開拓者」。〔註130〕儘管不少研究者也承認，郭沫若史學研究中存在「用一種非歷史主義的眼光看

出版社 1999 年版，第 223 頁。

〔註126〕《周易正義》，李學勤主編《十三經注疏》（標點本）卷一，北京：北京大學出版社 1999 年版，第 223 頁。

〔註127〕羊，《說文解字》解釋為：祥也。從丫　，象頭角足尾之形。孔子曰：「牛羊之字以形舉也。」凡羊之屬皆從羊。與章切；《康熙字典》：廣韻與章切集韻韻會余章切正韻移章切，𣲗　音陽。所列《詩經》《離騷》《左傳》《公羊傳疏》《史記》《周禮》等例句，亦均無「羊」解釋為「三」的情況；羅竹風主編的《漢語大詞典》（漢語大詞典出版社 1998 年光盤版）「羊」條目下亦無此釋義。

〔註128〕最初以《周易的時代背景與精神生產》為題，發表於《東方雜誌》第 25 卷第 21、22 號（1928 年 8 月 11 日、25 日）上，署名「杜珩」。

〔註129〕《郭沫若全集·文學編》第 13 卷，北京：人民文學出版社 1992 年版，第 331 頁。

〔註130〕林甘泉、黃烈主編：《郭沫若與中國史學》，中國社會科學出版社 1992 年版，第 19 頁。

待中國古代歷史」〔註131〕的問題，但主要還是對其合理性的解釋，郭沫若「非歷史主義的眼光」到底是以怎樣的形式存在，有何種特殊性，價值和局限等問題則被忽略。

郭沫若的「非歷史主義」並不是否認歷史的連續性和總體觀，否認起源觀和進步觀而對歷史眞實進行碎片化的處理，恰恰相反，其秉持的唯物史觀堅持從總體上、全局上研究社會的一般的結構和一般的發展規律。郭沫若的「非歷史主義」主要表現是大膽的猜測和想像，有些判斷有明顯的「主觀隨意性」，〔註132〕其飽含深情的「禮贊」與激烈的否定消解都與史學研究所應秉持的精神結構和智力裝備相違背，而與文學家血脈相通。關於這二者的區別，錢鍾書曾形象的說道：「歷史考據只扣住表面的跡象，這正是它的克己的美德，要不然它就喪失了謹嚴，算不得考據，或者變成不安本分、遇事生風的考據，所謂穿鑿附會；而文學創作可以深挖事物的隱藏的本質，曲傳人物的未吐露的心理，否則它就沒有盡它的藝術的責任，拋棄了它的創造的職權。考訂只斷定已然，而藝術可以想像當然和測度所以然。在這個意義上，我們不妨說詩歌、小說、戲劇比史書來得高明。」〔註133〕郭沫若反對胡適「整理國故」，原因也在於「整理的事業，充其量只是一種報告，是一種舊價值的重新估評，並不是一種新價值的重新創造，它在一個時代的文化的進展上，所效的貢獻殊屬微末。」〔註134〕從這個意義上說，郭沫若以文入史的「轉向」，與其將團體命名爲「創造社」的初衷，可謂一脈相承，其主張並未發生所謂徹底的改變。

此外，一個必須承認的事實是，郭沫若的史學研究與樸學式的史學研究如錢穆的《先秦諸子繫年》有極爲顯著的區別。錢著博綜典籍、會通文獻堪稱一絕，大師者如陳寅恪亦多次稱讚，〔註135〕然而晦澀之處，普通讀者根本難以卒讀。以「老子」研究爲例，錢穆「老子雜辨」文言寫成，凡一萬八千

〔註131〕林甘泉、黃烈主編：《郭沫若與中國史學》，中國社會科學出版社1992年版，第58頁。

〔註132〕林甘泉、黃烈主編：《郭沫若與中國史學》，中國社會科學出版社1992年版，第62頁。

〔註133〕錢鍾書：《宋詩選注·序》，北京：生活·讀書·新知三聯書店2002年版，第4頁。

〔註134〕《郭沫若全集·文學編》第15卷，北京：人民文學出版社1990年版，第162頁。

〔註135〕陳勇、秦中亮：《錢穆與〈先秦諸子繫年〉》，《史學史研究》2014年1期。

餘字，若無正文中擬定的小標題，即便專業讀者也容易在豐富的文獻中迷失。
與錢形成鮮明對比的是，郭沫若《老聃、關尹、環淵》與其《〈周易〉時代的
社會生活》開篇便直接提出問題，接著便說道：「細考老子即是老聃，略先於
孔子，曾經教導過孔子，在秦、漢以前的人本來是沒有問題的」，「然而一落
到漢人手裏便生出了問題來」，「在這兒我不妨先說出我自己所得到的結論。
我的見解是以唐說（唐蘭《老子時代新考》——引者注）爲近是。老子確是孔子之師
老聃，《老子》書也確是老聃的語錄，就和《論語》是孔子的語錄，《墨子》
是墨翟的語錄一樣。特集成《老子》這部語錄的是楚人環淵……他用自己的
文筆來潤色了先師的遺說，故而飽和著他自己的時代色彩。」〔註136〕郭沫若
的結論新穎，文字通暢，觀點在前，論證在後，能爭一時之先，然而一旦結
論被推翻，便也牆倒眾人推；錢穆則不然，儘管 1993 年郭店楚墓竹簡老子道
德經的出土已推翻了錢穆《老子》成書於戰國晚期的論斷，但「老子雜辯」
大量的文獻彙綜仍有很大價值，也不會有人拿錢穆的結論說事兒，錢穆展現
的是功力，而非結論。

相比，郭、錢二人各執一端，胡適的「大膽假設小心求證」顯得靈活多
變。同樣談「老子」，胡適第一句便說：「老子的事跡，已不可考」，然後博采
文獻，舉列各家觀點，說清人閻若璩「斷定孔子適周見老子在昭公二十四年，
當時孔子三十四歲」，接著馬上質疑說：「這話很像可信，但還有可疑之處」，
又舉反對理由三條。又如，老子究竟是姓老呢，還是姓李？胡適說：「老子姓
老，故人稱老聃，也稱老子，這也可備一說。這兩種解說都可通，但我們現
今沒有憑據，不能必定那一說是的」。〔註137〕

筆者將郭沫若、胡適、錢穆三人相關史學研究進行比對，無意評定高低
優劣，而是想說明，郭沫若史學研究的特殊性。這一特殊性與錢穆的「博綜
典籍、會通文獻」、胡適的「大膽假設小心求證」形成鮮明的對比，而成鼎足
之勢，這一特徵概括起來，便是「以文入史」，這不僅是對郭沫若史學研究表
達方式、行文脈絡以及所謂「非歷史主義眼光」的一種概括和總結，也是郭
沫若「轉向」的動態生成機制，是對郭沫若一生貫通文史、出世入世革命政
治生涯的一種有效考察方式，是郭沫若之爲「郭沫若」的本質所在。

〔註136〕《郭沫若全集·歷史編》第 1 卷，北京：人民出版社 1982 年版，第 535～539
頁。
〔註137〕胡適：《中國古代哲學史·老子》，《胡適文集》第 6 卷，北京：北京大學出版
社 1998 年版，第 193～195 頁。

餘　論

　　1927 年 10 月初，南昌起義南下廣東的中共部隊在粵軍和中央軍的夾擊下失敗，郭沫若等人在普寧農協主席的幫助下準備乘小帆船赴香港。正是在此種情境下，「天天都坐在樓上等風，沒有什麼事情可以做」的郭沫若又開始了對自我的追問與反思：

　　　　僅僅十五個月的期間，隨著北伐軍由廣東出發，經過了八省的遍歷，現在又差不多孤影悄然地回到了廣東。這變化不能說不劇烈。在這期間，自己到底做了些什麼呢？當著號筒，所到之處，處處吼破過喉嚨。但那有什麼用？

　　　　一切的一切都太空洞了。一場大革命，不就好像放了一大串花炮，轟轟烈烈地過了一陣，只剩下滿地殘紅，一片硝煙，散了，也就算了嗎？在戰場上，死了多少的鬥士，在清黨時分，犧牲了多少的戰友呀！到底留下了些什麼呢？毫無疑問地，是留下了一個無用長物的我！一粒鞭炮的殘渣，被風卷到這海邊上來了，空空洞洞地躺在這兒。我到底還可以做些什麼呢？該怎麼做？〔註1〕

　　這期間郭沫若情緒極為低落，據成仿吾回憶，郭沫若逃亡香港後曾給他寫過一封信，「主張從革命回到文學的時代，當時他對革命有些悲觀情緒。」〔註2〕郭沫若回到上海後試圖與魯迅合作復活《創造周報》的行為也在某種程度上印證了成仿吾的說法。郭沫若似乎又開始了「轉向」，這次是從「政治」

〔註 1〕《郭沫若全集·文學編》第 13 卷，北京：人民文學出版社 1992 年版，第 267～268 頁。

〔註 2〕宋彬玉：《郭沫若和成仿吾》，《郭沫若研究學會會刊》，1982 年第 1 集。

轉回「文學」。然而，正如本文第四章第一節所引《離滬之前》郭沫若日記所載，即便有重操舊業的打算，郭沫若仍對自己「文學家」的身份不斷排斥、譏諷和挖苦。當郭沫若自己都理不清文學與革命抑或文學與政治之間的界線時，我們又如何從這一角度來理解「轉向」？

正是由於歷史文化語境的複雜和郭沫若本人矛盾的情緒與思考，使得文學、革命、政治在郭沫若那裡深度糾纏。這種糾纏帶來的一個後果是，「文學」、「政治」、「革命」等分科視域或概念區分對郭沫若思想與創作的闡釋力都大打折扣。當我們返回歷史現場，重現事件細節，乃至追問哪些是郭沫若的「文學領域」，哪些是其「政治領域」，其「轉向」始於何時止於何時的時候，問題往往會變得格外晦暗不明。

「文學」、「歷史」、「政治」之於郭沫若從來都不是一種純粹性的知識追求，而是一種生活的藝術，活動的現實面向始終佔據要津。現實的生存基礎一旦發生大的變動，尤其是這種變動觸及郭沫若情感神經的時候，郭沫若的文學表達往往會出現顛覆性的「劇變」。這種「劇變」顯然並非郭沫若所強調、學界所重視的「轉向」，而只是特定語境中的表現形式。

「轉向」在郭沫若語境中具備特殊的含義，是 1926 年以《孤鴻》發表為中心的「轉向」事件（見本文第二章），但「轉向」作為一種具備特殊歷史價值的意義被郭沫若不斷重複與強調顯然並非止於該事件本身，而是濃縮了郭沫若幾十年的生活與創作實踐。如，在神泉的反思中，郭沫若的「轉向」似乎有了新的進展，這段寫於 1948 年 8 月的回憶，郭沫若意味深長的說道：「在神泉天天等風，不由自主地在腦子裏總愛想著這些問題。而答案呢？隱諷之間也好像已經有了。在鹽酸僚的瓦窯墟，我把什麼附身的東西都給丟掉了，只剩下一隻紅色的頭號派克筆。這不是我下意識中的一個很具體的答案嗎？」〔註 3〕

「轉向」在郭沫若心中不是一次性的，而是不斷的實踐重複和強化：一九二四、一九二六、一九二八、一九四七……甚至一九五八年《沫若文集》第十卷序文中又再次強調，這可以說是郭沫若留日十年汲取日本「優等生性格的進步態度」而不斷付諸的「有良心的行動」。〔註 4〕誠如竹內好所言，「轉向與日本文化有著不可分割的聯繫」，作為日本帝國大學的優等生，郭沫若

〔註 3〕《郭沫若全集·文學編》第 13 卷，北京：人民文學出版社 1992 年版，第 268 頁。
〔註 4〕竹內好：《何謂近代──以日本和中國為例》，《近代的超克》，生活·讀書·新知三聯書店 2005 年版，第 212 頁。

「轉向」的支配法則似乎更具日本色彩，而與竹內好總結的魯迅式「迴心法則」不同，郭沫若的「轉向」外向性明顯，對外在現實和文化新思潮的關注和應和是郭沫若「轉向」較爲顯著的色彩。然而，與魯迅一樣，郭沫若畢竟植根於——歷史不斷被重寫、新的意義不斷產生而在結構上具備生產性的中國文化，所以他不可能像日本人一樣徹底捨棄舊義。郭沫若的「純文藝事業」即是典型的案例，它曾被郭沫若如日本人一樣捨棄，又在「大革命」的失敗中被重新操持，然而正是如此，文學之於郭沫若有了全新的意義。

　　竹內好將魯迅式的轉向重新命名爲「迴心」，這與魯迅執著於「個」有關，而郭沫若的轉向同樣具備中國式的反覆，其反覆的指向不在於內在的「個」，而在於外在的「史」。因此，可以說，郭沫若轉向的支配法則是「回史」，〔註5〕具體而言即本文闡述之「以文入史」。「大革命」的過程是郭沫若重新認識自我與文學的過程，重回寫作之後，郭沫若的創作便很難被審美化、文學化的視域所闡釋，「史」在郭沫若的思想與創作中由隱性存在轉爲顯性存在，成爲郭沫若完成自我詮釋、審美超越和精神建構的關鍵。

　　因此，在「轉向」的背後隱匿著一條「以文入史」的路徑，它不僅是郭沫若解決自我與現實的選擇方案，更是現代文學青年投身革命的典型範式。「史」在郭沫若思想與創作中具備高度的意義生成性。在西方文化思潮湧入、現代主義不斷消解傳統取消歷史對人的統治的文化語境之下，郭沫若通過「史」創造開闢出一個新的價值意義體系，在反傳統的同時嘗試建立一種具備世界意義的永恆價值空間，這正是郭沫若與同時代其它知識分子相同而又不同的地方。「郭沫若」作爲文化符號被確立的實質，是社會各界對其解決方案不同程度的認可。正是在這一意義上，郭沫若難以卸下多重裝束，成爲一名眞正的歷史學者，這一局限在歷史語境被抽空後成爲後人詬病的中心。

　　「以文入史」完成了對郭沫若「轉向」動態生成機制的一種描述，但它並不爲「轉向」問題所囿，由於筆者的局限，考察的重心未能拓展至四十年代，因而「以文入史」的命題還有待進一步深入和完善，這將是本人以後努力的重點。

〔註5〕　「回史」在此並非指回到歷史或回歸史學，而是相對應於竹內好總結的魯迅之「迴心」。在自我反省和意義的消解後，魯迅價值重建的中心往往是個人之心，而郭沫若則強調體現眾人意志的歷史傳統，通過重述、重構歷史來表達、重建新的意義價值體系。

參考文獻

一、報刊類

1. 《創造》季刊
2. 《創造周報》
3. 《創造日》
4. 《洪水》
5. 《創造月刊》
6. 《孤軍》
7. 《醒獅》周報
8. 《文化批判》
9. 《廣州國民日報》
10. 《讀書雜誌》（神州國光社 1931～1933）
11. 《小說月報》
12. 《學藝》
13. 《時事新報》副刊《學燈》
14. 《郭沫若研究》
15. 《郭沫若學刊》
16. 《中國現代文學研究叢刊》
17. 《中國現代文藝資料叢刊》（第一輯～第五輯）
18. 《新文學史料》（1979～2006）

二、著作類

A

1. 〔美〕阿里夫‧德里克著，革命與歷史──中國馬克思主義歷史學的起源（1919～1937）（翁賀凱譯）〔M〕，江蘇人民出版社，2005。

2. 〔英〕阿諾德‧湯因比，歷史研究（劉北成譯）〔M〕，上海：上海人民出版社，2005。

3. 〔英〕埃里克‧霍布斯鮑姆著，民族與民族主義（李金梅譯）〔M〕，上海：上海世紀出版集團，2000。

4. 〔英〕埃里‧凱杜里著，民族主義（張明明譯）〔M〕，北京：中央編譯出版社，2002。

B

1. 白壽彝，史學概論〔M〕，銀川：寧夏人民出版社，1983。

2. 卜慶華著，郭沫若研究札記〔M〕，長沙：湖南大學出版社，1986。

3. 〔美〕本尼迪克特‧安德森著，想像的共同體──民族主義的起源於散佈（吳叡人譯）〔M〕，上海：上海世紀出版集團，2005。

C

1. 蔡震著，文化越境的行旅──郭沫若在日本二十年注 M〕，北京：文化藝術出版社，2005。

2. 蔡震編著，《女神》及佚詩〔M〕，北京：人民文學出版社，2008。

3. 曹劍編，公正評價郭沫若〔M〕，北京：中共中央黨校出版社，1999。

4. 曹伯言整理，胡適日記全編〔M〕，合肥：安徽教育出版社，2001。

5. 陳公博，寒風集〔M〕，地方行政社，1945。

6. 陳其泰，中國馬克思主義史學的理論成就〔M〕，北京：國家圖書館出版社，2008。

7. 陳其泰，史學與民族精神〔M〕，北京：學苑出版社，1999。

8. 陳蘭村主編，中國傳記文學發展史〔M〕，北京：語文出版社，1999。

9. 陳永志，郭沫若的詩歌創作〔M〕，上海：上海外語教育出版社，1994。

10. 成仿吾文集〔M〕，濟南：山東大學出版社，1985。

D

1. 董健等編，田漢全集〔M〕，石家莊：花山文藝出版社，2000。

2. 丁景唐選編，陶晶孫選集〔M〕，北京：人民文學出版社，1995。

3. 丁東編，反思郭沫若〔M〕，北京：作家出版社，1998。

4. 鄧演達文集〔M〕，北京：人民出版社，1981。

E

1. 〔英〕厄内斯特・蓋爾納著，民族與民族主義（韓紅譯）〔M〕，北京：中央編譯出版社，2002。

F

1. 傅東華，文藝評論 ABC〔M〕，上海：ABC 叢書社，1928。

2. 〔法〕菲力浦・勒熱納，自傳契約（楊國政譯）〔M〕，北京大學出版社，2013。

J

1. 紀德君主編，中國歷史小說的藝術流變〔M〕，北京：中國社會科學出版社，2002。

G

1. 郭沫若全集・文學編〔M〕，北京：人民文學出版社，1982～1992。

2. 郭沫若全集・歷史編〔M〕，北京：人民出版社，1982～1985。

3. 郭沫若紀念館、中國郭沫若研究會、四川郭沫若研究學會合編，《甲申三百年祭》風雲六十年〔C〕，北京：人民出版社，2005。

4. 郭文友編，千年飲恨：郁達夫年譜長編〔M〕，成都：四川人民出版社，1996。

5. 高軍編，中國社會性質論戰（資料選輯）〔C〕，北京：人民出版社，1984。

6. 龔自珍全集〔M〕，上海：上海人民出版社，1975。

7. 龔濟民、方仁念編，郭沫若年譜（上、中、下）〔M〕，天津：天津人民出版社，1992。

8. 龔濟民、方仁念編，郭沫若傳〔M〕，北京：北京十月文藝出版社，1996。

9. 顧頡剛，當代中國史學〔M〕，上海：上海古籍出版社，2002。

H

1. 黃淳浩編，郭沫若書信集〔M〕，北京：中國社會科學出版社，1992。

2. 黃侯興著，郭沫若的文學道路〔M〕，天津：天津人民出版社，1981。

3. 黃侯興，郭沫若歷史劇研究〔M〕，武漢：長江文藝出版社，1983。

4. 黃侯興，郭沫若文學研究管窺〔M〕，天津：天津教育出版社，1987。

5. 黃人影編，郭沫若論〔M〕，上海：光華書局，1932。

6. 黃義祥編著，《中山大學史稿（1924－1949）》〔M〕，廣州：中山大學出版社，1999。

7. 侯雲灝，20 世紀中國史學思潮與變革〔M〕，北京：北京師範大學出版社，2007。

8. 胡德培，《李自成》人物談〔M〕，銀川：寧夏人民出版社，1981。

9. 何乾之，中國社會史問題論戰〔M〕，上海：上海生活書店，1937。

10.〔美〕漢娜・阿倫特著，論革命（陳周旺譯）〔M〕，南京：譯林出版社，2011。

11.〔德〕黑格爾，歷史哲學（王造時譯）〔M〕，上海：上海世紀出版集團，2006。

12.〔美〕海登・懷特，後現代歷史敘事學〔M〕，北京：中國社會科學出版社，2003。

L

1. 魯迅全集〔M〕，北京：人民文學出版社，2005。

2. 劉晴編選，張資平文集〔M〕，北京：華夏出版社，2000。

3. 劉茂林，葉桂生，郭沫若新論〔M〕，北京：社會科學文獻出版社，1992。

4. 柳詒徵，國史要義〔M〕，上海：華東師範大學出版社，2000。

5. 羅書華，中國敘事之學：結構、歷史與比較的維度〔M〕，北京：中國社會科學出版社，2008。

6. 羅新慧，二十世紀中國古史分期問題論辯〔M〕，南昌：百花洲文藝出版社，2004。

7. 樂山文管會編，郭沫若少年詩稿〔M〕，成都：四川人民出版社，1982。

8. 樂山師專、四川郭沫若研究學會，郭沫若研究資料索引〔M〕，成都：四川大學出版社，1993。

9. 李霖，郭沫若評傳〔M〕，上海：現代書局，1932。

10. 李怡、蔡震編，郭沫若評說九十年〔C〕，北京：文化藝術出版社，2010。

11. 李樹聲，人的穎悟與夢的追尋——對歷史與文學的思考〔M〕，北京：中國文聯出版公司，1993。

12. 李標晶主編，《簡明郭沫若詞典》〔M〕，蘭州：甘肅教育出版社，1999。

13. 李季，中國社會史論戰批判〔M〕，上海：神州國光社，1934。

14. 李麥麥，中國古代政治哲學批判〔M〕，上海：上海新生命書店，1933。

15. 林甘泉、黃烈，郭沫若與中國史學〔M〕，北京：中國社會科學出版社，1992。

16. 林甘泉主編，文壇史林風雨路——郭沫若交往的文化圈〔M〕，杭州：浙江人民出版社，1999。

17. 林甘泉，黃烈，郭沫若與中國文學〔M〕，北京：中國社會科學出版社，

1992。

18. 梁啓超，中國歷史研究方法〔M〕，北京：中華書局，2009。

19.〔英〕羅素，論歷史（何兆武譯）〔M〕，桂林：廣西師範大學出版社，2001。

M

1. 毛澤東，毛澤東著作選編〔M〕，中共中央黨校出版社，2002。

2. 馬良春、伊藤虎丸主編，郭沫若致文求堂書簡〔M〕，北京：文物出版社，1997。

3. 馬振方，在歷史與虛構之間〔M〕，北京：北京大學出版社，2006。

4.〔法〕米歇爾‧福柯，知識考古學（謝強，馬月譯）〔M〕，北京：三聯書店，2007。

5.〔法〕米歇爾‧福柯，規訓與懲罰（劉北成，楊遠嬰譯）〔M〕，北京：三聯書店，2007。

6.〔法〕米歇爾‧福柯，詞與物：人文科學考古學（莫偉民譯）〔M〕，上海：上海三聯書店，2001。

O

1. 歐陽健，歷史小說史〔M〕，杭州：浙江古籍出版社，2003。

P

1.〔美〕浦安迪，中國敘事學〔M〕，北京：北京大學出版社，1998。

Q

1. 齊裕焜，中國歷史小說通史〔M〕，南京：江蘇教育出版社，2000。

2. 錢穆，國史新論〔M〕，北京：生活‧讀書‧新知三聯書店，2001。

3. 錢穆，國史大綱〔M〕，北京：商務印書館，1994。

4. 錢仲聯等著，中國文學大辭典〔M〕，上海：上海辭書出版社，2000。

5. 秦川著，文化巨人郭沫若〔M〕，北京：中國青年出版社，1992。

S

1. 四川社會科學院文學研究所抗戰文藝研究室編，郭沫若秘密歸國資料選〔M〕，成都：四川社會科學院文學研究所抗戰文藝研究室，1984。

2. 上海圖書館文獻資料室、四川大學郭沫若研究室合編，郭沫若集外序跋集〔M〕，成都：四川人民出版社，1982。

3. 上海圖書館復旦大學分校中文系編，迎接新中國：郭老在香港戰鬥時期的佚文〔M〕，上海：復旦學報（社會科學版）編輯部出版，1979。

4. 上海文藝出版社編，關於長篇小說《李自成》〔C〕，上海：上海文藝出版

社，1979。

5. 稅海模著，郭沫若與中國傳統文化〔M〕，成都：四川大學出版社，1992。

T

1. 唐明中、黃高斌編注，櫻花書簡〔M〕，成都：四川人民出版社，1981。

2. 譚天著，胡適與郭沫若〔M〕，上海：書報合作社，1993。

3. 譚洛非主編，抗戰時期的郭沫若〔M〕，成都：四川省社會科學出版社，1985。

4. 陶希聖，中國社會之史的分析〔M〕，上海：新生命書局，1930。

5. 陶其情，《矛盾集》〔M〕，上海：拂曉書室，1933。

6. 田本相，楊景輝，郭沫若史劇論〔M〕，北京：人民文學出版社，1985。

7. 〔英〕特雷‧伊格爾頓，二十世紀西方文學理論（伍曉明譯）〔M〕，西安：陝西師範大學出版社，1987。

W

1. 王訓昭等編，郭沫若研究資料〔M〕，北京：中國社會科學出版社，1986。

2. 王自立、陳子善編，郁達夫研究資料〔M〕，天津：天津人民出版社，1982。

3. 王學典、陳峰，二十世紀中國歷史學〔M〕，北京：北京大學出版社，2010。

4. 王德威，想像中國的方法：歷史‧小說‧敘事〔M〕，北京：生活‧讀書‧新知三聯書店，1998。

5. 王文英，郭沫若文學傳論〔M〕，烏魯木齊：新疆人民出版社，1991。

6. 王一川，後殖民主義與新歷史主義〔M〕，濟南：山東教育出版社，1999。

7. 王錦厚等編，郭沫若佚文集（1906～1949）〔M〕，成都：四川大學出版社，1988。

8. 王錦厚，郭沫若學術論辯〔M〕，成都：四川文藝出版社，1996。

9. 王錦厚，決不日夜記著個人的恩怨──魯迅與郭沫若個人恩恩怨怨透析〔M〕，重慶：重慶出版集團，2010。

10. 王錦厚，譚繼和，郭沫若縱橫論〔M〕，成都：成都出版社，1992。

11. 魏建著，郭沫若：一個複雜的存在〔M〕，海口：南海出版公司，1993。

12. 魏建著，創造與選擇〔M〕，天津：百花文藝出版社，1995。

13. 武漢師範學院中文系，《長江文藝》編輯部編，《李自成》評論集〔C〕，武漢：湖北人民出版社，1978。

14. 武繼平著，郭沫若留日十年〔M〕，重慶：重慶出版社，2001。

15. 文甫編，郭沫若評傳〔M〕，上海：現代書局，1932。

16. 吳奔星，徐放鳴，沫若詩話〔M〕，成都：四川人民出版社，1984。

17. 吳秀明，在歷史與小說之間〔M〕，長春：時代文藝出版社，1987。

X

1. 蕭斌如、邵華編，郭沫若著譯書目〔M〕，上海：上海文學出版社，1980。

2. 熊琦編，郭沫若先生最近言論〔M〕，廣州：離騷出版社，1937。

3. 謝保成，龍虎鬥與馬牛風——論中國現代史學與史家〔M〕，上海：生活・讀書・新知三聯書店，2012。

4. 謝保成，郭沫若學術評傳〔M〕，北京：北京圖書館出版社，1999。

5. 許冠三，新史學九十年〔M〕，長沙：嶽麓書社，2003。

6. 徐濤，半領文學風騷——歷史文學創作論〔M〕，武漢：武漢出版社，1992。

Y

1. 楊勝寬、蔡震主編，郭沫若研究文獻彙要（1～14卷）〔C〕，上海：上海書店出版社，2012。

2. 楊正潤，現代傳記學〔M〕，南京：南京大學出版社，2009。

3. 閻煥東，鳳凰、女神及其它——論郭沫若〔M〕，北京：中國人民大學出版社，1990。

4. 〔日〕岩佐昌暲，郭沫若的世界〔M〕，福岡：花書院，2010。

5. 郁達夫全集〔M〕，杭州：浙江文藝出版社，1992。

6. 葉桂生、謝保成，郭沫若的史學生涯〔M〕，北京：社會科學文獻出版社，1992。

7. 〔英〕約翰・B・湯普森著，意識形態與現代文化（高銛等譯）〔M〕，南京：譯林出版社，2012。

8. 〔英〕以賽亞・柏林著，俄國思想家（彭淮棟譯）〔M〕，南京：譯林出版社，2011。

9. 〔英〕以賽亞・柏林著，浪漫主義的根源（呂梁等譯）〔M〕，南京：譯林出版社，2011。

10. 〔英〕以賽亞・柏林著，蘇聯的心靈——共產主義時代的俄國文化（潘永強、劉北成譯）〔M〕，南京：譯林出版社，2010。

Z

1. 張進，新歷史主義與歷史詩學〔M〕，北京：中國社會科學出版社，2004。

2. 張毓茂著，陽光地帶的夢：郭沫若的性格與風格〔M〕，北京：北京師範大學出版社，1993。

3. 中國郭沫若研究會編，郭沫若與東西方文化〔C〕，北京：當代中國出版社，1998。

4. 中國郭沫若研究學會、巴蜀文化研究基金會編，郭沫若史學研究〔C〕，成都：成都出版社，1990。

5. 中國郭沫若研究會、四川省郭沫若研究會編，郭沫若與百年中國學術文化回望〔C〕，成都：四川人民出版社，2005。

6. 中國社會科學院文學研究所現代文學研究室編，「革命文學」論爭資料選編（上下）〔C〕，北京：知識產權出版社，2010。

7. 支克堅主編，《簡明魯迅詞典》〔M〕，蘭州：甘肅教育出版社，1990。

8. 曾憲通編注，郭沫若書簡——致容庚〔M〕，廣州：廣東人民出版社，1981。

9. 朱曉進等，非文學的世紀——20 世紀中國文學與政治文化關係史論〔M〕，南京：南京師範大學出版社，2004。

10. 《鄭伯奇文集》編委會，鄭伯奇文集〔M〕，西安：陝西人民出版社，1988。

三、論文類

B

1. 白壽彝，六十年中國史學的發展〔J〕，史學月刊，1982（1）。

C

1. 蔡翔，歷史話語的復活〔J〕，文藝評論，1994（4）。

2. 蔡震，《中國古代社會研究》及版本的幾個問題〔J〕，郭沫若學刊，2010（1）。

3. 曹晉傑、朱步樓、陰署吾，《甲申三百年祭》在鹽阜等解放區的影響〔J〕，郭沫若研究學會會刊第二集，1983（11）。

4. 陳峰，兩極之間的新史學：關於史學研究會的學術史考察〔J〕，近代史研究，2006（1）。

5. 陳光前，中國馬克思主義史學發展史上的一場爭論——三十年代中國社會史論戰的回顧〔J〕，東北師大學報，1983（4）。

6. 陳其泰，「革命性與科學性相結合」——談中國馬克思主義史學的思想遺產〔J〕，史學理論，2011（4）。

7. 陳其泰，郭沫若史學的時代精神〔J〕，史學理論研究，1993（1）。

D

1. 鄧經武，「自戀」與「自賤」的悲劇——論姚雪垠及其《李自成》〔J〕，西南民族學院學報（哲學社會科學版），2001（3）。

2. 董之林，由歷史小說看「五四」時代的延續——論《李自成》研究再度興起〔J〕，現代中文學刊，2011（2）。

F

1. 方守金，《李自成》新論〔J〕，中國文學研究，1990（1）。

H

1. 韓梅村，圖譜：歷史小說的危谷〔J〕，小說評論，1989（3）。
2. 侯雲灝，新史學與馬克思主義史學〔J〕，學術月刊，2002（12）。
3. 何汝泉，略論郭沫若的歷史人物評價標準〔J〕，史學理論研究，1994（4）。

J

1. 賈振勇，意識形態想像與郭沫若史學研究——以《中國古代社會研究》等爲例〔J〕，郭沫若與百年中國學術回望〔C〕，四川人民出版社，2005。
2. 姜振昌，《故事新編》與中國新歷史小說〔J〕，中國社會科學，2001（3）。
3. 蔣守謙，《李自成》與《永昌演義》互見錄——寫在姚雪垠百年誕辰之際〔J〕，文學評論，2010（2）。

L

1. 李怡等編，郭沫若研究年鑒（2011年卷）〔C〕，北京：人民出版社，2012。
2. 劉起林，長篇歷史小說熱：轉型期的尷尬與輝煌〔J〕，理論與創作，1996（6）。

Q

1. 戚學民，再論《十批判書》的撰著動機與論學宗旨〔J〕，歷史研究，2007（3）。
2. 戚方，評劉再復對姚雪垠及《李自成》的新價〔J〕，文藝理論與批評，1988（4）。
3. 權繪錦，轉型與嬗變——中國現代歷史小說研究〔D〕，博士學位論文，武漢大學，2006。

W

1. 王又平，反「史詩性」：文學轉型中的歷史敘述〔J〕，荊州師範學院學報（社會科學版），2001（3、4）。
2. 王學典，唯物史觀派的學術重塑，歷史研究，2007（1）。
3. 魏建等編，郭沫若研究年鑒（2010年卷）〔C〕，北京：人民出版社，2011。
4. 吳秀明，論現實主義歷史文學與浪漫主義歷史文學〔J〕，貴州社會科學，1996（6）。
5. 吳中傑，大眾文藝與戲說歷史〔J〕，南京師範大學文學院學報，2002（1）。
6. 吳聲雷，論新歷史主義小說〔J〕，小說評論，1994（4）。

X

1. 徐傳武，牽動長江萬里愁——《李自成》第三卷悲劇因素淺析〔J〕，河南師大學報（社會科學版），1982（3）。

2. 許道軍，歷史記憶：建構與模型——中國現代歷史小說類型研究〔D〕，博士學位論文，上海大學，2010。

Y

1. 楊建華，傳統歷史小說的繁榮原因和發展前景〔J〕，理論與創作，1998（4）。

2. 尹康莊，論我國歷史題材的小說創作〔J〕，廣東社會科學，1992（5）。

Z

1. 詹玲，農民革命及其敘事——重讀《李自成》〔J〕，南京師範大學文學院學報，2008（3）。

2. 詹玲，被規訓的歷史想像——評五卷本《李自成》〔D〕，博士學位論文，浙江大學，2008。